LES GRANDS PHILOSOPHES

SOCRATE

PAR

CLODIUS PIAT

AGRÉGÉ DE PHILOSOPHIE, DOCTEUR ÈS LETTRES
PROFESSEUR A L'INSTITUT CATHOLIQUE DE PARIS

(Traduit en Allemand)

SECONDE ÉDITION
REVUE ET CORRIGÉE

PARIS
FÉLIX ALCAN, ÉDITEUR
108, BOULEVARD SAINT-GERMAIN, 108

1912

SOCRATE

AUTRES PUBLICATIONS DU MÊME AUTEUR :

L'Intellect actif, Leroux, Paris, 1890.

Quid divini nostris ideis tribuat divus Thomas, Leroux, Paris, 1890.

Historique de la liberté au XIXe siècle, Lethielleux, Paris, 1894. (*Couronné par l'Académie française.*)

Problème de la liberté. Lethielleux, Paris, 1895. (*Couronné par l'Académie française.*)

L'Idée ou Critique du Kantisme, 2e édition. Ch. Poussielgue, Paris, 1901.

L'Apologétique de l'abbé de Broglie, avec héliogravure, 80 pages, in-8° jésus. V. Lecoffre, Paris, 1896.

La Personne humaine, *Bibliothèque de philosophie contemporaine,* F. Alcan, Paris, 1897. (*Couronné par l'Académie des sciences morales et politiques,* Prix Le Dissez.) 2e édition.

Destinée de l'homme, *Bibliothèque de philosophie contemporaine.* F. Alcan, Paris, 1898. (*Traduit en allemand, par Emil Prinz zu Œttingen-Spielberg.*) 2e édition.

La Monadologie de Leibniz, Précédée d'une étude de la philosophie de Leibniz, V. Lecoffre, Paris, 1900.

La Morale chrétienne et la Moralité en France (Extrait du *Correspondant,* 1905.)

Religion et critique, œuvre posthume de l'abbé de Broglie, 2e édition. V. Lecoffre, Paris, 1898. (*Traduit en allemand.*)

Questions Bibliques, œuvre posthume de l'abbé de Broglie. V. Lecoffre, Paris, 1897.

Insuffisance des philosophies de l'intuition, F. Alcan, Paris, 1908.

De la croyance en Dieu, 3e édition. F. Alcan, Paris, 1909.

La Morale du Bonheur, *Bibliothèque de philosophie contemporaine.* F. Alcan, Paris, 1910.

PRÉFACE DE LA SECONDE ÉDITION

Il n'est peut-être pas inutile d'indiquer le procédé que j'ai suivi dans l'utilisation des textes relatifs à Socrate. J'avais cru qu'il ressortait suffisamment de l'application continue que j'en ai faite au cours de mon ouvrage ; il paraît que je me suis trompé. Il y a des critiques qui ont l'idolâtrie du dossier. Ces gens ne sont satisfaits que lorsqu'on leur étale sous les yeux les substructions de son œuvre. Quand on a le bon goût de les épargner au public, ils vous accusent tout simplement d'avoir travaillé à la légère. Une lecture quelque peu attentive suffirait à leur montrer le contraire. Mais une lecture, c'est déjà coûteux ; il est bien plus facile de condamner les gens à vue de nez.

Voici donc ma méthode, puisque d'aucuns jugent que je n'en ai pas. Je vais l'esquisser en quelques lignes, vu que la preuve expérimentale que mon livre en donne d'un bout à l'autre, n'est pas assez frappante pour convaincre tout le monde.

J'ai d'abord employé les quelques textes qu'Aristote nous a laissés sur Socrate. Ils sont brefs, mais significatifs. La lumière en jaillit de tous côtés. Et voilà du moins une source dont on ne discutera pas la pureté, du moins en général.

Il m'a semblé aussi que je pouvais m'appuyer sur les *Mémorables* de Xénophon. Peut-être l'illustre général s'est-il trop abandonné à sa fantaisie dans quelques-uns de ses ouvrages; il est permis de le concéder, bien que la critique n'ait pas encore suffisamment précisé ce point. Mais les *Mémorables* font exception, et pour une raison bien simple : c'est que, lorsque cet ouvrage parut, le souvenir de Socrate était encore trop vivant pour qu'il fût possible d'en altérer gravement le caractère ou la doctrine : Xénophon se trouvait dans l'alternative ou de se taire ou de présenter son maître comme il était. Il ne pouvait guère qu'émousser certains traits dont la nouveauté eût froissé la piété des Athéniens. Il l'a fait en réalité, mais de manière à ne pas tromper les lecteurs intelligents; pour restituer toute la vérité, il suffit de savoir lire entre les lignes

Mais regardez donc, nous disent certains critiques parmi lesquels il faut compter Théod. Gomperz[1], regardez donc aux dialogues que Xénophon prête à Socrate dans les *Mémorables;* et convenez que, s'il n'a pas menti, il n'a du moins pas compris. Y avait-il donc là de quoi séduire une société qui comprenait des hommes

---

1. *Griechische denker*, Zweiter Band, P. 111-112, Leipzig, 1903.

tels que Platon, Sophocle et Thucydide? et, surtout, y avait-il dans ces entretiens quelque chose de cette poussée de génie qui devait déterminer un mouvement philosophique si puissant? Ce sont des radotages insignifiants, dignes tout au plus « d'un gentilhomme campagnard », « d'un touriste » ou « d'un sporstman ». De telles observations font surtout du tort à ceux qui les formulent. Elles révèlent chez eux l'incapacité de sentir ce qu'il y a d'élégante simplicité, de finesse, de pénétration et souvent de portée intellectuelle dans les discours que Xénophon met sur les lèvres de son maître; elles montrent du moins qu'on n'a pas lu les textes, ou qu'on s'est borné à cette lecture fragmentaire que facilite malheureusement l'existence des répertoires. Il est très dangereux de faire l'histoire à coups de ciseaux, surtout quand il s'agit de celle des idées; nous en avons peut-être une preuve dans la sévérité à la mode que l'on montre au sujet des *Mémorables*.

Des radotages! Mais c'est par là que Socrate commençait ses plus beaux entretiens; nous en avons la preuve dans Platon lui-même qu'on n'accusera pas, celui-là, d'avoir diminué la pensée de son maître. Qu'on se rappelle seulement, pour s'en convaincre, l'éloge qu'Alcibiade fait de Socrate vers la fin du *Banquet* : « quand on se met à l'écouter, ce qu'il dit d'abord paraît tout à fait burlesque : sa pensée ne se présente à vous qu'enveloppée dans des termes et des expressions grossières, comme dans la peau d'un impertinent satyre. Il ne vous parle que d'ânes bardés, de forgerons, de cordonniers, de corroyeurs, et il a l'air de dire toujours la même chose dans les mêmes termes : de telle sorte qu'il n'est pas d'ignorant et de sot qui ne soit tenté d'en rire. Mais que l'on ouvre ses discours, qu'on en pénètre l'intérieur, d'abord on reconnaîtra qu'eux seuls sont pleins de sens ; ensuite on les trouvera tous divins, renfermant en eux les plus nobles images de la vertu, et embrassant à peu près tout ce que doit avoir devant les yeux quiconque veut devenir un homme accompli[1]. »

Peut-être Xénophon n'a-t-il pas toujours vu tout ce que l'on pouvait tirer de la pensée de son maître. Mais il en a très bien représenté la manière ; et ce qu'il nous dit de sa doctrine est comme une amorce qui permet au lecteur de pénétrer plus avant.

Platon, c'est le troisième inévitable, quand il s'agit de Socrate. Et tout le monde sait que son témoignage, en l'espèce, est presque toujours sujet à caution, au moins par quelque endroit. Aussi ne l'ai-je employé qu'à une condition, qui est la suivante : les dires de Platon n'ont compté pour moi que dans la mesure où je les ai vus confirmés pas ailleurs, soit dans les œuvres d'Aristote soit dans celles de Xénophon. Les textes du fon-

---

1. PLATON, *Banquet*, 221°.

dateur de la théorie des *idées* ne m'ont pas servi de point de départ; je ne les ai cités que comme le commentaire de faits ou de notions que j'étais fondé d'autre part à tenir pour une portion du legs socratique.

Je donne un exemple pour préciser ma pensée. Il est manifeste, et d'après Aristote et d'après Xénophon, que la méthode de Socrate ne portait que sur des *concepts*, que la doctrine des *idées* lui était tout à fait étrangère. C'est là ce que j'ai maintenu; mais, en défendant ce point, je n'ai pas laissé de recourir aux dialogues de Platon dans la mesure où ils ne dépassaient pas la ligne de démarcation déjà établie : ce qui m'a permis d'exposer sous un jour plus vif les vues de Socrate lui-même.

On peut observer qu'il ne faut pas être trop absolu dans l'application de cette règle. Il y a des faits racontés par Platon, auxquels il serait excessif de ne pas ajouter foi, du moment que c'est lui qui les raconte. Mais l'examen de ces cas demande toujours une très grande prudence. En général, il vaut mieux chercher ailleurs que chez lui la garantie de l'historicité des paroles qu'il formule. Il ne faut jamais oublier qu'en matière d'histoire, il est surtout poète.

Telle a été ma manière. Qu'on la critique, si l'on veut; mais d'abord qu'on en reconnaisse l'existence et la nature. Tout y dépend de trois grandes autorités contemporaines ou, à peu près, de Socrate lui-même, et qui se confirment mutuellement ou se corrigent l'une par l'autre. C'est là d'ailleurs, c'est dans cette triade d'autorités, que j'ai trouvé l'étalon qui m'a permis d'apprécier les témoignages postérieurs au grand siècle et qui deviennent de plus en plus suspects à mesure qu'on s'en éloigne.

J'aborde maintenant quelques autres questions d'une moindre portée.

A la page 62, je tiens pour possible et même pour probable la rencontre de Parménide et de Socrate. Voici les raisons où s'étaie mon sentiment. Certains critiques ont prétendu que la chronologie ne s'accordait pas avec le récit de cette rencontre. Je ne réussis pas à voir le fondement de cette remarque. Supposé que Parménide soit né en 516, comme l'indique approximativement le texte de Diogène : ἤκμαζε δὲ κατὰ τὴν ἐνάτην καὶ ἑξηκοστὴν ὀλυμπιάδα (IX, 23); il résulte de là qu'en 451 le fondateur de l'école Éléate avait 65 ans, et Socrate 19; la rencontre était donc possible. Elle tombe même pour les deux interlocuteurs à l'âge indiqué par les textes de Platon : πάνυ νέος πάνυ πρεσβύτῃ (Theæt., 184); παρεγενόμην ἐγὼ νέος ὤν, ἐκείνου μάλα δὴ τότε ὄντος πρεσβύτου (Soph., 217ᶜ). J'ajoute que, dans ce double récit auquel revient d'ailleurs le *Parménide*, il y a une précision et un accord de circonstances qui ne rappellent nullement la manière fantaisiste des mythes platoniciens.

De la page 92 à la page 95, je continue à maintenir contre V. Brochard[1] que Socrate ne s'est point borné à ciseler des concepts d'ordre moral. Sa méthode a dépassé *en fait* le domaine de l'éthique. C'est ce que signifient et très nettement les témoignages que j'ai apportés en cet endroit; ils s'éclairent les uns les autres, si bien qu'il ne reste plus de doute sur la conclusion qui s'en dégage. C'est également ce que nous obligent à croire les vues Théologiques que nous trouvons dans les livres I et IV des *Mémorables*. Il est vrai que naguère encore on discutait sur l'authenticité de ces deux passages; mais on a fini par regarder comme dépourvus de fondement les doutes auxquels ils avaient donné lieu[2]. J'ajoute que l'on ne réussit pas mieux à diminuer leur valeur, en disant qu'ils expriment la pensée de Xénophon lui-même, non celle de Socrate; j'ai fait voir un peu plus haut le cas qu'il faut tenir de cette nouvelle chicane : ce n'est qu'une fiction, pareille à tant d'autres dont le criticisme moderne a la responsabilité.

Il y a quelque chose de plus dans le rapport de la méthode de Socrate à l'œuvre qu'il s'est proposée : on peut dire qu'*en droit* le procédé débordait son objet. D'après Aristote lui-même (*Met.*, A, 6, 987^b, 1-4; *De part. an.*, I, 1, 642^a, 24-32), Socrate cherchait des définitions. Or les définitions se commandent les unes les

---

1. V. *L'œuvre de Socrate*, Année philos., 1901, p. 2-3.
2. Th. Gomperz, *loc. cit.*, p. 73.

autres : impossible, quand on suit cette voie, d'aborder la discussion des idées morales, sans remuer plus ou moins toutes choses. La méthode du fondateur de la morale rationnelle ne supportait pas de limites; elle allait naturellement à l'universel. Et c'est par cet endroit que Socrate a véritablement posé les bases de la science, telle que devaient l'entendre plus tard et Platon et Aristote. C'est diminuer Socrate que d'en faire un simple moraliste.

J'ai cru devoir introduire çà et là quelques modifications dans mon texte, particulièrement sur l'art hellénique qu'un voyage en Grèce m'a permis d'apprécier avec plus d'exactitude.

Depuis la première édition de mon ouvrage, il a paru sur Socrate un certain nombre d'études qu'il est bon de faire connaître. Voici les principales :

V. Brochard, *L'œuvre de Socrate*, Année philosophique, 1901;

Théod. Gomperz, *Griechische denker*, zweiter Band, P. 24-112, Leipzig, 1903;

Io Naujokas, *De causa finali apud Anax., Socr. et Plat.*, Fribourg, 1903;

Séverac, *Nietzche et Socrate*, Paris 1906.

Paris, le 1ᵉʳ juin 1912.

Clodius Piat.

SOCRATE

CHAPITRE PREMIER

MILIEU SOCIAL

Athènes, après les guerres Médiques, subit tout un ensemble de modifications profondes, dont le caractère ne tarda pas à devenir alarmant. L'esprit critique s'éveilla et ne réussit qu'à ruiner les croyances dont on avait vécu jusqu'alors. La démocratie, de plus en plus débridée et cependant incapable de se gouverner elle-même, tomba très vite entre les mains de vils démagogues, qui usèrent de leur ascendant pour la corrompre. En outre, et pour comble d'infortune, les paysans se mirent, au bout d'un certain temps, à déserter la campagne pour l'Agora où ils allèrent apprendre sur place le dégoût du travail, le vice et la chicane. Foi du bon vieux temps, politique, économie, tout s'ébranla de plus en plus. Et de là l'une de ces crises intellectuelles et morales, qui mettent un peuple à deux doigts de sa perte. Jamais on ne vit la prospérité toucher de si près à la décadence.

I

La religion grecque était moins superficielle qu'on ne l'a voulu dire; elle avait un fond de solidité. On entrevoit, à travers les mythes et les rites dont elle était revêtue, une triade de croyances, qui ont toujours été jusqu'à nous la meilleure garantie de la moralité : l'idée d'une loi absolue, l'idée d'une volonté souveraine qui l'impose et la sanctionne, et aussi celle d'une vie future où les actions de l'homme ont leur dernier retentissement.

Perséphone ne symbolisait pas seulement l'efflorescence et le dépérissement de la vie végétative; on la regardait aussi comme la reine des trépassés. Là-bas, dans les régions inférieures de l'Hadès, elle veillait sur les âmes des défunts : elle était la déesse de l'immortalité. Et cette immortalité ne s'obtenait pas par des actions d'éclat; elle était le prix de la vertu : il fallait, pour la mériter, travailler à *la purification* de ses passions, accomplir la volonté très sainte des dieux. La même idée fait le fond des mystères orphiques, où l'on honorait Dionysos-Zagreus, tué par les Titans et créé une seconde fois par Jupiter. Aux yeux des fidèles d'Orphée, Dionysos-Zagreus, dont la légende se trouvait d'ailleurs intimement liée à celle de Perséphone, ne personnifiait plus les jouissances sensuelles; tout autre et plus noble était le rôle qu'ils lui attribuaient. D'après une de leurs idées, qui devait être chère à Platon, les âmes humaines étaient, pour leur châtiment, jetées dans le corps comme dans une prison. Elles avaient le devoir de travailler à leur délivrance, de regagner par une série d'épurations volontaires l'éclat et le bonheur primitifs dont elles étaient librement déchues. C'est cette œuvre de rédemption qui incombait au Bacchus des Orphiques : il était le patron de ceux qui veulent reconquérir par le respect de l'ordre le séjour de l'immortalité.

Ces croyances n'étaient pas le monopole de quelques initiés ; elles se révèlent un peu partout dans la littérature hellénique.

D'abord, on les retrouve chez les philosophes antésocratiques. Ioniens, atomistes et pythagoriciens exposent des théories de l'univers qui sont toutes matérialistes ; mais ils ne se tiennent pas à ces explications trop étroites : tandis qu'ils affirment, au nom de la raison, que le grand Tout est un agglomérat de substances corporelles, ils affirment, sur l'autorité de la tradition, que le devoir existe, qu'il y a un souverain justicier et une vie d'outre-tombe. D'après le système d'Héraclite, on ne peut guère concevoir d'autre divinité que l'éternelle loi des contraires ; l'âme, c'est l'élément igné répandu dans la nature entière et s'élevant à un degré plus ou moins parfait de vie rationnelle, suivant qu'il est plus ou moins pur : l'âme c'est le feu [1] Et pourtant le même Héraclite

---

1. Arist., *De anim.*, A, 2, 405^a, 25, Ed. de Berlin, 1831 ; — Themist., *De anim.*, 67^a, Ven., 1534.

admet un Jupiter, une sorte de Dieu personnel qui ordonne le monde[1]; il croit à l'immortalité de l'âme[2] et va même jusqu'à nous entretenir des gardiens de l'Hadès[3]. Il parle de bien, de lois morales, de devoirs; et, à son sens, tout cela dérive de l'Être divin[4]. Empédocle fait de l'amour et de la haine le principe immanent des révolutions cosmiques; l'âme lui apparaît comme une combinaison de parties matérielles[5]. Mais il ne laisse pas d'affirmer l'existence d'un être invisible, inaccessible à nos investigations, esprit pur qui pénètre l'univers de sa puissance, de sa pensée et de sa sainteté[6]; il persiste à croire que l'âme ne meurt pas et que son immortalité, qui est une pérégrination sans fin, a sa raison d'être dans l'ordre moral[7]. Pythagore opine que le nombre

---

1. *Frag.* 77 (Orig., *C. Cels.*, VI, p. 698, Mullach, Paris, 1883; — Clem., *Strom.*, V, 604 A et 172-173 B, Ed. Migne, Paris, 1857; — Ed. Zeller, *Die philosophie der Griechen*, t. I, p. 608, Leipzig, 1889.
2. Frag. 63.
3. Frag. 54.
4. Frag. 19 (Stob., Floril., III, 84).
5. V. 374 : Αἷμα γὰρ ἀνθρώποις περικάρδιόν ἐστι νόημα.
6. V. 389 : Οὐκ ἔστιν πελάσασθ' οὔτ' ὀφθαλμοῖσιν ἐφικτόν
ἡμετέροις ἢ χερσὶ λαβεῖν, ᾗπερ τε μεγίστη
πειθοῦς ἀνθρώποισιν ἀμαξιτὸς εἰς φρένα πίπτει.
Οὐ μὲν γὰρ βροτέῃ κεφαλῇ κατὰ γυῖα κέκασται,
οὐ μὲν ἀπαὶ νώτοιο δύο κλάδοι ἀΐσσονται,
οὐ πόδες, οὐ θοὰ γοῦν, οὐ μήδεα λαχνήεντα,
ἀλλὰ φρὴν ἱερὴ καὶ ἀθέσφατος ἔπλετο μοῦνον,
φροντίσι κόσμον ἅπαντα καταΐσσουσα θοῇσιν.
7. V. 1 : Ἔστιν ἀνάγκης χρῆμα, θεῶν ψήφισμα παλαιόν,
Ἀΐδιον, πλατέεσσι κατεσφρηγισμένον ὅρκοις·
Εὖτέ τις ἀμπλακίῃσι φόνου φίλα γυῖα μιήνῃ
Αἵματος, ἢ ἐπίορκον ἁμαρτήσας ἐπομόσσῃ
Δαίμων, οἵτε μακραίωνος λελάχασι βίοιο,

est l'universelle explication des choses. L'âme, à son gré, ‹ n'est qu'une synthèse harmonieuse d'éléments matériels : il se la représente comme ces grains de poussière que nous voyons parfois se balancer dans un rayon de soleil, tout au plus comme la force immanente qui les anime[1]. La théorie de Pythagore, telle que la réflexion l'a faite, n'est qu'une sorte de mécanique, où domine le concept de proportion. Et cependant le sage de Samos admet l'existence d'un Dieu unique, souverainement sage, ordonnateur de la matière illimitée, la survivance des âmes et aussi une sanction morale qui les fait monter ou déchoir suivant le mérite de leurs actions : ces trois croyances sont comme le fond de sa pensée et l'âme de son école[2]. On remarque donc, dans les hypothèses philosophiques qui ont eu cours avant Socrate, des éléments qui ne font pas avec elles un tout logique, qui s'y ajoutent, mais qui n'en viennent pas, puisqu'ils les dépassent et les contredisent. Et ces éléments hétérogènes, ce sont précisément les idées d'ordre religieux et moral que contiennent la légende de Perséphone et celle de Dionysos-Zagreus.

Les mêmes idées apparaissent aussi çà et là dans les œuvres des poètes, et d'une manière plus explicite. On se souvient de la fière et profonde réplique que So-

Τρίς μιν μυρίας ὥρας ἀπὸ μακάρων ἀλάλησθαι,
Φυόμενον παντοῖα διὰ χρόνου εἴδεα θνητῶν,
Ἀργαλέας βιότοιο μεταλλάσσοντα Κελεύθους.

1. Arist., *De anim.*, A, 2, 404ª, 16.
2. Ed. Zeller, *Die philosophie der Griechen*, t. I, p. 418 et sq.

phocle place sur les lèvres d'Antigone, lorsqu'elle paraît devant le tribunal de Créon. « Vos lois, dit l'héroïne, n'ont été promulguées ni par Jupiter ni par la Justice qui est assise à la droite des dieux infernaux. Je n'ai pas pensé qu'elles fussent assez puissantes pour que j'ose, moi mortelle, violer les lois non écrites, mais indestructibles des dieux. Ces lois ne sont pas d'hier ni d'avant-hier ; elles ont existé de tout temps et personne n'en a vu le commencement. Je ne devais donc pas, pour respecter un ordre qui vient d'un homme, m'exposer à être punie par les dieux [1]. » Pindare célèbre, de son côté, la loi éternelle qui régit les choses mortelles et immortelles, qui maintient partout la crainte de la justice suprême ; et cette loi, pour lui, se confond avec la volonté de Jupiter. Dans la seconde Olympique, le même poète chante le bonheur qui attend les âmes des justes après la mort. « Ceux, dit-il, qui ont réussi, dans une vie trois fois répétée sur la terre et dans les enfers, à conserver leur âme parfaitement pure de tout mal, ceux-là suivront la route de Zeus vers le palais de Chronos. Là les îles des bienheureux sont rafraîchies par les souffles de l'Océan ; là brillent des fleurs d'or, dont les unes plongent leurs tiges magnifiques dans le sein de la terre et les autres sont nourries par les eaux [2]. »

Ces croyances fondamentales venaient-elles originairement d'Orphée, ou bien d'Asie, et peut-être par Or-

---

1. *Antig.*, 450-460, Ed. Tournier, Paris, 1877.
2. *Ant.*, Δ', 125, Teubner, Leipzig, 1855.

phée lui-même et d'autres sages [1]? Étaient-elles, au contraire, l'apanage commun de toutes les races indo-européennes? Il est difficile de le préciser. Ce que l'on peut dire, c'est qu'à partir du sixième siècle, elles se répandirent de plus en plus, principalement par l'intermédiaire des poètes, et qu'à l'époque de Socrate, elles étaient connues de tous les esprits cultivés. Mais ces données traditionnelles, si nobles et si sérieuses qu'elles fussent, ne pouvaient résister à l'indéfini. Elles étaient vagues; personne n'en fournissait le pourquoi; et la morale qui en découlait restait beaucoup trop imprécise pour correspondre aux différents aspects de l'humaine activité. De plus, et c'est là surtout ce qui devait nuire à leur influence, elles se trouvaient viciées par une mythologie qui était de nature à révolter les consciences les moins délicates. Ils ne payaient pas d'exemple, ces dieux immortels que l'on donnait comme les législateurs souverains de la famille humaine et les gardiens très augustes de la moralité. On comptait parmi eux des rebelles, des fripons, des adultères, des incestes, des parjures et des assassins : il n'y avait pas de crime qui n'eût été commis par quelque Olympien et que les poètes ne se fussent plu une fois ou l'autre à revêtir de couleurs attrayantes. Il n'y avait pas de passion humaine qui n'eût fait battre et vaincu le cœur des dieux.

Ces différentes lacunes se révélèrent peu à peu; et plus la réflexion alla se développant, plus elles parurent cho-

---

[1]. Voir, sur ce point, *On the connexion between indian and greek philosophy*, Prof. RICHARD GARBE, *The Monist*, Chicago, January, 1894.

quantes, inadmissibles. Et de là une longue phase de criticisme où devait crouler tout le vieux système théologique et moral des Athéniens.

Naturellement, le branle fut donné par cette sorte de gens « qui remuent toutes choses » et qu'on appelle des philosophes.

« Ce sont des impies, disait déjà Xénophane, ceux qui s'imaginent que la divinité naît et meurt : autant vaut dire qu'il n'y en a pas [1]. » Ils parlent comme des enfants, ceux qui la font semblable à nous. Si les chevaux et les bœufs savaient peindre, c'est également à leur image qu'ils la représenteraient [2]. Homère et Hérodote ont inventé des fictions aussi fausses que dangereuses, lorsqu'ils lui ont attribué tout ce qui est pour les mortels un sujet de honte et de blâme [3]. En réalité, « il n'y a qu'un Dieu », et « ce Dieu ne ressemble à l'homme ni par le corps ni par l'esprit » [4]. Il est éternel, immuable, infini, et toute imperfection reste essentiellement étrangère à son être [5].

Héraclite se montra moins absolu. Il se servait du nom

---

1. Arist., *Rhet.*, B, 23, 1399ᵇ, 6 : Ξ. ἔλεγεν ὅτι ὁμοίως ἀσεβοῦσιν οἱ γενέσθαι φάσκοντες τοὺς θεοὺς τοῖς ἀποθανεῖν λέγουσιν· ἀμφοτέρως γὰρ συμβαίνει μὴ εἶναι τοὺς θεούς ποτε; — *Ibid.*, 1400ᵇ, 5.
2. Frag. I, 6.
3. Frag. I, 7.
4. Frag. I :   « Εἷς θεὸς ἔν τε θεοῖσι καὶ ἀνθρώποισι μέγιστος,
             οὔτε δέμας θνητοῖσιν ὁμοῖος οὔτε νόημα.

5. Arist., *De Melisso*, 3, 977ᵃ, 23 : Εἰ δ'ἔστιν ὁ θεὸς πάντων κράτιστον, ἕνα φησὶν αὐτὸν προσήκειν εἶναι. Εἰ γὰρ δύο ἢ πλείους εἶεν, οὐκ ἂν ἔτι κράτιστον καὶ βέλτιστον αὐτὸν εἶναι πάντων.

de Jupiter pour désigner l'Être divin [1]; il parlait d'Apollon avec respect et admettait la possibilité de la divination [2]. Mais il n'en faisait pas moins des réserves significatives : il reprochait à Hésiode sa distinction des jours fastes et néfastes [3], il s'élevait avec énergie contre les orgies Dionysiaques [4], et condamnait à la fois le culte des images et l'usage des sacrifices, ces deux colonnes de la religion hellénique [5]. Il affichait d'ailleurs un mépris transcendant pour les opinions du vulgaire. A son dire, la plupart des hommes vivent comme le bétail. Inutile de leur enseigner la vérité; elle leur paraît incroyable [6] : ils lui préféreront toujours d'agréables mensonges, comme l'âne préfère le son à l'or [7]. Le bavardage des poètes, voilà ce qu'il leur faut. Or un tel langage ne pouvait que déteindre fortement sur les croyances mythologiques alors régnantes : il en était la condamnation en bloc.

Démocrite ne se contentait pas de rejeter les dieux populaires comme autant de fictions; il essayait de montrer comment ces fictions s'étaient formées; et sa théorie a

---

1. Frag. 12, Mullach.
2. Frag. 11, *ibid.*
3. Plut., Frag., t. V, p. 47, XXX, 1 (Cam., 19, 2), Dübner, Paris, 1855 — Sen., Ep. 12, 7, Lemaire, Paris, 1828.
4. Frag. 127, Bywater, *Her. Eph. Reliq.*, Oxford, 1877.
5. Frag. 126 et 130, *ibid.*
6. Frag. 1, 6, Mullach.
7. Frag. 83, *ibid.* Il faut dire toutefois que, si cette parole rend la pensée d'Héraclite, on n'est pas sûr qu'il l'ait lui-même appliquée au commun des hommes.

une vraie valeur psychologique. Fustel de Coulanges n'a pas craint de la reproduire dans la *Cité antique* [1]. Les dieux de l'Olympe n'étaient, pour lui, que des personnifications des phénomènes de la nature physique ou de l'âme humaine. Les premiers hommes furent vivement impressionnés par le bruit du tonnerre, par la vue des éclairs, des comètes, des éclipses de soleil et de lune ; et ils en conclurent spontanément que ces différentes forces, qui les dépassaient en puissance, contenaient autant de volontés supérieures [2]. Ils remarquèrent aussi, dans l'intimité de leur être, des énergies qu'ils ne pouvaient dominer qu'avec peine ou qu'ils ne dominaient pas du tout ; et ils les divinisèrent à leur tour. C'est ainsi que Zeus représentait la région supérieure de l'air, Pallas la sagesse et Bacchus la volupté.

Il y avait, d'ailleurs, dans le mouvement philosophique qui précéda Socrate, quelque chose de plus foncièrement funeste à la religion traditionnelle que ces attaques directes : c'étaient les théories auxquelles il avait donné lieu. Qu'avaient à faire la philosophie du *devenir*, la philosophie de l'*un*, et celle du νοῦς d'Anaxagore avec cette mythologie exubérante qui peuplait de dieux le ciel et la terre, la mer et les fleuves, les sources et les bois ? La réflexion, dès ses premiers pas, entra en contradiction avec la théologie des prêtres et des poètes ; et le conflit, une fois déclaré, alla s'aiguisant de plus en plus jusqu'au divorce le plus complet et le plus irrémédiable. A me-

---

1. P. 136-137, Hachette, Paris, 1880.
2. Sext., *Adv. Math.*, IX, 24, Fabricius, Leipzig, 1842.

sure que 'a raison hellénique prit d'elle-même une conscience plus claire et plus profonde, elle se convainquit davantage qu'il n'y avait plus à regarder en arrière.

L'esprit critique gagna les poètes eux-mêmes, soit en vertu d'une sorte d'endosmose plus ou moins consciente, soit par suite des relations qu'ils eurent avec les philosophes.

Pindare célèbre encore la grandeur des dieux, les exploits des héros et la grâce des « muses aux cheveux bouclés ». Mais il ne le fait pas avec la naïveté d'un Homère et d'un Hésiode. On le voit de temps à autre mêler à ses chants des réflexions restrictives qui ne sont plus celles d'un spontané. Il croit que, grâce aux inventions ailées d'Homère, la renommée d'Ulysse est devenue plus grande que ses malheurs [1]. Il n'hésite pas à rejeter les récits des poètes d'autrefois, lorsqu'ils blessent les idées plus pures qu'il se fait lui-même de la puissance infinie et de la sainteté des dieux. « Il y a des merveilles véritables, dit-il dans la Ire Olympique; mais il faut bien avouer aussi qu'on se laisse entraîner au delà du réel par les mensonges brillants de la fable. La poésie, qui donne du charme à tout ce qu'elle touche, répand sur ses fictions une beauté persuasive, et l'incroyable même y devient digne de foi. Aux jours à venir les témoignages véridiques. Il convient toutefois de ne prêter aux dieux que de bonnes actions; moindre alors est la faute [2]. » La IXe Olympique, chantée en l'honneur

1. Nem. VII, 20 (30).
2. Ἐπ. α', 28 (42).

d'Epharmoste d'Oponte, contient aussi une pensée de même nature. Le poète se met à raconter le combat d'Hercule contre Neptune, Apollon et Pluton ; puis, tout à coup, il interrompt son récit par cette remarque inattendue : « Mais laissons en dehors des immortels la guerre et tout combat[1], » c'est-à-dire n'exposons pas les vices et les faiblesses des dieux, ne les représentons pas déchirés par la discorde; il ne peut y avoir de guerre civile dans l'Olympe.

Pindare se révolte déjà contre le passé et le présent, et c'est de l'avenir qu'il attend la condamnation des erreurs en vogue : il est en passe de rompre avec les rêves mythologiques. Euripide fait un pas de plus : avec lui, la rupture est complète. Les dieux, dans son théâtre, ne sont plus que des expédients tout trouvés et des cadres où se meuvent les passions humaines. Il ne se résigne pas à adorer des êtres qui se sont souillés de honteuses actions[2]. La divinité, pour lui, n'est rien de ce qu'ont chanté les vieux poètes. Elle existe par elle-même, elle est éternelle, elle est immense et il n'y a pas de « maison bâtie de main d'homme qui la puisse enfermer dans l'enceinte de ses murailles »[3]. Elle est invisible et comme revêtue des rayons de la lumière et des voiles de la nuit, « tandis qu'autour d'elle court éternellement le chœur innombrable des astres »[4]; mais, du fond de son mystère

---

1. Ἀντ. Β΄, 40 (60).
2. T. IV, *Belleroph.*, frag. IX et XXI, Tauchnitz, Leipzig, 1841.
3. Clem., *Strom.*, V, 172 A, 112 D, 113 A.
4. *Ibid.*, V, 172 A.

impénétrable, elle voit tout. Impossible de lui supposer une défaillance morale quelconque, car elle est l'indéfectible sainteté. C'est elle aussi qui a formé l'harmonieux assemblage de tout ce qu'enveloppe le tourbillon du ciel ; et ce qu'elle a fait en toute sagesse, c'est également avec sagesse qu'elle le gouverne. « A toi, maître souverain, j'apporte mes libations, mes offrandes, sous quelque nom que tu préfères être invoqué, Jupiter ou Hadès. C'est toi qui, parmi les dieux du ciel, tiens le sceptre de Zeus ; toi qui gouvernes le royaume de Pluton. Envoie ta lumière à l'âme des mortels qui veulent, avant la lutte, apprendre d'où leur vient le mal, quelle en est la racine, et qui parmi les immortels ils doivent fléchir par des sacrifices pour trouver le terme de leurs souffrances[1]. » Un tel langage et de telles idées faisaient le scandale des Athéniens. Lorsqu'on représenta le *Bellerophon,* le peuple, à un moment donné, se mit en devoir de lapider les acteurs. Il fallut, pour les sauver, que l'auteur parût sur la scène en s'écriant : « Attendez, attendez, il le paiera bien à la fin. » Il y eut un incident analogue à propos de l'*Ixion;* et le poète dut modifier le premier vers de sa *Ménalippe,* que l'on trouva trop peu respectueux pour Jupiter. Mais des protestations de ce genre n'empêchaient pas ses pensées innovatrices d'aller jusqu'aux âmes, et elles y pénétraient comme un dissolvant irrésistible de toutes les croyances admises jusqu'alors.

Aristophane prend une attitude moins nette que celle

---

1. Clem., *Strom.*, 105 C et 108 A.

d'Euripide. C'est un conservateur indigné qui n'omet aucune occasion de charger les radicaux et les progressistes de son temps. Et quelle vigueur, quelle verve comique il sait y mettre, on peut en juger par les *Nuées* et les *Grenouilles*. Mais son attitude vient du mécontentement que le présent lui inspire, non de sa croyance au passé. Il défend « l'âge d'or » sans « en avoir le parfum »[1]; et ce qui domine dans son œuvre, ce qui s'y révèle à tout bout de champ, c'est le plus superbe des scepticismes à l'égard des dieux de la vieille Grèce. Il a soin de nous faire entendre, dans l'une de ses premières pièces, que la foi religieuse ne va plus que d'un pas mal assuré; et, dans tout le reste de son théâtre, il traite les dieux avec une telle désinvolture, il leur prête tant de ridicules, de vulgarités et de vilenies; il les traîne avec un si beau sans-gêne dans la fange des passions humaines, que l'on ne pouvait qu'en rire de franc cœur et de ce rire qui vient du doute et du mépris.

On comprend encore que l'inimitable comique ait représenté Hercule comme un fier-à-bras, dont le premier et le dernier argument est toujours d'étrangler les gens[2]; Bacchus comme un imbécile bavard et un gobe-mouches[3]; et Mercure comme un personnage sans foi, un glouton qui a trouvé son paradis, dès qu'il a des pâtés, des jambons et des tripes grillées à engloutir[4]. Ainsi le

---

1. *Nuées*, 398, Firmin-Didot, Paris, 1838.
2. *Oiseaux*, 1575.
3. *Grenouilles*.
4. *Plutus*, fin.

voulaient les traditions de la comédie. De plus, comme l'a remarqué M. G. Sorel, ces dieux n'étaient peut-être pas donnés, sur la scène, comme des dieux nationaux; il s'agissait peut-être de l'Héraclès des Scythes, du Dionysos asiatique et de l'Hermès des Égyptiens, autant de divinités que l'on pouvait traiter comme des Triballes, sans que la chose fût autrement choquante [1]. Mais ce n'est pas seulement sur ces dieux de second ordre et peut-être d'origine étrangère qu'Aristophane aime à dépenser sa verve. Il est d'une hardiesse qui ne connaît pas de bornes; il s'en prend à tous les habitants de l'Olympe, y compris les prêtres qui étaient attachés à leur service. Prométhée, dans les *Oiseaux*, vient avertir Pisthétérus que le ciel tout entier est dans la détresse. « Depuis que vous avez fondé une ville dans les airs, dit-il, il n'y a plus un homme qui sacrifie aux dieux; la fumée des victimes ne monte plus jusqu'à nous. Pas la moindre offrande! Nous jeûnons comme aux fêtes de Cérès. Les dieux barbares, qui meurent de faim, crient comme des Illyriens, et menacent de descendre en armes contre Jupiter, s'il ne leur ouvre des marchés où l'on vende des morceaux de victimes. » Jupiter, qui obéit aux mêmes besoins, se laisse persuader : il envoie à Néphélococcygie une ambassade composée de Neptune, d'Hercule et d'un Triballe. Et Neptune lui-même, Neptune, le grand roi de l'Océan, s'y conduit comme un vil marchand : il finit, sur le conseil de ses compagnons, par

---

1. *Le procès de Socrate*, p. 25-42, Alcan, Paris, 1889.

troquer le sceptre et la royauté de Jupiter contre quelques victuailles sans lesquelles l'Olympe va mourir de famine[1]! On trouve une scène analogue vers la fin du *Plutus;* et cette fois, ce ne sont pas seulement les dieux, ce sont aussi les prêtres qui se plaignent de n'avoir plus rien à manger. « Je meurs d'inanition, dit un prêtre de Jupiter. — Pourquoi? dit Chremyle. — Personne ne songe plus à offrir des sacrifices. — Et pourquoi donc? — Parce que tous les hommes sont riches; ah! quand ils n'avaient rien, le marchand échappé au naufrage, l'accusé absous immolaient des victimes; tel autre sacrifiait pour le succès d'un vœu, et le prêtre était du festin. Mais maintenant plus la moindre victime, plus un fidèle dans le temple, mais des milliers de gens qui viennent s'y soulager le ventre[2]. » Il n'était pas de nature à produire une impression plus fortifiante, ce dialogue du *juste* et de l'*injuste*, que l'on trouve dans les *Nuées*. Le juste n'y oppose qu'une série de vaines réponses à la critique impudente qu'il entend faire de la conduite de Jupiter, des vertus antiques et du vieux système d'éducation; puis, à la fin, il capitule. « Je suis vaincu, dit-il. Débauchés, au nom des dieux, recevez mon manteau; je passe dans vos rangs. » Cette défection se paie, il est vrai, de quelques coups de rotin. Un peu plus loin, Phidippide bat Strépsiade, son père, et lui prouve, par la morale des coqs, qu'il a le droit de le battre. Mais, en principe, la victoire n'en demeure pas

---

1. *Oiseaux,* fin.
2. Trad. Poyard, p. 522, Hachette, Paris, 1892.

moins aux sophistes; et ce spectacle devait éveiller dans les esprits de bien singulières réflexions. Il est permis, je crois, de le conclure : Aristophane, l'immortel adversaire des jeunes, est un de ceux qui contribua le plus puissamment à préparer la défaite des vieux. Personne ne se joua, comme lui, et des dieux et des croyances qui s'y rattachaient.

Il se fit donc chez les Grecs, à partir du cinquième siècle, et même un peu avant, un travail de réflexion, qui alla de jour en jour accroissant son intensité, ses découvertes et sa sphère d'influence. Les spéculatifs donnèrent l'exemple et les poètes emboîtèrent le pas; lyriques, tragiques et comiques se mirent, de leur côté, à penser d'une manière toute nouvelle et de plus en plus hardie : si bien que, vers la seconde moitié du siècle de Périclès, il n'y avait rien, dans les croyances religieuses et morales de la vieille Athènes, qui n'eût été contredit et qui ne le fût de plus en plus. C'en était déjà fait de la foi sérieuse et de la dévotion ardente; il ne restait que des sacrifices, des chants, des danses, et des processions qui devaient servir désormais à distraire le peuple et quelquefois à le tromper. Le paganisme hellénique devait, comme toutes les religions qui meurent, mourir dans la liturgie.

II

La tradition ne suffisait plus : c'était chose manifeste; et la raison ne suffisait pas encore. Triomphante dans l'attaque, elle demeurait impuissante à façonner un nouvel idéal de vie.

Les vieux philosophes n'avaient guère fait que de la physique. Exclusivement appliqués à l'étude des phénomènes extérieurs, ils s'étaient demandé quel en pouvait être le principe premier. Parmi les Ioniens, les uns avaient répondu : c'est l'eau; d'autres, c'est l'air; d'autres, c'est le feu. Les Pythagoriciens avaient cru le découvrir dans le nombre, les Éléates dans « l'un », et les atomistes dans l'infinie multiplicité des éléments matériels qu'ils regardaient à la fois comme éternels, insécables et essentiellement doués de mouvement. Mais qu'est-ce que le bien? Quelle peut être l'origine du droit et du devoir? Comment se déduisent les différents préceptes qui président à la conduite de l'homme? c'étaient là autant de questions, que les premiers penseurs de la Grèce n'avaient point soulevées. Ils s'étaient bornés, en matière d'éthique, à formuler les sentences qui avaient cours dans leur milieu; et il faut venir jusqu'à Démocrite pour trouver un premier essai de théorie morale, essai qui, naturellement, demeurait très vague et très incomplet.

On ne s'était pas occupé de la partie la plus importante de la spéculation philosophique, qui est la science du bien, et parce que l'homme, comme bandé aux objets ambiants, n'avait pas encore appris à se tourner vers lui-même : dans l'immense Tout, il ne s'était point encore découvert. De plus, des différents principes dont on était parti, il ne s'en trouvait aucun qui pût, en se développant, servir de base à une synthèse définitive : ils excluaient tous une partie considérable de la nature; ils étaient tous trop étroits. Les Ioniens affirmaient, avec Héraclite, que tout *devient;* et cependant il faut qu'il y ait quelque chose qui *soit*. Les Éléates, de leur côté, maintenaient que tout *est;* et cependant il y a quelque chose qui *devient*. Le devenir est indéniable; et n'y verrait-on qu'un phénomène, qu'il faudrait encore en reconnaître la réalité, suivant l'observation décisive d'Aristote [1]. L'immutabilité fondamentale de l'être et le mouvement ne se conciliaient pas mieux dans la théorie de Démocrite; et l'on y trouvait encore moins cette unité primitive des choses, dont notre esprit a besoin pour les comprendre. Lorsque Anaxagore vint parler du νοῦς, il « parut, il est vrai, comme un homme à jeun au milieu de personnes ivres »[2] : il formula un principe qui devait donner aux recherches ultérieures une ampleur et une fécondité toutes nouvelles. Mais ce principe demeurait là comme un bloc encore informe, dont on ne savait au juste ce que pourraient faire les futurs ciseleurs de la pensée.

En outre, par le fait même que les différents systèmes que l'on avait découverts reposaient sur des principes trop restreints, par le fait même que l'idée initiale qui servait de ressort à chacun d'eux représentait seulement un point de vue de la multiple réalité, ils ne pouvaient aboutir, en se rapprochant, qu'à

---

1. *Met.*, Γ, 6, 1011ª, 2; *Phys.*, B, 1, 193ª, 3; *ibid.*, Θ, 3, 253ª, 33.
2. *Met.*, A, 3, 984ᵇ, 15.

se contredire les uns les autres. Impossible d'accorder « l'être immuable » de Parménide avec le « perpétuel écoulement des choses » dont parlait Héraclite; l'unité absolue des philosophes d'Élée avec l'infinité numérique des atomes, à laquelle croyaient les disciples de Démocrite. Impossible aussi de concilier la théorie toute mécaniste du penseur d'Abdère avec l'intellectualisme d'Anaxagore. Le résultat auquel il fallait s'attendre, c'est que le jour où de telles hypothèses se trouveraient en présence, elles produiraient une éristique aussi scandaleuse qu'inféconde, le plus beau et le plus désespérant des tintamarres philosophiques qu'on eût jamais entendu. On devait s'apercevoir, à partir de ce jour-là, que la raison, d'abord si fière de ses conquêtes, n'avait guère fait que des ruines, qu'elle n'avait réussi, au prix de deux siècles de travail, qu'à se nier elle-même, après avoir nié tout le reste.

On pouvait remarquer, dans la philosophie antésocratique, une autre source de scepticisme : c'était l'incertitude qu'elle laissait planer sur la valeur de la connaissance intellectuelle. Parménide et Héraclite avaient déjà observé que les sens ne nous révèlent point la vraie nature des choses; et les philosophes postérieurs s'étaient rangés à leur avis; c'est par la raison qu'ils espéraient atteindre la réalité absolue. Mais avaient-ils le droit d'élever une semblable prétention, alors que personne ne savait encore d'une manière précise en quoi la pensée rationnelle diffère de la sensation? Pourquoi cette supériorité? Pourquoi ce privilège qu'ils accordaient à l'entendement? On ne pouvait l'admettre qu'à condition qu'il fût dûment démontré. Or, cette démonstration, on ne l'avait pas faite. Bien plus, il paraissait impossible de la faire à l'aide des conceptions toutes matérialistes auxquelles s'étaient bornés les vieux philosophes. S'il n'y a d'autre être que l'être corporel, ne faut-il pas que les doutes que l'on élève sur les sens, portent aussi sur la raison elle-même? Ne faut-il pas que le relativisme devienne universel [1]?

Elles étaient donc profondes, elles étaient irrémédiables, les lacunes de l'ancienne physique; et le progrès naturel de la réflexion suffisait par lui-même à les faire éclater. Mais ce travail de tristes découvertes fut précipité par un événement d'une portée immense : je veux parler de la prépondérance politique et intellectuelle d'Athènes.

Après les victoires de Salamine, de Platée et de Mycale, Athènes, désormais à l'abri du danger et consciente de sa force, déploya une telle activité qu'elle devint en quelques années le centre de la civilisation hellénique. Thémistocle fit du Pirée le port de la ville et l'entoura d'un mur haut de 19 mètres, long de 11 kilomètres et assez large pour que deux chariots y pussent passer de front. De plus, il engagea ses concitoyens à offrir des avantages aux étrangers, particulièrement aux ouvriers qui viendraient s'établir dans la cité. Et ces deux mesures tendaient au même but, qui était de faire d'Athènes la reine de la

---

1. ED. ZELLER, *Die philosophie der Griechen*, I, 935-936.

mer : la première la dotait d'un centre puissant d'action maritime ; et, grâce à la seconde, elle devait trouver dans sa population croissante le moyen de fonder au dehors de nombreuses colonies. Aristide jeta les premiers fondements d'une confédération hellénique. Il intervint habilement, au moment où les alliés, fatigués de l'arrogance de Pausanias, se séparèrent de Sparte, persuada aux îles de la côte d'Asie de former avec Athènes une ligue défensive dont le but serait de repousser les attaques du grand roi, et leur fit promettre d'envoyer un contingent annuel en hommes, en vaisseaux et en argent. Se conformant à l'esprit de l'œuvre si bien commencée, Cimon conseilla aux confédérés d'envoyer, au lieu de soldats, plus de vaisseaux et d'argent ; et ils acceptèrent cette nouvelle sorte de concours, qui leur semblait moins incommode : ce qui les fit tomber peu à peu du rang d'alliés à celui de tributaires. Enfin Périclès parut, qui n'employa plus seulement la persuasion, mais aussi et surtout la force et l'habileté pour assurer et étendre la domination des Athéniens. Il rasa les fortifications de Samos qui s'était révoltée et lui enleva tous ses vaisseaux ; il mit la main sur Byzance et envoya cinq cents Athéniens à Naxos, deux cent cinquante à Andros afin d'ôter aux Cyclades toute envie de rébellion. En outre, il fit partir mille colons pour la Chersonèse de Thrace, fonda Orée en Eubée, Amphipolis entre deux bras du Strymon, et forma des établissements à Synope en Euxin, à Amisos en Italie, où des Athéniens, mêlés à d'autres Grecs, allèrent bâtir Thurium. Pendant ce temps, il entretenait une flotte puissante, qui parcourait sans cesse les eaux de la mer Égée et maintenait partout le respect et la crainte. A cette politique énergique et prévoyante s'ajoutait d'ailleurs une pensée plus haute et plus humaine. Périclès « ne cherchait la grandeur d'Athènes ni dans ses murs ni dans ses chantiers » ; il s'inspirait, lui aussi, des idées de Solon, dont les Pisistratides avaient déjà poursuivi la réalisation avec un zèle digne de tout éloge : ce qu'il ambitionnait principalement pour la ville, c'était la gloire d'une haute culture intellectuelle. Aussi le vit-on accorder le droit de cité à tout ce qui pouvait élever le niveau des esprits, entourer de sa protection les talents les plus divers et devenir l'ami des plus beaux génies de son temps[1].

Grâce à cette noble conception du pouvoir, Athènes ne fut pas seulement la capitale des états fédérés ; elle exerça aussi une sorte d'hégémonie intellectuelle sur l'Hellade entière. On y vint de tous les points de la civilisation grecque et pour s'y perfectionner et pour s'y mettre en lumière.

C'est ce que firent, par exemple, « Ion de Chios, un vrai Ionien, qui, doué des aptitudes multiples de sa race, brilla parmi les Athéniens comme poète et comme prosateur, dans l'élégie et le drame » ; Achæos d'Érétrie, un contemporain de Sophocle et plus jeune que lui, qui, par le tour spirituel de son imagination, sut donner à la

---

[1]. Ern. Curtius, *Histoire grecque*, III, 77, Leroux, Paris, 1883.

satire un charme nouveau ; Aristarchos de Tégée en Arcadie, « qui se naturalisa si bien à Athènes qu'il finit par exercer, dit-on, une influence déterminante sur les usages de la scène attique, en ce qui concerne les proportions du drame » ; Néophron de Sicyone, qui fut assez heureux pour introduire dans la littérature dramatique des sujets nouveaux, tels que la légende de Médée [1].

Athènes devint aussi comme le rendez-vous d'une foule de penseurs et de rhéteurs. Anaxagore, le grand Anaxagore, à qui Socrate devait emprunter l'idée maîtresse de son système, y séjourna plusieurs années, y fut honoré de l'amitié de Périclès et n'en sortit que pour échapper à l'accusation d'athéisme que l'on avait portée contre lui. Gorgias de Leontium, dont la parole agissait comme une musique enchanteresse, qui connaissait à la fois la philosophie naturaliste d'Empédocle et la dialectique des Éléates, se laissa séduire aussi par la splendeur d'Athènes, lorsqu'il y vint pour la première fois, en 427, à la tête d'une ambassade. Il n'oublia plus ce qu'il avait admiré dans la brillante capitale, y retourna dans la suite pour faire valoir son talent et acquit en Grèce une grande réputation de savoir et d'éloquence [2]. C'est également la ville d'Athènes que Protagoras d'Abdère choisit comme théâtre principal de son enseignement, après ses longues pérégrinations à travers les villes de la Grande-Grèce et celles de la Sicile ; et sa société y fut

---

1. Ern. Curtius, *Hist. grecque*, IV, 76.
2. Plat., *Phædr.*, VIII, li, 54. Éd. Tauchnitz, Leipzig, 1891 ; *Gorg*., III, i-xv, 1-20.

recherchée par Callias, Euripide et Périclès lui-même[1]. Enfin, l'on rencontrait, dans les rues et sur les places de la cité de Cécrops, Prodicus de Julis en l'île de Céos, qui se donnait comme un professeur de sagesse[2]; Hippias d'Elis, qui posait pour l'encyclopédiste et le polygraphe[3]; Polus d'Agrigente, le plus bel inventeur d'expressions heureuses et de phrases chatoyantes, le plus parfait rhéteur que l'Hellade ait jamais produit[4]; Thrasymaque de Chalcédoine, maître passé « en l'art d'exciter la compassion par des plaintes et des gémissements en faveur de la vieillesse et de la misère »[5]; Evenus de Paros[6]; Antimœrus de Mende et une légion d'autres étrangers de provenances diverses, que le mirage puissant de la République protectrice des lettres avait fascinés[7].

La conséquence de cette concentration intellectuelle, ce fut que les théories de l'ancienne physique se rencontrèrent toutes en un même lieu. Et alors se produisit pour elles ce que l'on était en droit d'attendre : leur insuffisance radicale apparut dans tout son jour. On put constater sur le vif que, lorsqu'on les prenait en elles-mêmes, elles n'enfantaient que des négations; et que, lorsqu'on les comparait les unes aux autres, elles ne produisaient que des contradictions. On put voir aussi

---

1. Plat., *Protag.*, II, i, 124.
2. Plat., *Phædr.*, VIII, li, 54.
3. *Ibid.*
4. Plat., *Gorg.*, III, xvi, 20 et sq.
5. Plat., *Phædr.*, VIII, li, 55.
6. *Ibid.*, VIII, li, 55.
7. Plat., *Protag.*, II, v, 130; vii, 130-132.

que ceux qui les défendaient étaient les premiers à n'y point croire, et qu'ils les enseignaient, non dans l'intérêt de la vérité, mais pour se faire un nom et de l'argent.

Protagoras, poussant à ses dernières extrémités le principe formulé par Héraclite, professait le phénoménisme le plus radical. « Tout est mouvement dans l'univers, disait-il, et il n'y a pas autre chose[1]. » La substance et les puissances ne sont que des rêves creux ; « tout s'écoule », et « il faut bannir du langage le mot être »[2]. L'œil n'est rien en dehors de la lumière ; et la lumière, de son côté, n'est rien en dehors de l'œil ; l'ouïe n'est rien en dehors du son, et le son n'est rien en dehors de l'ouïe. Le sens du toucher naît et disparaît avec la chaleur et la chaleur avec le sens du toucher ; et c'est ainsi que l'on doit raisonner de tout le reste[3]. Il n'y a que des visions, des auditions et des apparences de chaleur : il n'y a que des perceptions. De plus, ces perceptions elles-mêmes n'enveloppent rien qui dépasse la portée des organes ; elles ne contiennent aucun élément intelligible, aucun principe permanent sur lequel on puisse édifier une science valable pour tous les hommes de tous les temps et de tous les pays : Ces perceptions ne sont que des sensations. Enfin, considérées en elles-mêmes, ces sensations n'ont absolument rien de fixe ; elles

---

1. PLAT., *Theæt.*, I, XII, 212.
2. *Ibid.*, XII, 213, 214.
3. *Ibid.*, XII, 213.

fuient sans cesse sous l'influence du tourbillon universel et avec une telle rapidité, qu'on ne peut jamais dire d'aucune d'entre elles : elle est ceci ou cela. Car, pendant que nous essayons de la dénommer, elle est déjà devenue tout autre : elle est déjà grande quand nous la disons petite, et pesante quand nous la disons légère. Il n'y a donc que du devenir; et ce devenir n'est qu'un ensemble de rapports[1]. Par conséquent, c'est s'illusionner soi-même que de croire à l'existence d'une vérité absolue; il y a autant de vérités que d'individus, et, dans le même individu, autant de vérités que d'instants : l'homme est, à tout moment, la mesure de toutes choses[2].

l n'y a rien, reprenait Gorgias à son tour, en partant du point de vue opposé, c'est-à-dire du point de vue éléatique, pour aboutir à des conséquences plus radicales encore. Il n'y a rien. Car il est contradictoire que le non-être soit[3]; et d'autre part, l'être n'est pas plus que le non-être. Si l'être est, il faut de toute rigueur qu'on se le représente ou comme primitif ou comme dérivé. Dans le premier cas, il n'a pas de commencement; par là même il est infini. Et, s'il est infini, il n'est nulle part. Il ne peut être, en effet, ni dans un autre, parce qu'alors il ne serait plus infini, ni en lui-même, parce que le contenant est autre chose que le contenu. Mais ce qui n'est nulle part n'est pas du tout.

---

1. PLAT., *Theæt.*, I, VIII, 207; XII, 213; XIV, 217.
2. *Ibid.*, I, XIV, 218.
3. SEXT., *Adv. Math.*, VII, 66 et sq.; *De Melisso*, 5, 979ª, 21 et sq.

Dans le second cas, si l'être est dérivé, d'où vient-il? il ne peut venir du non-être; car « rien ne vient de rien ». Et l'on ne peut non plus le faire venir de l'être; car alors l'être est déjà. De plus, si quelque chose vient de l'être, c'est que l'être devient; or il est essentiellement étranger à tout devenir[1]. On se heurte également à la contradiction, lorsque, au lieu de considérer l'origine de l'être, on essaie de concevoir sa nature. Il faut, en effet, que l'être soit *un* ou *plusieurs*. Or il ne peut être ni l'un ni l'autre. Il ne saurait être un; car ce qui est un n'a pas de grandeur corporelle, et ce qui n'a pas de grandeur corporelle n'est pas; il ne saurait davantage être plusieurs, car la pluralité est un ensemble d'unités; or, on vient de voir que l'unité n'est pas[2].

« Rien n'est »; et, de plus, s'il y a quelque chose, ce quelque chose est inconnaissable. Car notre pensée n'est pas l'être; elle s'en distingue, comme nous le révèle l'erreur. Mais si elle s'en distingue, c'est qu'elle ne peut l'atteindre[3].

Enfin, supposé qu'il y ait quelque chose de connaissable, ce quelque chose ne peut se communiquer par le discours. Les mots ne sont pas les concepts; ils ne font que les signifier. Et cette signification n'est possible que si les concepts se trouvent à la fois et dans celui qui parle et dans celui qui écoute. Or c'est ce qui n'arrive point, une même chose ne pouvant être à la

---

1. Sext., *Adv. Math.*, VII, 68-71; *De Melisso*, 979ᵇ, 20 et sq.
2. Sext., *Ap. Gorgias*, 73; *De Melisso*, 6, 979ᵇ, 36.
3. Sext., *Adv. Math.*, VII, 77-82; *De Melisso*, 6, 980ᵃ, 8.

fois dans deux sujets différents. D'ailleurs, si la même chose pouvait se trouver à la fois dans deux sujets différents, il faudrait bien encore qu'elle leur apparût comme différente, en vertu de la différence de leur constitution ; et ce n'est qu'en apparence qu'on parlerait des mêmes questions ; au fond, l'on ne s'entendrait pas [1].

Ainsi parlaient les principaux représentants de la philosophie nouvelle. Partis de principes contradictoires, ils s'accordaient l'un et l'autre à conclure que le savoir est impossible. C'était aussi l'unique point sur lequel s'entendissent les autres discoureurs de la même époque. Ceux-là, il est vrai, autant du moins que l'on peut s'en rendre compte, ne développaient pas de longues théories sur l'être et la pensée ; mais ils affirmaient à l'unisson que la science n'est pas faisable. L'*un* ne peut être *plusieurs*, disaient-ils ; et par conséquent il faut regarder toute union d'un prédicat avec un sujet comme une opération illégitime de l'esprit [2]. De telles idées frappaient d'autant plus les auditeurs, qu'elles supposaient une souplesse d'intelligence exceptionnelle et que nombre d'entre elles pénétraient fort avant dans les choses. Le grand effort de Platon devait être de concilier l'*un* et le *plusieurs*.

On ne s'en tenait pas d'ailleurs à ces négations d'ordre spéculatif, qui suffisaient cependant par elles-mêmes à ébranler toutes les convictions. On abordait directement

---

1. Sext., *Math.*, VII, 83-86 ; *De Melisso*, 980ª, 19 et sq. D'après Zeller, ce dernier texte est en partie douteux.

2. Arist., *Phys.*, A, 2, 185ᵇ, 25 ; — Plat., *Soph.*, II, xxxvii,47.

les problèmes de fond que soulevait l'éthique traditionnelle, et l'on y portait la même tendance déboulonneuse. Existence de Dieu, réalité de la providence, origine de la religion, fondement des lois naturelles et des lois positives, tout fut frappé du marteau de la critique, mis en doute ou réfuté.

« Je n'ai pas à savoir s'il y a des dieux ou s'il n'y en a pas, disait Protagoras; car nombreuses sont les difficultés que comporte un pareil problème : il est obscur et la vie de l'homme est courte[1]. » Thrasymaque écrivait, de son côté, que les dieux « ne voient pas les choses humaines »; et la preuve qu'il en donnait, c'est « qu'ils n'ont aucun souci du plus grand des intérêts humains, qui est la justice ». Tout le monde la transgresse, et les dieux demeurent impassibles[2]. Et l'on s'imagine facilement l'impression profonde que devaient produire de telles paroles sur le peuple d'Athènes de plus en plus démoralisé par les vicissitudes et les atrocités de la guerre du Péloponnèse. Elles disaient tout haut ce que chacun sentait au fond de son cœur. Prodicus allait encore plus loin, malgré l'éloge de la vertu qu'il nous a laissé[3] : il émettait sur les dieux une idée analogue à celle de Démocrite. A son sens, la religion tout entière, les mystères, les fêtes et les rites avaient pour origine la beauté des phénomènes que contemple le cultivateur des champs. De là dérivait le culte de

---

1. Diog., IX, 51, Firmin-Didot, Paris, 1862; — Plat., *Theæt*, I, xvii, 221.
2. Hermias, in *Phædr.*, p. 192, Ed. Ast.
3. Xen., *Mem.*, II, 1, 21, Éd. Tauchnitz, Leipzig, 1837.

Déméter, celui de Dionysos, celui du soleil et de la lune, des fleuves et des sources[1]. Les dieux étaient autant de personnifications des forces de la nature les plus familières à l'homme. D'autres sophistes, au nombre desquels se trouvait probablement Critias[2], avançaient une autre explication non moins radicale. Ils avaient remarqué, dans leurs voyages à travers le monde hellénique et peut-être au delà, que les divinités différaient avec chaque pays; et ils en concluaient qu'elles avaient une origine toute conventionnelle : c'étaient, à leur dire, des hommes habiles qui les avaient inventées pour dompter plus aisément la brutalité de leurs semblables. On en avait décrété l'existence, la nature et les attributions, suivant l'occurrence des besoins[3]. Ainsi les dieux n'étaient plus les auteurs des lois; les lois, au contraire, étaient les auteurs des dieux : les rôles se trouvaient renversés.

En pratique, il est vrai, les sophistes se montraient moins méchants. Les uns enseignaient le calcul, la géométrie et l'astronomie; d'autres la musique, ou toutes ces choses à la fois. Prodicus était professeur de vertu et il disait parfois de très belles choses; Protagoras n'avait d'autre prétention que celle d'apprendre aux jeunes gens à bien gouverner leurs propres affaires et les affaires publiques[4].

1. THEMIST., *Orat.*, XXX, 349ᵈ.
2. Voir la discussion de ZELLER à ce sujet, *Die philosophie der Griechen*, I, 1012, note 3.
3. PLAT., *Rep.*, VI, IV, 340.
4. PLAT., *Protag.*, II, IX, 136.

Mais il n'en était pas moins évident qu'au point de vue théorique, il ne restait du passé que des négations et des doutes. Et cette science du vide n'était pas seulement connue de quelques groupes; elle se propageait partout. Les sophistes faisaient des conférences dans des sociétés privées et parfois au théâtre. En outre, la tragédie et la comédie étaient des moyens puissants de diffusion intellectuelle : Euripide a fait passer toute sa philosophie dans ses drames; et l'on trouve chez Aristophane l'écho des problèmes théoriques, politiques et moraux qui agitaient son temps. Il y avait aussi dans la ville un marché aux livres où l'on pouvait se procurer pour une drachme les œuvres d'Anaxagore [1], où l'on trouvait également à prix réduit les écrits des autres philosophes, ceux des poètes et ceux des rhéteurs. Or les Athéniens profitaient avec avidité de ces moyens de s'instruire. On emportait sous le manteau les discours des orateurs, afin de les pouvoir savourer tout à son aise, et l'on en faisait un objet de conversation sur les bords de l'Ilissus, au chant des cigales [2]. C'était une honte pour un membre du jury que d'ignorer la philosophie du « sage de Clazomène » [3]. Le public connaissait les œuvres de Protagoras [4]; on lisait les vers d'Euripide, on les apprenait par cœur, on emportait ses pièces sur terre et sur mer, on y cherchait sa con-

---

1. Plat., *Apol.*, I, xiv, 36-37.
2. Plat., *Phædr.*, VIII, ii, 2.
3. Plat., *Apol.*, I, xiv, 36.
4. Diog., IX, 8, 52.

solation dans l'exil et le malheur. Il s'organisait des banquets, comme celui de *Platon* et celui de *Xénohpon*, où l'on mêlait aux jeux de mots et parfois aux conversations les plus risquées des discussions pénétrantes sur la métaphysique et la morale. Les idées, à Athènes, ne restaient pas inactives; elles rayonnaient dans tous les sens et sous toutes les formes. Ainsi les théories nouvelles purent se répandre à l'indéfini et exercer dans l'âme du peuple leur fatale influence [1].

L'exemple le plus connu de l'action perturbatrice que produisaient ces théories « est celui de Diagoras de Melos, poète lyrique, homme grave, le familier du Nomothète Nicodoros de Mantinée. Au temps où cette ville arcadienne s'affranchit de la sujétion de Sparte et se constitua en république autonome, Diagoras vint à Athènes. Or, bien qu'il eût été auparavant un chantre religieux, la puissance du doute le saisit; subissant, à ce qu'on rapporte, l'influence personnelle de Démocrite, il devint un hardi libre penseur, persifla les dieux qu'il avait autrefois glorifiés et jeta au feu un Héraclès en bois pour lui voir consommer son treizième travail » [2].

Les prêtres, à la tête desquels se trouvait Diopithe, s'alarmèrent d'un tel état de choses; et ils recoururent aux tribunaux de la ville pour se défendre contre les excès toujours croissants du libre examen. Anaxagore fut accusé de s'en prendre aux dieux de l'État et contraint,

---

1. Eurip., *Hippolyt.*, 451 et sq., Firmin-Didot, Paris, 1863. — Curtius, *Hist. grecque*, IV, 84-85.

2. Curtius, *Hist. grecque*, IV, 73.

malgré la haute protection de Périclès, de s'enfuir à Lampsaque ; de plus, quiconque avait eu des relations avec lui devint, comme l'historien Thucydide, suspect de libre pensée. On proscrivit Diagoras comme profanateur des mystères. Protagoras eut aussi son procès de religion, et la poursuite judiciaire s'étendit à ses écrits : tous les exemplaires vendus durent être livrés à l'autorité[1]. L'accusation d'athéisme devint à la mode et pesa, comme une menace, sur tous ceux qui se permettaient d'ergoter à propos des choses divines. Mais de telles mesures demeuraient naturellement inefficaces. Ce qu'il fallait, pour arrêter le libertinage des esprits et la décadence des mœurs, ce n'étaient ni des exécutions, ni des autodafé ; c'était une conception plus profonde et plus compréhensive de la vie. « *Quando eram parvulus, cogitabam ut parvulus.* »

III

L'influence simultanée de la tradition et de la raison, c'était assez pour produire une crise morale des plus aiguës. Le doute descend naturellement de la tête au cœur et finit par y détruire le sens et l'amour de l'universel. Mais ces causes d'ordre religieux et philosophique n'étaient pas seules à exercer sur les âmes une influence déprimante. Il se produisit, au cours du cinquième siècle,

---

1. Curtius, *Hist. grecque*, IV, 74.

un ensemble de réformes politiques et d'événements militaires qui déchaînèrent à la longue toutes les passions humaines.

De Solon à Cléon, la démocratie fit une série de conquêtes, dont le résultat final fut de la rendre souveraine absolue, maîtresse complète des destinées de l'État; et de là une période interminable de luttes intestines, de procès, de conjurations et de projets aventureux qui se termina par la prise d'Athènes et l'établissement de la tyrannie des Trente.

En 595, Solon « établit ce qu'Aristote nomme une *Timocratie*, c'est-à-dire une division en classes et un partage du pouvoir uniquement fondés sur l'état de fortune des citoyens[1] ». La population de l'Attique fut départie en quatre classes : celle des *pentacosiomédimnes*, ou de citoyens possédant un revenu de cinq cents médimnes au moins de blé, de vin ou d'huile; celle des *chevaliers*, ayant au moins les trois cinquièmes de cette fortune; celle des *zeugites*, dont le cens minimum s'élevait à la moitié ou peut-être aux deux tiers de celui des chevaliers; enfin, la classe des *Thètes*, ou prolétaires, comme nous le dirions aujourd'hui. De ces quatre classes, les trois premières purent fournir des candidats aux diverses magistratures[2], tandis que les archontes n'étaient pris

---

1. G. Perrot, *Essai sur le droit public d'Athènes*, p. 126, Ern. Thorin, Paris, 1869.

2. C'est du moins en ce sens que G. Perrot interprète les textes dans l'ouvrage qui vient d'être cité, p. 126.

jusqu'alors que dans l'ancienne caste sacerdotale. Quant aux Thètes, ils furent admis dorénavant dans l'assemblée du peuple. Tout le monde, à l'exception des étrangers et des esclaves, eut le droit de participer au vote des lois, à l'élection des magistrats et à la composition des jurys devant lesquels comparaissaient les dépositaires infidèles des pouvoirs publics. L'Aréopage, il est vrai, était respecté, et l'assemblée du peuple elle-même modérée et dirigée par un *sénat probouleutique* de quatre cents membres. Mais la liberté politique ne s'en trouvait pas moins conquise. De plus, dans la constitution nouvelle, il n'était plus question des droits de la naissance; les classes ne se distinguaient que par la fortune. Désormais, les nobles, ce furent les riches[1].

Restait néanmoins la vieille organisation religieuse. « La population demeurait partagée en deux ou trois cents *gentes*, en douze phratries, en quatre tribus. Dans chacun de ces groupes, il y avait encore, comme à l'époque précédente, un culte héréditaire, un prêtre qui était un Eupatride, un chef qui était le même que le prêtre[2]. » Et de là un obstacle perpétuel à l'exercice des droits acquis. La religion saisissait le citoyen au sortir de l'assemblée et lui rappelait que, pour être libre de par la loi de Solon, il ne cessait pas d'être client et qu'il restait, à ce titre, sous l'autorité des Eupatrides.

En 508, cette autorité plusieurs fois séculaire fut dé-

---

1. PLUT., *Solon*, XVIII, 19; *Aristid.*, I, 2; — ARIST., Frag. 350 (Harpocr. s. ἱππὰς), 1537ᵃ, 14; *Polit.*, B, 12, 1274ᵃ, 11-21.
2. FUSTEL DE COULANGES, *La cité antique*, p. 335.

truite par la réforme de Clisthènes. Clisthènes remplaça les quatre anciennes tribus par dix tribus nouvelles, dont chacune comptait cinq naucraries. Les citoyens furent distribués dans ces cadres nouveaux, non plus d'après leur naissance, ou même d'après leur fortune, mais d'après leur domicile : tous les privilèges y disparurent. En outre, il fut convenu que l'on ne se réunirait plus autour du foyer des Eupatrides pour adorer leurs ancêtres. Zeus *gardien de l'enceinte* et *Apollon paternel* furent adoptés uniformément pour dieux protecteurs ; et les tribus se choisirent de nouveaux héros parmi les personnages antiques dont les Athéniens avaient gardé bon souvenir. Par le fait même que les Eupatrides perdaient le monopole du culte, il n'y avait plus de raison pour que le sacerdoce restât héréditaire ; et la dignité de prêtre devint annuelle : chacun put l'exercer à son tour. Enfin, les citoyens qui ne faisaient point partie des *gentes*, furent classés comme les autres ; et grand fut le nombre de ceux qui purent enfin se réjouir de n'être plus des hommes « sans dieu ni foyer ». Ainsi disparurent et pour toujours les prérogatives de la naissance ; ainsi tombèrent les entraves que les traditions religieuses mettaient à l'exercice de la liberté politique[1].

La cause de la démocratie fit un pas de plus, sous la présidence d'Aristide. Les Perses une fois refoulés, Aristide s'aperçut que les Athéniens « cherchaient à reprendre leur gouvernement démocratique. Il trouvait

---

1. Fustel de Coulanges, *La cité antique*, p. 336 ; — Arist., *Polit.*, I, 1, 1275^b, 34.

d'ailleurs qu'un peuple si vaillant était digne de s'administrer lui-même et que l'on ne pourrait pas facilement le contenir, vu qu'il était puissant par ses armes et exalté par ses victoires. Il rédigea donc une loi, aux termes de laquelle le gouvernement général et l'archontat lui-même devenaient accessibles à tous les Athéniens »[1]. Et les Thètes, à partir de ce jour-là, ne furent plus des citoyens d'ordre inférieur; ils devinrent, comme ceux des trois premières classes, éligibles aux plus hautes dignités : l'égalité pour tous s'ajoutait à la liberté.

Toutefois, les novateurs n'étaient pas encore satisfaits. L'Aréopage leur apparaissait comme une dernière citadelle des vieux préjugés; et leur désir était d'enlever à ce corps les attributions politiques dont il se trouvait investi de temps immémorial. Ils finirent par y arriver, grâce aux manœuvres d'Éphialte et à la protection de Périclès qui, lui aussi, voyait « dans le sénat d'en haut » un centre d'influence dangereux pour la démocratie. Un beau jour on vota, dans l'assemblée du peuple, que l'Aréopage n'aurait plus à s'occuper ni de finances, ni d'administration, ni d'élections, qu'il ne connaîtrait dorénavant que « des affaires de meurtre »[2]. Et l'on créa pour la circonstance le collège des Nomophylaques ou gardiens de la loi, auquel on transféra une partie des fonctions enlevées à l'Aréopage; mais de ces nomophy-

---

1. Plut., *Aristid.*, XXII, 1.
2. Plut., *Périclès*, VII, 7; IX, 3-4; *Cimon*, XV, 1; — Diod., XI, 77, 6, Firmin-Didot, Paris, 1855; — Arist., *Polit.*, B, 12, 174ᵃ, 7; — G. Perrot, ouvr. cité, p. 100.

laques oncque on n'entendit plus parler. Le tour était donc joué : l'assemblée des vieux ne devait plus porter ombrage à personne. Dès lors, le peuple disposa d'une autorité qui ne rencontrait de limites nulle part; et cette autorité devint d'autant plus dangereuse que, depuis longtemps déjà, ses divers représentants étaient élus par le sort. Désormais, c'étaient les caprices de la foule et ceux de « la fève » qui devaient présider aux destinées d'Athènes.

Une fois maître de tous les pouvoirs, le peuple trouva qu'il était onéreux de les exercer gratuitement : il réclama un salaire pour les membres de l'*Ekklesia* et pour les juges assermentés; et cette réclamation aboutit[1]. Le prix convenu fut d'abord d'une obole par séance[2]. Plus tard, Cléon, pour complaire à l'opinion, en fit allouer trois; et l'on eut ce fameux *Triobole*, dont Aristophane s'est si souvent moqué[3]. Cette fois, l'évolution était complète; elle avait atteint son dernier terme. Tout allait à souhait pour la démocratie. Mais aussi fut-ce à partir de cette époque que tout alla de plus en plus mal pour la patrie.

Aussi longtemps que Périclès exerça le pouvoir suprême, il eut assez d'ascendant pour maintenir l'ordre dans la gestion des affaires publiques. Il en appelait à la générosité et à l'énergie de ses concitoyens; il cherchait à les

---

1. G. Perrot, ouvr. cité, p. 225.
2. Aristoph., *Nuées*, 861.
3. *Chevaliers*, 51, 255; *Guêpes*, 607, 682, 688, 797, 1116; *Oiseaux*, 1540.

élever au-dessus d'eux-mêmes par son sérieux et ses exigences morales; et par là il paraissait tellement supérieur à la foule qu'elle avait honte de lui laisser voir ses faiblesses et ses basses convoitises. Mais quand la grande voix qui avait su dominer la turbulente cité eut cessé de se faire entendre, tout prit bien vite une allure nouvelle et de plus en plus fâcheuse. Comme l'aristocratie avait perdu son influence politique et qu'il n'existait plus ni classes de fonctionnaires, ni collège permanent d'hommes d'État entendus, il ne resta aucune autorité pour diriger la bourgeoisie d'Athènes [1]. Dès lors, les assemblées devinrent plus nombreuses et de moins en moins clairvoyantes. Les sujets les plus graves y furent traités tantôt avec cette légèreté qui fait qu'on ne prend pas la peine de regarder aux conséquences, tantôt avec cette passion qui fait que l'on ne s'accorde pas le temps de les discerner. On les vit tour à tour en proie au caprice, frappées d'apathie, emportées par ces courants d'approbation ou de réprobation qui traversent les foules et les entraînent toujours à des excès regrettables, quand personne n'est là pour tout ramener au niveau de la prudence. De plus, cette impuissance d'Athènes à se gouverner elle-même fit naître et prospérer la pire des démagogies. Ce fut à qui s'emparerait de la direction des affaires publiques; et, dans cette lutte pour le pouvoir, les moins bons l'emportèrent assez naturellement. Le peuple eut une série de maîtres de basse extraction qui, ne se sentant pas la

---

[1]. Curtius, *Hist. grecque*, III, 86.

force de le diriger à la manière de Périclès, s'efforcèrent de gagner sa faveur en flattant son orgueil et ses passions les plus grossières. Tels furent Eucrate, marchand d'étoupe et possesseur de moulins, qu'on surnommait « le sanglier » ou l'ours de Mélite; Lysiclès, un marchand de bestiaux enrichi, qui n'en épousa pas moins la célèbre Aspasie; Cléon, fils de corroyeur et corroyeur lui-même, dont Aristophane a dépeint avec tant de vigueur la bassesse, l'effronterie et la violence.

Or de ce régime maladif découlèrent plusieurs conséquences funestes : d'abord, il n'y eut plus d'unité dans la direction des affaires. En second lieu, la démoralisation publique alla s'aggravant de jour en jour. Et nul plus que Cléon ne concourut à ce dernier résultat, soit par son assiduité « à passer le coussin sous les fesses du peuple » qui avait vaincu à Salamine [1]; soit par sa persévérance à crier avec la plèbe et plus fort qu'elle, au risque de tout perdre : « Mort aux rebelles, sus aux Spartiates »; soit par l'abus sacrilège qu'il fit, au profit de sa politique, des oracles Delphiens, soit aussi par l'acharnement avec lequel il poursuivit, devant l'Assemblée et les tribunaux, les citoyens devenus suspects à ses yeux [2].

Un autre effet du nouvel état de choses fut la séparation des fonctions politiques et des fonctions militaires. Et ce changement devint le point de départ des plus grands malheurs. Les intrigants heureux, qui manœuvraient avec tant d'habileté au Pnyx, ne se sentaient

---

1. Aristoph., *Chevaliers*, 785.
2. *Ibid.*, 475 et sq., 624 et sq.

ni la capacité ni le désir de se mettre à la tête des troupes; et le pouvoir militaire dut être confié, au moins en général, à des hommes spéciaux qui appartenaient le plus souvent à l'aristocratie. De là des froissements et des luttes inévitables. Les démagogues devinrent les ennemis des généraux et profitèrent de leur ascendant personnel soit pour les accuser eux-mêmes à l'occasion, soit pour donner suite aux accusations qu'une foule impatiente et capricieuse élevait contre eux. Il y eut toute une série de procès scandaleux, tels que ceux de Phormion, de Démosthène, de Xénophon, de Sophocle, de Thucydide, d'Eurymédon. Et de telles attaques n'avaient pas seulement l'inconvénient de rabaisser l'armée devant l'opinion; elles étaient, pour ceux qui se battaient au loin, une cause perpétuelle d'intimidation, un obstacle de tous les jours au déploiement de leur énergie.

Cette politique redoubla l'indignation des nobles. Ils se mirent à conspirer plus fortement que jamais; et ce fut une source nouvelle de luttes intestines. Quelques-uns des membres de l'aristocratie se contentèrent, il est vrai, de renoncer à la vie publique, et d'autres en plus grand nombre continuèrent à fréquenter les assemblées, essayant en vain d'y faire entendre le langage de la raison. Mais il y eut le parti des violents. Elles prirent une vitalité nouvelle, ces associations secrètes dont l'origine remontait aux guerres médiques, qui s'étaient révélées par des tentatives de trahison au camp de Platée et pendant la bataille de Tanagre. Il se forma des clubs dont les membres s'engageaient par serment à ne ménager ni leur vie ni leur fortune, à ne rejeter aucun moyen, pas même celui de l'appel à l'étranger, toutes les fois qu'il s'agissait de défendre les intérêts communs. Et cette franc-maçonnerie aristocratique ne fut pas inefficace : elle exerça une influence profonde sur tous les événements qui troublèrent la fin du ve siècle[1]. Ce fut elle, en particulier, qui machina dans l'ombre le coup d'État de 411[2]; ce fut elle aussi qui fit la révolution de 404, sous les yeux des Spartiates vainqueurs et protecteurs de ses vues[3].

Cette lutte des partis et ces menées secrètes provoquèrent un entre-croisement perpétuel de suspicions et d'accusations : la délation devint de plus en plus à la mode; et ce mal, déjà si grave de sa nature, en introduisit un autre comme par la main : on vit apparaître la lèpre des « sycophantes ». Il s'éleva une classe d'individus dont le métier était de trouver des chefs d'accusations et de traîner leurs concitoyens devant les tribunaux. Ces délateurs ne s'en prenaient pas seulement à ceux qu'ils croyaient coupables; ils menaçaient les innocents dans l'unique but d'en extorquer de l'argent : ils pratiquaient ce que nous appelons aujourd'hui du nom de *chantage*. Ils attaquaient aussi de

---

[1]. G. PERROT, ouvr. cité, p. 102-103; — CURTIUS, *Hist. grecque*, III, 319-321.

[2]. THUCYD., VIII, 67 et sq., Tauchnitz, Leipzig, 1844; — ARISTOPH., *Lysistrat.*

[3]. XENOPH., *Hellen.*, II, 2, 16-17; II, 3, 1-3, Tauchnitz, Leipzig, 1887.

préférence ceux qui se distinguaient par la naissance, la richesse ou le mérite ; car ils tenaient à se faire valoir auprès du peuple comme gardiens vigilants de la constitution. « Or, plus les défauts de celle-ci devenaient apparents, plus les assemblées étaient bruyantes et tumultueuses, plus le parti modéré se séparait de la foule, plus les gens instruits s'éloignaient des affaires publiques, et plus le peuple devenait soupçonneux, plus la crainte des trahisons et des menées anticonstitutionnelles devenait générale[1]. » On ne voyait partout que complots et conspirations. Certains jeunes gens qui ne jouissaient encore d'aucune notoriété et n'étaient pas même nés dans l'Attique, firent condamner par les tribunaux du peuple des généraux qui avaient plus d'une fois risqué leur tête pour la patrie et conduit leurs soldats à la victoire. On n'épargna pas même les vétérans des guerres médiques.

Le salaire des charges publiques produisit aussi des désordres d'un genre différent qui concoururent avec les autres à la ruine de la cité. Tant que les fonctions judiciaires furent gratuites, il n'y eut guère à les exercer régulièrement que des citoyens qui possédaient une certaine fortune. Mais à partir du jour où le triobole fut institué, on vit accourir et siéger parmi les Héliastes les matelots du Pirée, les artisans de la ville et du port, les vignerons des tièdes collines, et les charbonniers de la montagne. Quelle riche aubaine pour tous ceux qui

---

1. Curtius, *Hist. grecque*, III, 113-114.

avaient quelque instinct de paresse! Après la séance, que l'on faisait le plus courte possible, on se levait pour aller toucher son triobole et l'on pouvait, sans qu'il en coûtât plus, prendre son bain et son repas. Le lendemain devait être également généreux : il promettait le même bénéfice. L'affluence de la campagne à la ville devint d'autant plus considérable que le territoire de l'Attique était sans cesse ravagé par de nouvelles invasions. Le goût de l'agriculture se perdit peu à peu ; et il se forma dans l'intérieur d'Athènes une populace désœuvrée, bavarde, chicaneuse, remuante et crédule à outrance, dont la corruption ne fit que grandir avec le temps et qu'un habile meneur pouvait toujours asservir à ses vues.

Les événements qui se produisirent vers la fin du v° siècle ne contribuèrent pas seulement à rompre l'ancien équilibre de la vie des champs et de celle de la ville ; ils aggravèrent à peu près tous les vices de la constitution athénienne.

La peste de 430 et celle de 429, éclatant au milieu de la population de l'Attique massée dans le Pirée, y fit d'affreux ravages. Les classes qui devaient le service militaire perdirent, à elles seules, 4.400 fantassins et 300 cavaliers [1]. Les grandes familles furent frappées au cœur. Nombre d'entre elles, où s'était conservée la saine influence des anciennes traditions, disparurent totalement ; et le lien qui rattachait encore le présent au passé, se

---

1. THUCYD., II, 49 ; III, 87.

trouva presque entièrement rompu. Les personnes d'âge mûr qui échappèrent à la mort, restèrent les mêmes, il est vrai; mais autour d'elles surgit une génération dont les pensées et les mœurs furent tout autres. Les jeunes se laissèrent emporter par l'esprit nouveau et tournèrent à la dépravation. Le fléau fit aussi dans les rangs du peuple un nombre effroyable de victimes [1]; cette perte d'hommes s'ajoutait à celle que la guerre avait déjà causée et causait encore tous les jours : si bien qu'il parut opportun d'élargir le droit de cité. Périclès, poussé, il est vrai, par le désir de légitimer le fils qu'il avait eu d'Aspasie, le seul qui lui restât, mais obéissant en même temps à une raison d'intérêt général, demanda et obtint l'abolition de la loi qu'il avait fait voter lui-même et aux termes de laquelle les enfants naturels ne pouvaient être citoyens. Et cette réforme, qui parait aux nécessités du moment, eut des suites très graves : elle fit pénétrer dans la bourgeoisie des éléments étrangers et jeta le trouble dans les relations de famille.

Mais ce qui contribua surtout à exciter les passions et par là même à détruire le sens moral, ce fut la guerre atroce qui de 432 à 404 désola la Grèce entière. La question n'était pas seulement de savoir qui l'emporterait de Sparte ou d'Athènes; il s'agissait principalement de décider qui aurait le dernier mot de l'aristocratie ou de la démocratie. Tarente, Leontium, Syracuse, Agrigente, Corcyre, Mantinée, Corinthe, Argos, et les diffé-

---

1. Thucyd., III, 87, Τοῦ δὲ ἄλλου ὄχλου ἀνεξεύρετος ἀριθμός.

rentes îles de la mer Égée, étaient depuis longtemps déjà autant de théâtres où le peuple luttait contre les nobles avec des fortunes diverses. Lorsque la guerre fut déclarée entre Athènes et Sparte, la plupart de ces villes et de ces îles se rangèrent en deux camps, dont l'un prit parti pour la première de ces deux cités, le foyer des idées nouvelles; et l'autre pour la seconde, qui représentait les vieilles traditions; et alors commença une lutte générale et d'une fureur extrême. Au bout d'un certain temps, on ne connut plus ni citoyens, ni pères, ni frères, ni amis; justice, patrie, famille furent autant de choses qui cessèrent d'entrer en ligne de compte. Il n'y eut plus dans l'Hellade entière que des aristocrates et des démocrates, armés les uns contre les autres, et recourant sans aucun scrupule à tous les moyens que peuvent suggérer la fourberie et la violence. Athènes souffrit plus qu'aucune autre ville de cette série interminable de combats acharnés, de conspirations, de massacres et de délations. L'opposition des partis y était vive, plus vive peut-être que dans aucun autre état; et elle s'augmentait de toutes les secousses qui se produisaient sur les divers points du monde hellénique. C'est dans Athènes principalement que se fit sentir l'action déprimante de la guerre du Péloponnèse.

Tout concourut donc en même temps, et comme par une sorte de fatalité malveillante, à la dépravation de la glorieuse capitale : la ruine des traditions religieuses, l'hypercriticisme des philosophes, le débridement complet de la démocratie, la peste et la guerre. Aussi Athènes, où la victoire et la vertu allaient autrefois de concert, présenta-t-elle des indices de plus en plus profonds de décadence morale.

Le sentiment de la justice disparut peu à peu des rapports d'États à États. Non seulement on fit valoir le droit du plus fort; mais encore on n'hésita pas à l'ériger ouvertement en principe, comme on le peut voir par le discours que tinrent aux habitants de Melos les envoyés des généraux athéniens. « Nous sommes ici, disaient-ils, pour l'intérêt de notre gouvernement et le salut de votre ville. Soumettez-vous, la chose n'entraîne point de désavantages; bien plus, elle sera utile aux deux partis en présence [1]. » « Votre neutralité ne nous suffit pas [2]; et nous ne redoutons pas votre inimitié. Ce qui nous nuirait par-dessus tout, ce serait d'incliner vers la faiblesse ou de renoncer à notre force; car une telle attitude donnerait un triste exemple à ceux qui nous obéissent déjà [3]. Vous nous objectez le respect des dieux. Mais nous ne pensons pas leur déplaire; car nous ne voyons rien dans notre conduite qui puisse offenser en quelque manière soit les lois divines, soit les décrets humains. Les dieux, d'après toute apparence, font de leur puissance la mesure de leur droit; et la nature veut qu'il en aille de

---

1. Thucyd., V, 91.
2. Thucyd., V, 94.
3. Thucyd., V, 95.

même pour l'homme. Nous ne formulons donc pas une règle nouvelle, nous n'obéissons pas non plus à une convention antérieure; nous nous contentons d'appliquer la loi qui est et sera toujours, bien persuadés que vous aussi et tous les autres en feraient autant dans les mêmes conjonctures. Nous n'agissons donc pas contrairement à la volonté des dieux. Et quant aux Lacédémoniens, dont vous attendez du secours dans votre détresse, nous vous adressons tous nos souhaits; mais nous ne pouvons que prendre en pitié votre naïve confiance. Les Lacédémoniens, il est vrai, respectent la vertu, quand il est question des leurs et de leur législation nationale. Mais, s'agit-il des autres, il serait facile de montrer qu'ils n'ont plus alors qu'une devise : le bien, c'est le plaisir, et le juste l'utile [1]. » La sophistique, favorisée par le malheur des temps, avait donc fait son chemin. Ce n'était plus un vain cliquetis de mots surprenants ; elle avait pénétré dans le domaine du droit international et s'y exerçait sans pudeur. La théorie de Calliclès triomphait dans toute sa brutalité.

Les mœurs privées se corrompirent comme les mœurs politiques. On vit disparaître à la fois et cet amour de la justice, et cette vaillance indomptable, et cette chaste retenue qu'inspirait l'ancienne éducation [2]. Les fils de Périclès tournèrent mal, bien qu'il eût pris toute espèce de précautions pour les sauvegarder. Ainsi firent également les descendants de Thémistocle, d'Aristide, de Thu-

---

1. Thucyd., V, 105.
2. Aristoph., *Chevaliers*, 366 et sq.; *Nuées*, 961 et sq.

cydide, le fils du sculpteur Polyclète, et le célèbre Alcibiade qui appartenait à l'une des familles les plus anciennes d'Athènes et qui n'en fut pas moins l'un des hommes les plus dépravés de son temps. Callias, fils d'Hipponicos, héritier d'une immense fortune et chargé, comme ses ancêtres, de porter le flambeau aux mystères d'Éleusis, n'en mena pas moins la vie la plus dissolue : il dissipa tous ses biens avec des courtisanes et des sophistes, de sorte que, malgré ses fonctions sacrées, il fut exposé sur la scène comique comme l'image d'Athènes dégénérée. On pourrait « citer une infinité d'autres » fils de grandes maisons qui, eux aussi, rompirent brusquement avec les plus glorieuses traditions et devinrent des banqueteurs, des coureurs de femmes et des pédérastes[1], alliant parfois à tous ces vices l'ambition la plus tenace et la plus effrénée.

Ainsi se déprava la « jeunesse dorée d'Athènes »; et le peuple, comme toujours, suivit l'exemple donné. La perversion devint générale. Qu'on se figure, par exemple, ce qu'il fallait de corruption morale, pour qu'Aristophane osât porter sur la scène des inventions telles que l'histoire des petites truies de Mégare et le dialo-

---

1. Plat., *Protag.*, II, I, 123-124 (ce passage n'est qu'une plaisanterie à l'adresse de Socrate, comme l'indiquent ces paroles qui le terminent : πῶς δ' οὐ μέλλει, ὦ μακάριε, τὸ σοφώτατον κάλλιον φαίνεσθαι; mais il n'en montre pas moins que l'amour unisexuel était à la mode); *ibid.*, II, vii, 132; *Phædr.*, VIII, xv, 16 et sq.; *Le Banquet*, VII, xxx et sq.; — Xenoph., *Mem.*, I, 3, 8-13; *Le Banquet*, VIII, 2-8, 37 et IX, 2 et sq., Éd. Tauchnitz, Leipzig, 1887; — Arist., *Rhet.*, B, 16, 1390^b, 33, 1391^a, 1 et sq.; — Curtius, *Hist. grecque*, III, 83; atque alibi aliorum plurimorum.

gue de Lysistrata et de Calonice. Et ce ne sont pas là des exceptions : les œuvres du poète abondent en obscénités analogues. Au gré d'Aristophane lui-même, le comique aux cent visages, le résultat de la nouvelle éducation était de faire de l'Athénien « un hardi coquin », « un vieux routier de chicane », « souple comme une courroie, glissant comme une anguille » ; « un fanfaron friand de bons plats » et « débauché »[1]. Ces peintures, pourtant si riches d'imagination, n'étaient que la réalité prise sur le vif : la poésie et l'histoire s'y donnaient la main.

Telle était la société au milieu de laquelle vécut Socrate; et c'est pour y ramener une vie plus noble qu'il se mit à philosopher : son œuvre fut un essai génial de réaction contre la décadence morale qui perdait sa Patrie.

1. ARISTOPH., *Nuées*, 137 et sq.; *Acharniens*, 79.

CHAPITRE II

JEUNESSE

Il en est de Socrate comme de la plupart des grands initiateurs dont s'honore l'antiquité : on ne sait presque rien de la première moitié de sa vie. Ce n'est pas que l'on manque entièrement de documents qui s'y rapportent. Mais ces documents sont très incomplets; de plus, on s'aperçoit, en les examinant, que la plupart d'entre eux n'ont qu'une valeur contestable. Il faut s'efforcer néanmoins de recueillir et de coordonner tout ce qui peut être tiré au clair. Car c'est là un moyen de mieux comprendre et la personnalité de notre philosophe et le caractère de sa réforme, deux choses qui sont intimement liées l'une à l'autre.

Socrate était du dème d'Alopèce situé tout près d'Athènes sur la route de Marathon [1]. Ses contemporains ne nous ont pas laissé la date de sa naissance. Mais on peut la déterminer, au moins d'une manière approximative, à l'aide de certains renseignements qu'ils ont mêlés au

---

1. Diog., II, 18.

récit de son procès et de sa mort. Socrate mourut en 399[1], au mois de mai ou de juin [2], le lendemain du retour de la galère délienne [3]. On l'eût exécuté plus tôt; car il y avait déjà trente jours qu'il était condamné[4]. Mais la théorie de Délos avait commencé la veille de son jugement; et la loi voulait que la ville restât « pure pendant toute la durée de la fête » : il était « défendu d'exécuter aucune sentence de mort, avant que le vaisseau ne fût revenu à Athènes »[5]. Or on connaît l'âge qu'avait Socrate à cette époque-là : Platon lui donne tantôt soixante-dix ans ronds, tantôt un peu plus de soixante-dix ans [6]. Il faut donc reporter sa naissance à l'année 469, peut-être à l'année 470.

Il est vrai que Diogène mentionne une autre version : il rapporte que, d'après Apollodore, Socrate serait venu au monde la 4e année de la 77e Olympiade, le 6 Targélion [7]. Mais la première partie de ce témoignage est manifestement erronée, et la seconde a l'air de n'être qu'une pieuse fiction. Si Socrate était né en Targélion Ol. 77e, 4, il n'aurait eu en Targélion Ol. 95, 1, que 69 ans. Or, d'après les témoignages irrécusables que l'on a pu voir, il en avait 70 révolus, même un peu plus. En second

---

1. Diog., II, 44.
2. Curtius, *Hist. grecque*, *Atlas*, p. 80-81, *Concordance des mois et années attiques avec le calendrier Julien*, de 432 à 310, p. 74, note 6, fête d'Apollon; p. 81 : Targélion de l'Ol. 95, 1, allait du 14 mai au 13 juin
3. Plat., *Phædo*, I, 1, 78; III, 80; *Crit.*, I, 1, 60; II, 60.
4. Xenoph., *Mem.*, IV, 8, 2.
5. Plat., *Phædo*, I, 1, 78.
6. Plat., *Crit.*, I, xiv, 73; *Apol.*, I, 1, 24.
7. Diog., II, 44.

lieu, le quantième dont parle Apollodore n'a peut-être qu'une valeur liturgique. Le 6 Targélion était consacré à la déesse Artémis[1] ; il n'y aurait rien de surprenant à ce que l'on ait pris, dans la suite du temps, la liberté de faire coïncider la naissance du philosophe « accoucheur » avec la fête de la patronne des accoucheuses. La chose est d'autant plus vraisemblable que l'on trouve dans la vie de Platon une coïncidence analogue, qui est sûrement inventée. Il était convenable que l'apparition d'un si beau génie tombât le jour de la nativité d'Apollon ; et la tradition, amie des convenances, a changé son désir en réalité.

Un fait moins contestable, c'est que Socrate était fils d'un sculpteur du nom de Sophronisque et d'une sage-femme qui s'appelait Phénarète[2]. Sur ce point, les textes abondent ; mais aussi faut-il dire qu'ils sont d'une sobriété désolante et ne projettent qu'une lumière très discrète sur l'intérieur où Socrate passa les premières années de sa vie. Ce que l'on sait de sa mère, c'est qu'elle exerçait son art avec une grande habileté : elle avait du renom. Et l'on n'a sur Sophronisque qu'un passage du *Lachès* où il nous est représenté comme « le meilleur des hommes »[3]. « Quant à toi, fils de Sophronisque, dit Lysimaque dans ce dialogue, si tu as quelque bon conseil

---

1. Curtius, *Atlas*, L, II, 74.
2. Xenoph., *Hellen.*, I, 7, 15 ; — Plat., *Lach.*, IV, IV, 102 ; *Theæt.*, I, VI, 202 ; — Diog., II, 18.
3. IV, IV, 102 (ἄριστον ἀνδρῶν).

à me donner, à moi qui suis de ton dème, ne me le refuse pas. Tu me le dois; car les relations que j'ai eues avec ton père font de toi mon ami : nous avons toujours vécu, lui et moi, dans les liens d'une étroite amitié, et il est mort avant que nous ayons eu un démêlé[1]. »

On a des témoignages un peu plus explicites sur l'état de fortune où se trouvaient les parents du futur philosophe : ils étaient pauvres et devaient vivre de la vente de quelques statuettes et du bénéfice probablement très modeste que réalisait Phénarète dans l'exercice de sa fonction. Xénophon rapporte qu'il fallait à Socrate une vertu d'abstinence héroïque pour se suffire à l'aide de ce qu'il avait[2]; et Platon lui fait dire qu'il vivait « dans une misère noire »[3]. L'*Économie* précise l'état du problème. D'après ce que l'on voit dans cet ouvrage, Socrate aurait pu donner tout son bien, meubles et immeubles, pour cinq mines. Et il eût fallu, pour le vendre à ce prix, tomber sur un excellent acquéreur[4]. Le montant que mentionne l'*Apologie* est encore moindre. « Si j'étais riche, dit-il vers la fin de sa défense, j'accepterais volontiers une amende proportionnée à ma richesse; je n'y verrais pas d'inconvénient. Mais, dans les conditions données... car enfin je n'ai rien... à moins que vous ne consentiez à m'imposer seulement ce que je suis en état de payer; et je pourrais aller peut-être jusqu'à *une mine*

---

1. Plat., *Lach.*, IV, iv, 102.
2. *Mem.*, I, 2, 1.
3. *Apol.*, I, ix, 32.
4. Xénoph., *Œc.*, II, 3.

d'argent. C'est donc à cette somme que je me condamne. Mais Platon, que voilà, Criton, Critobule et Apollodore désirent que je me condamne à trente mines et ils en répondent. Je me rends à leur sentiment ; et, assurément, je vous présente des cautions qui sont très solvables[1]. »

L'avoir de Socrate oscillait donc, avec les circonstances, entre une mine et cinq mines. Or il n'y a pas lieu de croire que ses parents lui aient laissé un patrimoine beaucoup plus brillant. On trouve, il est vrai, dans Plutarque, qu'il possédait une terre et 70 mines de rentes[2]. Libanius raconte, de son côté, qu'il avait hérité 80 mines de son père, qu'il les avait prêtées et perdues[3]. Mais ce sont là des renseignements sur lesquels on ne peut faire fond. Platon et Xénophon, qui nous ont parlé à diverses reprises de la pauvreté de leur maître, n'ont rien dit de ces vicissitudes de fortune. Socrate, à leurs yeux, est, d'une manière invariable, le philosophe qui « n'a pas d'argent », qui n'en a jamais eu, le philosophe gueux[4]. Ce que l'on peut dire avec raison, c'est que son amour de la sagesse ne dut pas contribuer à mettre du bien-être au foyer. Au lieu de travailler à sortir de sa misère, il passait ses journées à parcourir les rues d'Athènes et à visiter les boutiquiers de la ville. Il négligeait « le soin de ses affaires domestiques » pour avoir le temps d'apprendre la vertu à ses concitoyens. Et cette

---

1. Plat., *Apol.*, I, xxvii, 52 ; xxviii, 52-53.
2. Plut., *Aristid.*, I, 9.
3. *Decl. Socr. Apol.*, 640 c, Morel, Paris, 1606.
4. Plat., *Rep.*, V, xii, 16 : Χρήματα γὰρ οὐκ ἔχω ; — Xenoph., I, 2, 1 : Πάνυ μικρὰ κεκτημένος.

conduite devait bien être pour quelque chose dans les brouilles légendaires de son ménage.

Bien qu'appartenant à une famille pauvre, Socrate ne fut pas privé d'éducation première, comme quelques-uns l'ont conclu de certains textes de Platon qu'ils n'ont pas compris ou que peut-être ils n'ont pas voulu comprendre[1]. Il est dit dans le *Criton* qu'il fut élevé par le soin des lois[2]; et l'on n'a pas besoin, dans le cas donné, d'un témoignage aussi formel. A Athènes, comme dans la plupart des cités grecques, le gouvernement exigeait que les enfants des citoyens fréquentassent ses écoles[3] : l'enseignement primaire y était public et obligatoire. Le fils de Sophronisque fut donc formé à la manière dont l'étaient les jeunes Athéniens de son temps : il apprit, comme eux et avec eux, les « lettres », la gymnastique, la musique, la poésie et les premiers éléments de la géométrie[4] : il fit partie de ces bataillons scolaires que l'on voyait parcourant les rues de la ville en rangs serrés, par la pluie, par la neige ou au grand soleil : c'est l'ancien système de pédagogie qui lui fut appliqué, celui qu'Aristophane vante avec tant d'élo-

---

1. *Apol.*, I, 1, 24 (ἀτεχνῶς οὖν ξένως ἔχω τῆς ἐντάδε λέξεως; *Symp.*, VI, xxxvii, 265.

2. *Crit.*, I, xiii, 71.

3. *De legibus*, VI, xi, 231 (παιδευτέον ἐξ ἀνάγκης, et Platon formule ici une loi qui était en vigueur dans tous les États helléniques); — Fustel de Coulanges, *La cité antique*, p. 267; — Xenoph., *Mem.*, I, 6, 14; IV, 7, 3-5.

4. Xenoph., *Mem.*, I, 6, 44; IV, 7, 3; — Plat., *De leg.*, VI, xiv, 238; *Crit.*, I, xii, 70 (ἐν μουσικῇ καὶ γυμναστικῇ).

quence et auquel il attribue les mâles vertus des Athéniens d'autrefois[1].

Socrate, au sortir de l'école et peut-être pendant qu'il y allait encore, apprit le métier de son père, et il l'exerça quelque temps. C'est même de son ciseau que seraient sorties « les trois Grâces vêtues de l'Acropole », si l'on en croit une certaine tradition[2]. Mais la chose est plus que douteuse. On n'en trouve nulle trace soit dans Platon, soit dans Xénophon, soit dans Aristote. Or elle y serait sûrement mentionnée de quelque manière, si elle avait été vraie.

I

En tout cas, le jeune Socrate ne fut pas longtemps à ciseler du marbre. Il entendit en son âme comme un appel supérieur et se mit à fréquenter la ville où se coudoyaient alors des notoriétés de tout ordre et de toute origine. Écouter, interroger quand c'était possible, déchiffrer les manuscrits des anciens sages, apprendre de toutes manières et pour mieux comprendre : tel fut bientôt l'unique objet de son activité.

Sa condition, bien que très modeste, ne l'empêcha pas de gagner la faveur des plus hauts personnages et de pénétrer dans les cercles les plus distingués. Les mœurs d'Athènes étaient déjà très démocratiques ; il

---

1. Aristoph., *Nuées*, 961 et sqq.
2. Diog., II, 19 ; — Pausanias, I, 22, 8, et IX, 35, 7, Firmin-Didot, Paris, 1845.

avait d'ailleurs un tel don d'analyse, une si grande puissance d'intuition, et tant de finesse d'esprit sous son enveloppe de « Silène », qu'il suffisait de l'entendre une fois, pour prévoir que sa destinée n'aurait rien de commun. « Socrate, dit Protagoras, je loue ton ardeur et ton talent à manier la dispute, car, entre tous les défauts dont je me flatte d'être exempt, je suis de tous les hommes le moins jaloux. Aussi ai-je dit souvent de toi que, de tous les jeunes gens de ma connaissance, tu es celui dont je fais le plus d'estime, et que je te mets infiniment au-dessus de tous ceux de ton âge. J'ajoute que je ne serais pas surpris qu'un jour tu prisses place parmi les personnages célèbres pour leur sagesse[1]. » Ces paroles, il est vrai, ne sont peut-être qu'une belle fiction. Mais elles ne nous révèlent pas moins l'impression que fit Socrate dès qu'il se montra. C'est le cas de dire que la poésie est plus réelle que l'histoire.

Socrate eut des relations journalières avec les sophistes. Protagoras, Gorgias, Prodicus de Julis en l'île de Céos, Thrasymaque de Chalcédoine, Polus d'Agrigente, Hippias d'Elis, Evenus de Paros et Lysias, tous les remueurs d'idées, tous les ergoteurs d'Athènes se prirent pour lui d'une estime croissante, malgré l'esprit nouveau dont il s'inspirait et qui se laissait de plus en plus entrevoir[2]. Il eut ainsi l'occasion de discerner

---

[1]. PLAT., Protag., II, XL, 194.
[2]. PLAT., Protag., II, V, 130; II, VI, 131; Gorg., III, I-XXXVII, 1-47; Euthyd.; Rep., V, II, 2; — XENOPH., Mem., I, 4, 2-19; I, 6, 14; IV, 2, 3-39; IV, 4, 6-25.

les différentes formes de leurs théories, d'en pénétrer le fond, de constater les résultats radicalement négatifs auxquels elles aboutissaient toutes ; et peut-être en vint-il à penser, sous l'influence de cet examen prolongé, que, de même que la morale était seule importante, elle était aussi seule possible. C'est également grâce aux sophistes qu'il eut accès auprès de ces fils de grandes maisons dont nous le verrons entouré plus tard, tels que Callias, Xanthippe, Paralos, le fils d'Aspasie, Critobule, Polémarque, Charmide, Alcibiade et Xénophon. Les esprits forts qui séjournaient à Athènes y faisaient courir la jeunesse : on allait les entendre pour jouir de leur éloquence, assister à leurs joutes intellectuelles et goûter ce malin plaisir que « l'âge sans pitié » prend si facilement à voir tout déboulonner. On les entourait dans leurs promenades, on les introduisait dans les familles et les parents les choisissaient quelquefois comme précepteurs[1]. Il y avait même de jeunes étrangers qui s'attachaient à leurs pas et les suivaient partout dans leurs pérégrinations à travers les villes et les îles de l'Hellade[2].

On peut croire également que Socrate eut l'occasion de voir Parménide et Zénon et de s'entretenir avec eux. C'est un fait, il est vrai, qu'Ed. Zeller révoque en doute[3].

---

1. PLAT., *Protag.*, II, I-VIII, 123-132 ; *Phædr.*, VIII, I-III, 1-3 ; *Apol.*, I, IV, 26-27.
2. PLAT., *Parmenid.*, VII, I, 140.
3. *Die philosophie der Griechen*, II, 49-50.

Mais pourquoi? il n'est pas facile de le découvrir. Platon affirme à deux reprises, dans le *Sophiste*[1] et dans le *Théétète*[2], que son maître, « encore jeune, entendit Parménide déjà vieux. » Et, dans le dialogue qui porte le nom de ce philosophe, il nous raconte tout au long comment Socrate entra en relation avec les deux Éléens. « Un jour Zénon et Parménide arrivèrent à Athènes pour les grandes Panathénées. Parménide, déjà vieux et blanchi par les années (il avait près de soixante-cinq ans), était beau encore et de l'aspect le plus noble. Zénon approchait de la quarantaine : c'était un homme bien fait, d'une figure agréable et il passait pour être aimé de Parménide. Ils demeurèrent ensemble chez Pythodore, hors des murs, dans le Céramique; et c'est là que Socrate vint, suivi de beaucoup d'autres personnes, entendre lire les écrits de Zénon; car c'était la première fois que celui-ci et Parménide les avaient apportés à Athènes. Socrate était alors fort jeune. Zénon faisait lui-même la lecture, Parménide étant par hasard absent; et il était déjà près d'achever, lorsque Pythodore entra, accompagné de Parménide et d'Aristote[3], qui fut plus tard un des Trente. Il n'entendit donc que fort peu de ce qui restait encore à lire; mais auparavant il avait déjà entendu Zénon[4]. » Sans doute, ce passage ne con-

---

1. II, II, 3.
2. I, XXIX, 251.
3. XENOPH., *Hellen.*, II, 3, 2.
4. PLAT., *Parmenid.*, VII, I, 139-141 (Trad. Cousin).

tient qu'un témoignage indirect; mais il n'en a pas moins un aspect historique. Il est d'ailleurs en plein accord avec les deux dialogues dont on a parlé plus haut.

Il est difficile aussi qu'il n'y ait pas quelque fondement à ce que l'on raconte des relations de Socrate avec Archelaüs. Diogène dit formellement « qu'il fut son disciple »[1]; et, selon Alexandre, c'est après l'accusation portée contre Anaxagore qu'il se mit à suivre ses leçons[2]. Ion rapporte que, très jeune encore, Socrate fit avec Archelaüs le voyage de Samos[3]; et Simplicius mentionne une tradition d'après laquelle il aurait connu et entendu « le disciple d'Anaxagore[4] ». De tels récits ne peuvent être inventés de toutes pièces; il est plus que probable qu'ils ont pour point de départ une donnée primitive qui est vraie et dont ils représentent autant de versions plus ou moins fantaisistes : ce sont des récits historico-légendaires.

On sait d'une manière plus sûre que le fils du sculpteur d'Alopèce ne tarda pas à s'aboucher avec Euripide et qu'il devint son ami. Aristophane reproche au poète « de bavarder avec Socrate et de perdre dans son commerce le sens des sublimités de la Muse tragique »[5]. « C'est lui, écrit-il ailleurs, qui compose pour Euripide ces drames remplis de digressions phi-

---

[1]. Diog., II, 16.
[2]. Diog., II, 19.
[3]. Diog., II, 23.
[4]. *Phys.*, 6ʳ, 27, 23, H. Diels, Berlin, 1882.
[5]. *Grenouilles*, 1491.

losophiques¹. » Mnésimaque affirme aussi que le philosophe était plus que de moitié dans les fictions du tragique, qu'il lui « fournissait ses thèmes et « lui chevillait ses vers »². Or ces différents témoignages pourraient bien ne pas être fondés de tous points. Mais ils suffisent à faire voir que Socrate eut de bonne heure avec Euripide des conversations familières et des échanges fréquents d'idées.

Socrate obtint en outre l'amitié de Damon, l'un des plus célèbres musiciens d'Athènes, et qui, grâce à la protection de Périclès, était devenu une haute personnalité politique. Il cite les opinions de cet artiste pour l'avoir entendu ³. C'est en conférant avec lui qu'il se propose de trancher les difficultés relatives aux rythmes musicaux. « Nous examinerons, dit-il, avec Damon, quelles sont les mesures qui expriment la bassesse, la violence, la fureur et les autres formes de la méchanceté, et aussi quelles sont celles qui conviennent aux sentiments opposés. Je crois l'avoir entendu parler de certains mètres qu'il nommait, celui-ci enople, lequel était composé de plusieurs autres, celui-là dactyle, cet autre héroïque... Mais je ne saurais dire au juste en quoi consistent ces choses. Remettons-nous-en à Damon, répète-t-il en finissant; car le sujet comporte un assez long entretien ⁴. » Il finit par avoir ses entrées chez Aspasie elle-même, l'amie de

---

1. Diog., II, 18.
2. *Ibid.*, II, 18.
3. Plat., *Rep.*, IV, III, 124.
4. *Ibid.*, III, XI, 95; — voir aussi *Lach.*, IV, III, 102, et XXVI, 125.

Périclès, la muse inspiratrice de la plupart de ses grands desseins. Il est vrai que l'on ne peut se fier, sur ce point, au passage du *Ménexène* où Socrate affirme que l'illustre Milésienne « est son professeur de Rhétorique ». Ce dialogue n'est probablement pas authentique, et par suite, l'on ne sait point quel est le fondement des récits qu'il contient [1]. Mais l'*Économie* de Xénophon et surtout les *Mémorables* nous mettent à même de résoudre la question. Au chapitre troisième du premier ouvrage, Critobule s'entretient avec Socrate de l'éducation des femmes : « Ces maris que tu dis avoir de bonnes femmes, demande-t-il à son maître, est-ce qu'ils les ont élevées eux-mêmes ? — Rien de mieux que d'examiner ce sujet, répond Socrate. Je te présenterai à Aspasie qui t'instruira de tout cela plus pertinemment que moi [2]. » Le passage des *Mémorables* relatif à ce point est encore plus formel [3]. Toutefois, l'on ne saurait dire d'une façon précise à quelle époque commencèrent les visites de Socrate à Aspasie [4].

Socrate se trouva donc, au bout de quelques années, en relation plus ou moins intime avec la plupart des grandes intelligences de son temps; et ce dut être pour lui, comme on le sent, un moyen puissant d'évocation intellectuelle. De plus, il prit soin d'étudier toutes les théories des vieux philosophes.

---

1. PLAT., *Menex.*, IV, III-IV, 173.
2. 14.
3. II, VI, 36.
4. Quant à *Diotime* de Mantinée, dont Socrate expose la théorie de l'amour pour l'avoir entendue de sa bouche, il faudrait savoir d'abord si c'est un personnage historique (PLAT., *Banquet*, VII, XXII, 237 et sqq.).

S'il n'entendit pas Anaxagore lui-même, il connut du moins ses ouvrages. Platon mentionne le fait d'une manière assez formelle [1]; et l'on ne conçoit guère qu'il en soit allé autrement. Les livres du sage de Clazomène étaient répandus partout dans la ville; et tout le monde les achetait, tout le monde les lisait [2]. Peut-être étudia-t-il également les écrits d'Héraclite, comme le rapporte une tradition mentionnée par Diogène [3]. Toujours est-il qu'il se familiarisa le plus possible avec les « anciens » [4] et qu'il réussit à connaître leurs différentes théories : la philosophie de l'unité et la philosophie de l'infinie pluralité, celle de l'écoulement éternel et celle de l'éternelle immobilité, et aussi la doctrine du νοῦς, dont l'idée fondamentale devait devenir comme la pierre angulaire de son propre système métaphysique [5]. Il mit même de la passion à ce genre de recherches. « Dans ma jeunesse, dit-il d'après Platon, il est incroyable quel désir j'avais de connaître cette science, qu'on appelle physique. Je trouvais quelque chose de sublime à savoir les causes de chaque chose, ce qui la fait naître, ce qui la fait mourir, ce qui la fait être; et je me suis souvent tourmenté de mille manières, cherchant en moi-même si c'est du froid ou du chaud, dans l'état de corruption, comme quelques-uns le prétendent, que se forment les êtres animés; si c'est le sang qui nous fait penser, ou l'air

---

1. *Phædo*, II, XLVI, 136.
2. V. plus haut, p. 32.
3. Diog., II, 22.
4. Xenoph., *Mem.*, I, 6, 14.
5. *Ibid.*, I, 1, 12-14.

ou le feu; ou si ce n'est aucune de ces choses, mais seulement le cerveau qui produit en nous toutes nos sensations, celles de la vue, de l'ouïe, de l'odorat, qui engendrent à leur tour la mémoire et l'imagination, lesquelles, reposées, engendrent enfin la science. Je réfléchissais aussi à la corruption de toutes ces choses, aux changements qui surviennent dans les cieux et sur la terre[1]. »

Socrate, d'ailleurs, ne confina pas l'activité de son esprit dans le domaine des questions purement philosophiques; il paraît avoir eu la préoccupation de ne rester étranger à aucune des connaissances de son temps. Il apprit l'art de discuter et celui de bien dire [2]; il poussa plus avant qu'on ne le faisait dans les écoles, l'étude de la géométrie et celle de l'astronomie [3]; il se rendit compte de ce que l'on savait autour de lui en matière d'économie domestique et politique [4]; et, en musique, il resta écolier la plus grande partie de sa vie. C'est ce qui nous est raconté dans l'*Euthydème* de la manière la plus spirituelle du monde. « Je crains, dit Socrate, de faire honte au joueur de luth Connos, fils de Métrobe, qui me donne encore des leçons de musique. Les enfants, mes compagnons, se moquent de moi et appellent Connos le pédagogue des vieillards... Voilà pourquoi, Criton, j'ai per-

---

1. PLAT., *Phædo*, I, XLV, 134; v. aussi *ibid.*, XLVII, 137.
2. PLAT., *Meno.*, III, XXXVII, 242; *Charmid.*, IV, XI, 79; *Lach.*, IV, XXVI, 125; *Protag.*, II, XXVII, 166.
3. XENOPH., *Mem.*, IV, 7, 3-6.
4. XENOPH., *Œc.*, 6, 17 et chap. suiv.
5. II, I, 73-74; v. aussi *Menex.*, IV, III-IV, 173.

suadé à quelques vieillards de venir apprendre avec moi la musique de Connos [5]. »

Quoique très avide de savoir, Socrate ne fut jamais un cosmopolite, à la manière des sophistes et des rhéteurs qui passaient leur vie à voyager de ville en ville. D'après ce que l'on lit dans le *Criton*[1] et dans le *Ménon*[2], il n'entreprit « jamais aucun voyage, comme c'était la coutume de tous les hommes » de son temps. « Il n'eut jamais la curiosité de voir d'autres villes et de connaître d'autres lois. » « Il sortit moins d'Athènes que les boiteux, les aveugles et les autres estropiés. » « Jamais il ne s'éloigna des murs de la cité que pour aller à la guerre, excepté une fois où il se rendit à l'isthme de Corinthe. » Il ne franchissait même que très rarement les portes de la ville. « Je t'admire, mon cher, lui dit Phèdre dans le dialogue de ce nom; car vraiment tu ressembles à un étranger, que l'on a besoin de conduire. A ce que je vois, non seulement tu ne sors jamais du pays, mais tu ne mets pas même le pied hors d'Athènes [3]. » Toutefois, il n'est point sûr que Socrate n'ait pas fait quelques excursions pendant sa jeunesse. Diogène raconte qu'il alla une fois à Delphes et qu'il partit une autre fois pour Samos avec Archélaüs [4]; et cela pourrait être. Platon n'en aurait point parlé, parce que ce sont là des faits qui auraient eu lieu avant que le fils de Phénarète se fût fait un nom.

1. I, xiv, 72-73.
2. III, xiii, 219.
3. VIII, v, 5.
4. II, 23.

Pourquoi Socrate renonça-t-il à voyager comme les autres? Pourquoi s'obstina-t-il à osciller sans relâche entre l'Acropole et le Pirée? C'est une question qui comporte plusieurs réponses. D'abord, Socrate n'avait pas d'argent et il pensait que c'était « prostituer la science » que d'exiger un salaire. De plus, à partir du moment où il eut une conscience nette de sa mission philosophique, il regarda comme du temps perdu toute occupation qui était de nature à l'en écarter. Peut-être aussi se faisait-il de la gloire une autre idée que les sophistes : ceux-ci se contentaient de paraître, et lui voulut être. Dès lors à quoi bon s'éloigner d'Athènes? N'était-elle pas le centre où affluaient tous les vrais talents, tout ceux dont on pouvait apprendre quelque chose?

Socrate prit donc connaissance et des théories que le génie grec avait découvertes autrefois et des théories qui avaient cours de son temps. Athènes fut pour lui comme un miroir réflecteur où il eut la vision de tout le passé et de tout le présent de la pensée hellénique. En outre, il put constater sur le vif les progrès effrayants que faisait la dégénération morale parmi ses concitoyens. Et ce double spectacle, l'un d'ordre spéculatif, l'autre d'ordre pratique, fut ce qui contribua le plus à féconder sa puissante intelligence. Il présuma de bonne heure que les contradictions dont triomphaient les sophistes n'étaient qu'apparentes, qu'elles dissimulaient un fond unique où se faisait l'harmonie et que par là même le tout était de trouver une idée supérieure qui fût assez compréhensive pour les concilier. Il crut entrevoir en même temps que celui qui ferait cette découverte, serait vraiment le sauveur de sa patrie; car celui-là aurait trouvé du même coup le *pourquoi* du bien. Or c'était, lui semblait-il, l'ignorance de ce *pourquoi* qui perdait les générations nouvelles et précipitait l'Attique vers sa ruine : on se livrait au vice, parce qu'on ne savait pas la raison de la vertu[1]. Les Athéniens « étaient semblables à ces animaux consacrés aux dieux, qu'on laissait libres de paître où ils voulaient » : « ils erraient à droite et à gauche pour voir si d'aventure ils ne tomberaient pas sur la science du bien »[2].

1. Plat., *Protag.*, II, x, 138; — Xenoph., *Mem.*, III, 5, 21.
2. Plat., *Protag.*, II, x, 138.

CHAPITRE III

VOCATION

Socrate se crut le berger dont le peuple d'Athènes avait besoin ; et il s'imposa la tâche de lui prouver ses errements, de le ramener à la vertu par le savoir.

Ce qu'il y a de singulier, c'est qu'il ne donna jamais son rôle de convertisseur comme l'effet d'une impulsion toute naturelle ; il ne cessa d'affirmer que sa mission était divine [1].

Il n'agissait « que pour accomplir l'ordre que le Dieu lui avait donné par la voix des oracles, par celle des songes et par tous les moyens qu'aucune autre puissance céleste a jamais employés dans le dessein de communiquer sa volonté à un mortel » [2]. « Vous connaissez tous Chéréphon [3], disait-il à ses juges : c'était mon ami d'enfance ; il l'était aussi de la plupart d'entre vous ; il fut exilé avec vous et revint avec vous. Vous savez

---

1. Plat., *Apol.*, I, XVIII, 43.
2 *Ibid.*, XXII, 46.
3. Aristoph., *Nuées*, 501 et sqq. ; — Xenoph., *Mem.*, I, 2, 48.

donc quel homme c'était que Chéréphon, et quelle ardeur il apportait à toutes ses entreprises. Un jour qu'il se trouvait à Delphes, il osa demander (et je vous prie de ne pas vous émouvoir de ce que je vais dire), il demanda s'il y avait un homme plus sage que moi. La Pythie lui répondit qu'il n'y en avait aucun[1]. C'est ce que vous certifiera, à défaut de Chéréphon qui est mort, son frère qui est ici? »... « A cette nouvelle, je me dis en moi-même : que veut dire le Dieu? A quoi fait-il allusion, vu que je ne me connais aucune sagesse, ni grande ni petite? D'où vient qu'il me déclare le plus sage des hommes? Car certainement il ne ment pas; il ne saurait mentir... Il me fallut donc, pour savoir la signification de l'oracle, aller chez tous ceux qui avaient quelque réputation de sagesse..... Et depuis ce temps, je ne cesse, conformément à la volonté du Dieu, d'examiner ceux de nos concitoyens et des étrangers que je crois sages; et, quand je ne les trouve point tels, je viens en aide au Dieu, en démasquant leur ignorance [3]. »

A quel âge Socrate commença-t-il à faire subir aux Athéniens cette sorte d'examen de l'esprit dont il attendait leur purification morale? il est difficile de le dire avec précision. Mais on peut croire qu'il se mit à l'œuvre avant d'avoir atteint la quarantaine. Les *Nuées*, dont il est le principal héros et qui nous représentent ses

---

1. Xenoph., *Apol.*, 14; — Diog., II, 37; — Aristoph., *Nuées*, Sch., 144.
2. Plat., *Apol.*, I, v, 28.
3. *Ibid.*, VI, 28-29; VII, 29; IX, 31-32.

théories comme un péril social, furent jouées en 423. La même année, et le même jour, parut le *Cosmos* d'Amipsias [1]; et, dans cette dernière pièce, il s'agit encore de Socrate : il y est dépeint comme faisant parade de sa sagesse et de son héroïque tempérance [2]. Il avait donc, à ce moment-là, une grande célébrité : il était devenu un illustre personnage. Or une telle réputation ne pouvait être que le résultat de plusieurs années de labeur. De plus, c'est vers 420 qu'Alcibiade et Critias s'engagèrent franchement dans la vie politique. Et, à cette date, il y avait déjà « longtemps » qu'ils s'étaient l'un et l'autre éloignés de Socrate et après avoir suivi son enseignement pendant quelques années : C'est de lui qu'ils tenaient cette subtilité d'esprit, cette souplesse de langage et cet art de gouverner dont ils tirèrent un parti si funeste à leur patrie [3]. Le *Banquet* de Platon nous permet de faire un calcul un peu plus précis. La bataille de Potidée eut lieu en 432. Or, à ce moment, Alcibiade connaissait déjà Socrate depuis un certain temps : il s'était senti subjugué par sa grandeur d'âme autant que par la beauté de sa doctrine; il était à la fois son disciple et son ami [4]. On a donc des raisons de reporter au commencement de la guerre Péloponésienne et même au delà, le début de la mission philosophique de Socrate. Il est probable d'ailleurs qu'il ne s'y déter-

1. *Poet. comicor. græc. frag.*, III, p. 264, Ed. F. Didot, 1855.
2. Diog., II, 28.
3. Xenoph., *Mem.*, I, 2, 25.
4. Plat., *Banquet*, VII, xxxiv et xxxv, 260-262; *Protag.*, II, i, 123, 124.

mina pas subitement et comme par un coup d'état intérieur. C'est peu à peu, très vraisemblablement, qu'il mûrit son idée et s'affermit dans son dessein.

Toujours est-il qu'à un moment donné, Socrate s'absorba totalement dans son œuvre de restauration morale : il s'y adonna avec un tel dévouement qu'il ne connut plus aucun autre souci, avec une telle puissance de volonté que rien plus jamais ne put l'en écarter, pas même la perspective de la mort.

Il ne sortit plus de la ville que pour aller à la guerre. Fallait-il paraître sur les champs de bataille, il laissait là les disputes philosophiques et devenait le soldat le plus intrépide et le plus endurant de l'Attique. Sous les murs de Potidée, « dans le temps des gelées les plus fortes, lorsque personne ne quittait le quartier, ou du moins ne sortait que bien vêtu, soigneusement chaussé, les pieds enveloppés de feutre et de peaux d'agneaux, lui ne laissait pas d'aller et de venir avec son manteau coutumier. Il marchait pieds nus sur la glace plus facilement que les autres qui étaient bien chaussés : si bien que les soldats le voyaient de mauvais œil, s'imaginant qu'il voulait les braver »[1]. « A Délium, dit Alcibiade, la conduite de Socrate me parut encore plus belle qu'à Potidée. J'observai d'abord combien il surpassait Lachès en maîtrise de soi-même. Je trouvai, de plus, qu'il marchait là, pour me servir de tes expressions, ô Aristophane, tout comme dans les rues d'Athènes, l'allure

---

1. PLAT., *Banquet*, VII, XXXV, 262-263.

superbe et le regard dédaigneux, considérant tranquillement et les siens et les ennemis et montrant au loin à la ronde par sa contenance que celui-là serait vigoureusement reçu qui oserait l'aborder[1]. » Socrate ne le cédait à personne, quand il lui fallait défendre son pays les armes à la main. Mais dès que les troupes étaient licenciées, il regagnait sa ville, y reprenait sa fonction d'éprouveur d'âmes et s'en occupait si fort qu'il ne trouvait pas même le loisir d'aller avec des amis, sur les bords de l'Ilissus, goûter un peu de frais au chant des cigales[2]. Le Dieu l'avait « attaché à Athènes comme à un coursier puissant et généreux, mais que sa grandeur même appesantit » et qui a besoin d'un éperon pour trouver toute son énergie : il passait son temps « à exciter et aiguillonner ses concitoyens, à gourmander chacun d'eux, partout et toujours, sans leur laisser aucun relâche »[3].

L'ardeur que mettait Socrate à poursuivre sa réforme philosophique, fut aussi la principale raison pour laquelle « il négligea les emplois militaires, les fonctions d'orateur et toutes les autres dignités »[4]. Il est vrai que la façon dont se traitaient alors les affaires publiques, n'avait rien qui fût fait pour lui plaire. C'était le règne « de la fève »; or il croyait, au contraire, que l'on ne devait confier les fonctions de l'État qu'à ceux qui, par

---

1. Plat., *Banquet*, XXXVI, 264.
2. Plat., *Phædr.*, VIII, v, 5.
3. Plat., *Apol.*, I, xviii, 43.
4. *Ibid.*, I, xxvi, 50.

une longue formation intellectuelle, s'étaient rendus capables de les bien exercer [1]. De plus, il fallait sans cesse accepter d'iniques compromis, condescendre à des transactions indignes, lorsqu'on prenait part aux assemblées du peuple et même à celles de l'Héliée [2]. La République, depuis Périclès, avait tourné à la démagogie la plus violente : on ne voyait dans Athènes que factions acharnées, conspirations, délations et procès. Socrate répugnait à entrer dans cette mêlée des partis où la justice ne comptait plus pour rien : il se déclarait « inhabile » à s'y mouvoir avec bonheur [3]. Toutefois, il eût surmonté ses dégoûts, il se fût, lui aussi, jeté dans la tourmente politique, si la chose lui avait paru plus utile à son pays. Mais telle n'était point sa manière de voir. Il sentait vivement que le mal dont souffrait Athènes avait des racines trop profondes pour céder à une réaction directe, si puissante qu'elle fût. Il était nécessaire, à son sens, de remonter jusqu'au principe d'où venait tout le désordre : il fallait « former des hommes qui fussent capables de s'appliquer aux affaires publiques » ; il fallait faire surgir une génération d'hommes d'État. Or, l'unique moyen de mener à bien cette difficile entreprise, c'était d'apprendre à ceux qui semblaient les mieux doués la science de la vertu qui en ferait des citoyens honnêtes et la science de la politique qui en ferait des politiques compétents [4].

---

1. Xenoph., *Mem.*, I, 2, 9 ; I, 6, 15.
2. Plat., *Apol.*, I, xix, 44.
3. Plat., *Gorg.*, III, xxix, 37.
4. Xenoph., *Mem.*, I, 6, 15 ; IV, 2, 6.

Ainsi pensait Socrate; et ce qu'il pensait, il consacra toute son énergie à le réaliser par amour pour sa glorieuse cité, qui déjà vacillait sur ses bases comme un géant frappé à mort. Mais la tâche était pressante, elle était absorbante. On ne pouvait en même temps se livrer à l'action et enseigner aux autres la science de l'action : il fallait choisir, dans ce conflit des devoirs. Et Socrate choisit résolûment le parti qui lui semblait le meilleur, celui de s'enfermer tout entier dans son rôle d'éducateur d'Athènes. En outre, il prévoyait qu'il lui faudrait une longue vie pour accomplir son œuvre de rénovation intellectuelle et morale; et d'autre part, il avait le pressentiment que, s'il s'engageait dans l'arène politique, on ne tarderait pas à le faire disparaître. « Sachez bien, disait-il devant le tribunal, que si j'avais essayé de me mêler des affaires publiques, il y a déjà longtemps que je ne serais plus en vie, et je n'aurais rien avancé ni pour vous ni pour moi. Et ne vous fâchez point de ce que je vous dis la vérité : il n'y a de salut pour aucun des hommes qui ont le courage de lutter contre les passions du peuple d'Athènes ou de tout autre peuple; il n'y a de salut pour aucun de ceux qui veulent empêcher qu'il ne se commette dans la ville rien d'injuste ou d'illégal. Il est de toute nécessité que le citoyen qui combat pour la justice, s'il veut vivre quelque temps, demeure simple particulier, et s'abstienne de toute politique [1]. » Et qui pouvait méconnaître le bien fondé d'un langage aussi

---

1. PLAT., *Apol.*, I, XIX, 44; *Rep.*, VI, X, 212; *Gorg.*, III, LXXVII, 102.

fier? N'avait-il pas couru le plus grand danger au procès des Arginuses où il s'était vu seul, parmi les Prytanes, à voter, malgré les cris menaçants du peuple, pour le respect des lois? N'avait-il pas été à deux doigts de sa perte, lorsque les Trente le mandèrent au Tholos et qu'il leur refusa d'amener de Salamine Léon le Salaminien qu'ils voulaient faire mourir[1]? Socrate ne pouvait vivre au milieu des passions sauvages dont sa ville était devenue le théâtre, il ne pouvait continuer son œuvre avec succès que s'il renonçait pour tout de bon à toute participation au gouvernement; et il y renonça, persuadé qu'il n'avait pas d'autre manière de servir sa patrie.

C'est aussi sous l'influence de cette pensée dominatrice qu'il en vint à « négliger ses affaires domestiques »[2]. Il était pauvre, comme on l'a vu; et personne plus que lui n'avait besoin de songer à une heureuse gestion des quelques oboles qu'il possédait. Mais, à ses yeux, le devoir était là, un devoir sacré entre tous et imposé par « le Dieu », celui de sauver l'État; et il n'hésita pas. Malgré les récriminations de Xantippe que sa conduite ne pouvait qu'exaspérer, malgré les tempêtes que cette femme acariâtre et violente lui suscitait à tout instant[3], on le vit, chaque jour, revenir à sa tâche avec une sérénité olympienne, indifférent aux injures qu'il

---

1. PLAT., *Apol.*, I, xx, 44-45.
2. *Ibid.*, I, xvii, 43.
3. XENOPH., *Mem.*, II, 2, 7-8; *Banquet*, II, 10; — *Diog.*, II, 36 et 37; PLUT., coh. irac., 13.

avait reçues et qui l'attendaient à son retour, « négligeant ce que les autres recherchent avec tant d'empressement, à savoir la richesse, exclusivement occupé de persuader aux Athéniens jeunes et vieux qu'il faut préférer au soin du corps et de la fortune, à tout autre soin, celui de l'âme et de son perfectionnement », « que de là naissent tous les autres biens publics et particuliers »[1].

Attentif à écarter tout ce qui pouvait amoindrir l'action de sa parole, Socrate ne voulut pas non plus accepter de salaire[2]. Il trouva qu'il y avait de la bassesse à vendre son savoir et qu'il ne manquerait pas de diminuer son indépendance et son autorité en pratiquant un semblable trafic[3]; il se persuada que, pour exercer une influence véritable sur ses disciples, il devait éviter avec eux tout ce qui sent le mercenaire et les traiter uniquement comme des amis[4]. Ce mode d'éducation lui parut d'autant plus important que la manière opposée était de plus en plus discréditée. Les sophistes exigeaient tous un *quantum* pour leurs leçons; nombre d'entre eux avaient ramassé, de la sorte, une fortune considérable; et ils commençaient, malgré leur talent, à devenir l'objet du mépris public[5]. Socrate sentit que, s'il voulait réussir, il lui fallait absolument à se distinguer de ces

---

1. PLAT., *Apol.*, I, XXVI, 50; I, XVII, 42.
2. *Ibid.*, I, XVIII, 43; I, XXI, 46; — XENOPH., *Mem.*, I, 2, 60.
3. XENOPH., *Mem.*, I, 2, 6-7; I, 5, 6.
4. *Ibid.*, I, 2, 7-8.
5. *Ibid.*, I, 6, 13; III, 1, 11; — PLAT., *Soph.*, II, VIII, 8; II, IX, 10; II, X, 10; II, XXI, 23...

« marchands de sagesse »; et il fut, bien que dénué de tout, le philosophe que l'on ne paie pas.

I

Elle fut donc grande, elle fut d'une grandeur que l'on est tenté de regarder « comme surhumaine », l'énergie persévérante avec laquelle le philosophe d'Alopèce poursuivit son rôle d'évocateur. On le vit, pendant plus de trente ans, errer dans les rues, par les places et les jardins d'Athènes [1]; « aborder, comme un frère aîné », les citoyens de sa ville et les étrangers, afin de les entretenir « du bien et du beau » [2]; visiter les politiques, les poètes et les artistes dans l'unique but d'éveiller en eux l'idée de la vraie sagesse [3]; pénétrer dans les boutiques des marchands pour y prouver que l'âme où habite le νοῦς est infiniment supérieure au corps [4]; s'insinuer partout où il espérait trouver l'occasion de semer dans les esprits une idée purificatrice. Et rien ne put jamais l'éloigner ou le distraire de son dessein, ni l'appât des honneurs, ni les souffrances inhérentes à la pauvreté, ni la crainte des ennemis toujours plus nombreux que lui valait sa philosophie. La peur de la mort elle-même n'eut aucune prise sur son âme; et, quand il fut

---

1. XENOPH., *Mem.*, I, 1, 10; — PLAT., *Apol.*, I, XVIII, 43; *Euthyphr.*; *Lysis*; *Charmid.*, init.; *Phædr.*, VIII, v, 6.
2. PLAT., *Apol.*, I, XVIII, 43.
3. *Ibid.*, I, VI-IX, 29-31.
4. XENOPH., *Mem.*, III, 10.

traduit devant le tribunal des Héliastes, il leur adressa ce dilemme qui rappelle les martyrs chrétiens : « Si vous me disiez : Socrate, nous ne partageons pas l'avis d'Anytus et nous te renvoyons absous, mais à condition que tu cesseras de t'adonner à tes recherches et de philosopher. Que l'on te surprenne à récidiver, et tu mourras. Si vous me renvoyiez à cette condition, je vous répondrais sans balancer : Athéniens, je vous estime et vous aime. Mais, tant que j'aurai un peu de souffle et que je le pourrai, je ne renoncerai jamais à philosopher ; j'irai toujours vous donnant des avertissements et des conseils, et tenant à ceux que je rencontrerai mon langage habituel : O mon ami, tu es Athénien, tu es de la ville la plus grande, la plus renommée en sagesse et en puissance ; et tu ne songes qu'à ramasser de la richesse, à conquérir du crédit et des honneurs. Quant à la sagesse, quant à la vérité, et à la beauté de ton âme, ce sont choses dont tu n'as ni estime ni souci. Voilà comment je parlerai à tous ceux que je trouverai sur mon passage, jeunes et vieux, concitoyens et étrangers, mais plutôt à vous, Athéniens, parce que vous me touchez de plus près... Et faites ce que vous demande Anytus, ou ne le faites pas ; renvoyez-moi, ou ne me renvoyez pas : je ne changerai point de conduite, quand je devrais mourir mille fois [1]. » Jamais, à coup sûr, la personnalité humaine ne s'était défendue avec tant de force et un si beau dédain contre les brutalités qui tendent

---

1. PLAT., *Apol.*, I, XVII, 41-42 ; v. aussi *ibid.*, XXVIII, 52.

à l'écarter de sa loi ; jamais la volonté n'avait remporté un pareil triomphe.

Comment expliquer une vocation aussi spéciale et réalisée jusqu'au bout avec une telle puissance de caractère ? Quelle était la nature de cette conviction intime, sans cesse active et toujours inébranlable, qui chaque jour ramenait Socrate à son ministère philosophique ?

On peut répondre, d'abord, qu'elle lui fut inspirée par le triste spectacle qu'Athènes offrait à ses yeux. La corruption des mœurs se révélait partout et sous toutes les formes ; elle allait grandissant de jour en jour. Les Athéniens de la nouvelle génération, dévoyés par la sophistique, « avaient perdu tout respect pour la vieillesse » ; « ils se faisaient gloire de mépriser leurs magistrats » ; « non contents de négliger leurs forces, ils tournaient en ridicule ceux qui cherchaient à en acquérir » et vivaient comme des femmes. « Ils dépensaient toute leur énergie à se nuire et portaient plus d'envie à leurs propres concitoyens qu'aux étrangers ». On les voyait « toujours divisés et dans les réunions particulières et dans les assemblées publiques, se dénonçant les uns les autres et se traînant devant les tribunaux, traitant les affaires de la République comme si elles leur étaient étrangères et les décidant par les armes. L'ignorance, la malignité, la haine et les luttes intestines envahissaient l'État »[1]. Elle marchait à sa ruine, cette grande cité que Socrate avait vue, dans sa jeunesse, si bril-

---

1. Xenoph., *Mem.*, III, 5, 14-17.

lante de puissance et de vertu. Et c'était là un avenir auquel son âme généreuse ne pouvait se résigner. Il crut qu'il suffirait d'instruire pour améliorer : il crut que la raison avait un empire irrésistible, un charme auquel on ne peut se soustraire, quand on s'est une fois pénétré de son idéal éternel. Et il se prit résolument à son labeur. « Ne crois pas, répliquait-il au fils d'Aspasie, que les Athéniens soient atteints d'une incurable perversité. » Non, ils font le mal, parce qu'ils ignorent le bien. « Celui-là est un joueur de luth qui sait jouer du luth. » Celui-là est un sage qui connaît la sagesse. Il y a un attrait vainqueur dans la science du devoir; et le tout est de faire la lumière dans les intelligences[1].

Mais on ne connaîtrait qu'imparfaitement les mobiles auxquels obéissait Socrate, si l'on s'en tenait à cette explication : il y a quelque chose de plus original et aussi de plus mystérieux dans son rôle philosophique. Il croyait véritablement avoir reçu « du Dieu » l'ordre de travailler au salut d'Athènes. Platon fait de cette intimation d'ordre préternaturel l'idée dominante de son *Apologie*. A son sens, c'est pour obéir « au Dieu » que Socrate parle à tout venant, à tout propos et sans aucun répit de justice, d'amour et de piété[2]; c'est pour obéir « au Dieu » qu'il a renoncé aux charges publiques et au soin de ses propres affaires[3]; c'est pour obéir « au Dieu » qu'il préfère mourir et mille fois que d'abandonner sa

---

1. Xenoph., *Mem.*, III, 5, 18; III, 1, 4; IV, 6, 7.
2. Plat., *Apol.*, I, vii, 29; I, ix, 31-32.
3. *Ibid.*, I, xxvi, 50; I, xviii, 43.

fonction d'examinateur de consciences[1]. « Le Dieu » tient si fort à son entreprise qu'il ne cesse de le presser du dedans et du dehors, par tous les moyens dont disposent les immortels pour révéler leur volonté à un homme[2]. Or de telles paroles si souvent répétées et sous tant de formes, confirmées d'ailleurs par le témoignage de Xénophon[3], ne peuvent être une simple fiction : elles traduisent certainement un aspect de l'état d'âme de Socrate. Socrate était intimement persuadé qu'il avait une mission d'en haut.

Cette manière de voir était d'ailleurs en plein accord avec ses croyances théologiques. Il concevait la divinité comme une pensée souveraine, répandue dans la nature entière et mue par l'amour : il enseignait en particulier que notre âme est comme une parcelle de cette intelligence universelle[4]; et il concluait de là que « le Dieu » est aussi présent à nous que nous le sommes à nous-mêmes, « qu'il sait toutes nos paroles, toutes nos actions, toutes nos pensées les plus intimes ». Il inférait également de sa théorie que « le Dieu », qui connaît jusqu'aux dernières fibres de notre être, s'occupe de nous avec une infinie tendresse et qu'il se communique à ceux qui le paient de retour[5]. La divinité, d'après Socrate, n'avait pas seulement cette puissance physique à l'aide de laquelle « elle entretient dans l'univers une jeunesse

1. PLAT., *Apol.*, I, XVII, 42.
2. *Ibid.*, I, XXII, 46.
3. XÉNOPH., *Apol.*, init.
4. *Ibid.*, *Mem.*, I, 4, 8; I, 1, 9; I, 1, 19.
5. *Ibid.*

éternelle »[1]; elle était aussi omnisciente et tout aimante ; elle vivait dans un commerce particulièrement intime avec l'homme de bien, celui qui se trouvait « en état de grâce », comme il l'aurait dit, s'il eût connu notre langue. Et dès lors, quel obstacle y avait-il, pour lui, à ce qu'elle communiquât ses volontés à un mortel, à ce qu'elle lui confiât une mission dans l'intérêt supérieur de la science et de la moralité? Ne lui semblait-il pas naturel qu'il se produisît de semblables interventions du souverain ordonnateur de toutes choses?

Il n'est même pas impossible que la conviction de Socrate ait eu quelque fondement dans la réalité. Les lois physiques, une fois posées, suivent leur cours à l'indéfini, sans que l'organisateur de la machine cosmique ait besoin d'y mettre la main. C'est là du moins une conception qui peut s'admettre. Mais il en va tout autrement du monde des âmes; il en va tout autrement de la vie morale. La vie morale est une alternative perpétuelle de hausses et de baisses, d'ascensions et de décadences, de veille et de sommeil. Et alors, pourquoi, lorsque tout s'est endormi, « le grand Chorège » n'interviendrait-il pas pour tout faire revivre? Pourquoi Socrate n'aurait-il pas entendu, dans les profondeurs de son âme, comme une sorte d'invitation divine à créer l'un de ces grands courants de vie intellectuelle et morale qui devaient plus tard, par leur rencontre dans la doctrine du Christ, régénérer le genre humain tout entier?

---

1. Xenoph., *Mem.*, IV, 3, 13

CHAPITRE IV

IDÉE MAITRESSE

Convertir à la vertu par le savoir, telle fut certainement la tâche de Socrate. Mais en quoi consistait ce savoir? C'est là une question qui ne laisse pas de souffrir quelques difficultés. Tantôt Socrate semble n'être qu'un pur moraliste, « un simple réformateur de la vie pratique »[1]; tantôt il apparaît comme un spéculatif, dont le but unique est de connaître pour connaître[2] : de telle sorte que son idée fondamentale ne se révèle avec netteté qu'au bout d'un certain nombre de comparaisons et d'inductions patiemment conduites.

I.

Un fait incontestable, c'est que, arrivé à l'âge mûr, Socrate abandonna l'étude de la physique pour ne plus s'occuper que de questions morales[3].

---

1. MARBACH (*Geschichte der Philosophie*, I, 174, 178, 181, Leipzig, 1838-1841) a vu dans Socrate un adversaire de la science spéculative, un simple réformateur de la vie pratique.

2. Voir SCHLEIERMACHER, *Sämmtliche Werk.*, II, 287-308, Berlin, 1838.

3. PLAT., *Phædo*, I, XLV, 134; *Apol.*, I, II, 24-25; *Ibid.*, I, III, 26; *Ibid.*, I, XIV, 36; — XENOPH., *Mem.*, I, 1, 12.

Il en vint à se persuader que ni l'eau, ni l'air, ni le feu, ni le choc des atomes ne pouvaient contenir la véritable raison des choses. Ce n'étaient là que des causes efficientes ; or il crut découvrir, à la lumière de la philosophie d'Anaxagore, que les causes efficientes ne se suffisent pas à elles-mêmes ; qu'il leur faut un principe supérieur qui les mette en branle et les coordonne, qu'elles n'ont de sens que si elles sont aux ordres d'une intelligence souveraine, d'une cause finale [1]. « Que penseriez-vous, disait-il dans sa prison, d'un homme qui chercherait à expliquer notre entretien par le son de la voix, par l'air, par l'ouïe et mille autres choses semblables, sans songer à parler de sa vraie cause : savoir que, les Athéniens ayant trouvé qu'il était mieux de me condamner, j'ai jugé de mon côté qu'il était mieux de m'asseoir sur ce lit et d'y attendre tranquillement la peine dont ils m'ont frappé ? Car, par le chien, il y a déjà longtemps que ces nerfs et ces os seraient à Mégare ou en Béotie, transportés là-bas par l'idée du meilleur, s'il ne m'avait paru plus juste et plus beau de subir la peine à laquelle l'État m'a condamné, que de m'enfuir à toutes jambes comme un esclave. — Manifestement, une telle explication serait le comble du ridicule. » Or, aux yeux de Socrate, c'était précisément une explication analogue que les physiciens donnaient des phénomènes de la nature : ils prenaient pour la cause véritable ce qui n'en est que la condition et la matière[2].

1. PLAT., *Phædo*, I, XLVI, 136.
2. *Ibid.*, I, XLVII, 137-138.

Non seulement Socrate déclarait la physique insuffisante, mais encore il lui parut qu'elle était impossible. C'était de la démence, d'après lui, que de disserter à l'infini « sur l'universalité des choses, sur l'origine de ce que les sophistes appelaient le monde, sur les lois des phénomènes célestes »[1]. Car des questions de cette nature sont autant d'énigmes dont la divinité s'est réservé le secret et qui resteront toujours impénétrables à l'esprit de l'homme[2]. Il avouait malignement que, pour son propre compte, il était devenu on ne peut plus malhabile à traiter de pareilles matières, que « cette belle science » l'avait « aveuglé », qu'il avait fini « par ne plus rien voir à tout ce qu'il en croyait connaître »[3]. Et il ajoutait que tel devait être aussi l'état d'esprit de « ceux qui se faisaient gloire d'en parler le mieux »[4]. « Ils ressemblent à des fous, » disait-il, les philosophes « qui s'attachent à scruter les lois de l'univers ». Car ils ne s'entendent pas mieux que les fous : ils n'ouvrent la bouche que pour soutenir les opinions les plus contradictoires. « Ils établissent ici l'unité de l'être, là sa multiplicité, ici le mouvement perpétuel des choses, là leur immobilité absolue : les uns prétendent que tout naît et meurt ; d'autres, que rien n'a été engendré et que rien ne périra jamais[5]. » Et quelle preuve plus évidente qu'eux aussi se trouvaient aveuglés, qu'ils avaient perdu

1. Xenoph., *Mem.*, I, 1, 11.
2. *Ibid.*, I, 1, 13.
3. Plat., *Phædo*, I, XLV, 134.
4. Xenoph., *Mem.*, I, 1, 13.
5. *Ibid.*, I, 1, 13-15.

la vue comme des personnes qui viennent de regarder une éclipse de soleil ; qu'ils s'acharnaient à comprendre l'incompréhensible [1]?

Par le fait même que la physique était une science impossible, elle devenait, pour Socrate, une science impie. Si l'homme s'y efforçait en pure perte, si elle demeurait décidément inaccessible à notre esprit, c'est qu'elle touchait à ce domaine profond de la réalité qui n'est connu que des immortels, dont ils ont gardé le monopole et qu'ils ne révèlent à notre intelligence que dans la mesure où l'exigent la conduite des États et le bonheur des individus. Ils empiétaient donc sur le droit des Dieux, ils commettaient une sorte de sacrilège, ceux qui travaillaient à pénétrer le tout de tout : ils s'égalaient au Maître souverain de la nature, sans bien s'en rendre compte, et tombaient ainsi dans la démence, « comme cet Anaxagore qui se vantait avec tant d'orgueil d'avoir expliqué les mystères de la divinité »[2]. Aussi Socrate paraît-il s'être défendu, avec une force toute particulière, d'avoir jamais eu pareille prétention. Il en appela aux juges, qui connaissaient les doctrines du philosophe de Clazomène[3] ; il conjura tous ceux avec qui il avait conversé, de déclarer s'ils l'avaient jamais entendu parler ou de près ou de loin « de ce qui se produit dans le ciel ou sous la terre »[4].

---

1. Plat., *Phædo*, I, xlvii, 139.
2. Xenoph., *Mem.*, IV, 7, 5.
3. Plat., *Apol.*, I, xiv, 36.
4. *Ibid.*, I, iii, 26.

Il ne consentit à passer outre que lorsqu'il se crut complètement lavé de l'imputation d'une faute qu'il regardait lui-même comme une profanation.

Socrate adressait aux physiciens une critique d'un autre ordre et qui, comme on le verra plus loin, touche au centre de son éthique. Il voulait qu'en matière de science, comme en morale, on s'occupât uniquement de ce qui peut servir à quelque chose. L'utile, tel était, d'après lui, le domaine auquel il faut limiter ses recherches; et encore le trouvait-il trop vaste, vu la brièveté de la vie humaine [1]. Parti de cette idée qui lui paraissait fondamentale, il traçait à ses disciples une série de règles qui tendaient à les éloigner de toute étude purement spéculative. « Il disait qu'il est bon d'apprendre la géométrie jusqu'à ce que l'on soit capable de bien mesurer un champ qu'il s'agit d'acheter, de vendre, de diviser ou de labourer. » Mais il désapprouvait qu'on portât l'étude de cette science « jusqu'aux problèmes les plus difficiles » [2]. Il conseillait, en matière d'astronomie, d'apprendre assez bien les divisions de la nuit, du mois et de l'année pour voyager sur terre et sur mer, monter la garde, et connaître le moment précis où l'on a des devoirs à remplir. « Il dissuadait fortement de chercher avec effort à classer les astres d'après leurs mouvements de rotation, à connaître les planètes et les comètes, à mesurer leurs distances de la terre et la durée de leurs révolutions, à découvrir les diverses causes de ce

---

1. Xénoph., *Mem.*, IV, 7, 2; IV, 7, 3-5.
2. *Ibid.*, IV, 7, 2-3.

branle immense qui se fait autour de nous dans les espaces célestes[1]. » De tels problèmes n'étaient, à ses yeux, qu'un moyen de perdre le temps. Supposé qu'ils eussent une solution, à quoi pouvaient-ils conduire? Saurait-on, pour les avoir pénétrés, faire à son gré et selon ses vœux les vents, la pluie, le beau temps et les saisons[2]?

L'homme, par conséquent, et dans l'homme la morale : tel était bien l'unique objet vers lequel Socrate faisait converger tous ses efforts. « Il examinait sans relâche ce que sont la piété et l'impiété; ce que sont le beau et le laid, le juste et l'injuste; en quoi consistent la sagesse et la folie, la valeur et la lâcheté; ce qu'il faut entendre par l'État et l'homme d'État, le gouvernement et celui qui gouverne[3]. » « Socrate s'occupait d'éthique, et du grand tout n'avait nul souci[4]. » *Unum necessarium :* c'était aussi sa devise.

II.

Et cependant, malgré son dessein de ne faire que de la morale, Socrate ne s'en tenait point à la discussion des idées morales. Son esprit s'exerçait « sur toutes choses », et c'est aussi sur toutes choses qu'il portait les autres à s'examiner eux-mêmes : il n'y avait pas d'objet dont il

---

1. Xenoph., *Mem.*, IV, 7, 4-6.
2. *Ibid.*, I, 1, 15.
3. *Ibid.*, I, 1, 16.
4. Arist., *Met.*, A, 6, 987^b, 1.; *Part. an.*, I, 1, 642^a, 24-31.

n'essayât « de définir la nature », dès qu'il concevait quelque espoir d'y réussir[1]. Il entrait chez le peintre Parrhasius, pour lui faire observer que « la fierté, l'orgueil, l'humilité, la modestie, la prudence, la rusticité, la vivacité, la bassesse sont autant de sentiments qui se traduisent sur la physionomie, dans le geste, les poses et les mouvements »[2]; chez le statuaire Cliton, pour soutenir une idée analogue et montrer que « la sculpture exprime par les formes toutes les impressions de l'âme[3]; chez l'armurier Pistias, afin de lui prouver que les plus belles cuirasses ne sont ni celles que « l'on couvre d'ornements et de dorure », « ni celles qui pressent le corps pour en accuser les formes », mais « celles qui ne lui font de mal dans aucune attitude »[4]. « Nous avons sous les yeux, dit-il dans le *Banquet* de Xénophon, quelque chose de bien surprenant : c'est cette lampe. Comment se fait-il que son éclat soit de nature à répandre de la lumière, tandis que celui du cuivre n'en donne point, bien que les objets environnants s'y reflètent? Pourquoi l'huile, qui est un liquide, augmente-t-elle la flamme, tandis que l'eau, qui est aussi un liquide, éteint le feu[5]? » Il lui arriva un jour d'entrer chez l'hétaïre Théodote avec ses disciples, et d'engager avec elle une conversation où il faisait à la courtisane étonnée la théorie de son art et lui montrait par le menu comment il faut entendre la chasse

---

1. Xenoph., *Mem.*, IV, 6, 1 : τί ἕκαστον εἴη τῶν ὄντων οὐδέποτ' ἔληγε.
2. *Ibid.*, III, 10, 1-5.
3. *Ibid.*, III, 10, 6-8.
4. *Ibid.*, III, 10, 9-14.
5. VII, 4.

aux amants[1]. Aristophane le tourne en ridicule, parce que, dans sa passion de remuer toutes choses, il va jusqu'à s'occuper de la géométrie des puces. « Tout à l'heure, dit le *disciple* dans les *Nuées,* une puce mordit Chéréphon au sourcil et sauta de là sur la tête de Socrate. Socrate alors demanda à Chéréphon : « Combien une puce saute-t-elle de fois la longueur de ses pattes ? » — « Et comment fit-il pour la mesurer ? » reprend Strépsiade, le paysan qui veut apprendre les secrets de la sophistique. — « Très adroitement, répond le *disciple :* il fit fondre de la cire, s'empara de la puce et lui trempa dans la cire les deux pattes, qui, une fois refroidies, demeurèrent chaussées de véritables cothurnes persiques, les détacha ensuite, et s'en servit pour mesurer la distance. » — « Ah ! Grand Jupiter ! Comme c'est bien trouvé ! Quelle finesse[2] ! » Et il paraît bien que Socrate n'était pas complètement étranger à cette sorte d'arpentage ; il faut bien qu'il s'en soit occupé, comme en se jouant, il est vrai, mais poussé néanmoins par son instinct scientifique ; car Xénophon en fait mention dans son *Banquet.* « Socrate, dit le Syracusain, apprends-moi combien il y a de sauts de puce entre nous ; car tu passes pour fort en cette géométrie[3]. »

Il n'est donc, semble-t-il, aucun phénomène physique, biologique ou mental, que Socrate n'ait considéré d'un regard curieux. Sans doute, il ne prétendait pas à la

---

1. Xenoph., *Mem.*, III, 11, 1-14.
2. *Nuées*, 144 et sq.
3. VI, 8. Évidemment, ce passage n'est qu'une fantaisie ; mais l'idée qu'il contient s'accorde avec le témoignage formel de Xénophon.

science universelle, comme les vieux physiciens; il avait déjà trop de sens critique pour tomber dans un pareil excès. Mais il ne s'en efforçait pas moins et sans relâche d'arracher à la nature le plus de secrets possible : il s'intéressait à tout ce qui paraissait ne pas dépasser la portée de l'esprit humain; il n'omettait aucune occasion de poser un nouveau problème, de s'exercer à la dialectique, d'acquérir un concept de plus, quel qu'en pût être l'objet. Et c'est avec raison, en un sens, qu'Aristophane nous le représente « parcourant les airs », interrogeant le ciel et la terre [1].

III.

Comment résoudre une pareille antinomie? Comment expliquer que Socrate ait fait de la restauration « des mœurs antiques » le but unique de sa vie, et que d'autre part il se soit comporté à la manière d'un philosophe qui ne dédaigne rien, dont tout éveille la sympathie, dès qu'il est question d'acquérir une idée nouvelle? D'où vient qu'il nous apparaît comme un spéculatif, lorsqu'on sait par ailleurs, et de source sûre, qu'il s'occupait exclusivement d'éthique? Le problème ne laisse pas d'être embarrassant; et les historiens paraissent avoir échoué d'ordinaire dans l'effort qu'ils ont fait pour l'élucider. Il semble cependant que les textes que nous possé-

---

1. *Nuées*, 225 et sq.

dons permettent de lui donner une réponse assez précise.

Le dessein de Socrate était, comme on l'a dit à bon droit, de fonder une morale rationnelle. Mais cette morale, il ne la voulait point stérile ; il la voulait vivante, pratiquement efficace, assez puissante pour triompher des passions et rendre aux âmes l'amour prédominant du bien. Or, quel était le moyen d'aboutir à cette régénération de l'esprit et de l'activité, à cette rénovation totale de l'être ?

Sans doute, il fallait dégager des données de la tradition et du contenu de l'âme humaine les idées qui constituent la morale et celles qui servent à l'étayer : il fallait ramener à l'évidence rationnelle les notions confuses que le vulgaire se fait du bien, du beau, de la justice, de la tempérance et de la force ; définir d'une manière scientifique les devoirs de l'individu à l'égard de lui-même, de la famille et de l'État, ceux aussi de la famille et de l'État à l'égard de l'individu ; et, cet idéal une fois trouvé, chercher s'il ne plongeait pas ses racines dans une réalité plus profonde et plus durable, s'il n'avait pas dans l'Au-delà son origine et son achèvement. La première œuvre à faire était de transformer la morale en un système logique de concepts bien fondés ; car l'homme a besoin de connaître pour agir : l'action n'est que de la pensée à l'état de mouvement[1]. De plus, aussi longtemps que l'éthique n'aurait pas pris une forme rationnelle, aussi longtemps qu'elle ne se serait pas élevée

---

1. Xenoph., *Mem.*, IV, 2, 26 ; — Plat., *Protag.*, II, x, 137.

à la dignité d'une science, elle demeurerait incommunicable : les plus sages seraient incapables d'enseigner aux autres leur sagesse, et l'on verrait se reproduire à l'infini ce qui s'était passé pour Périclès, lequel n'avait pu transmettre à ses fils ni sa politique ni sa vertu[1].

Mais l'on ne comprendrait Socrate qu'à demi, si l'on croyait que son but unique fut d'esquisser une théorie morale. Il est possible de soutenir qu'il avait une pensée plus profonde et plus féconde. Pour moraliser l'homme, il ne suffisait pas, à son sens, de rationaliser la morale; il était nécessaire aussi, et par-dessus tout, de fortifier la raison, de la rendre peu à peu, par une éducation progressive, assez pénétrante, assez compréhensive, assez vigoureuse pour sentir tout ce qu'il y a de beauté et de bonté dans la vertu. C'est du plein épanouissement du νοῦς qu'il attendait la sainteté du vouloir; c'est de la maturité de l'intelligence qu'il espérait la maturité de la personne humaine tout entière. « On raisonne en paroles, sans avoir presque l'objet même dans l'esprit, » disait Leibniz. « Et les plus beaux préceptes de morale avec les meilleures règles de prudence ne portent coup que dans une âme qui y est sensible. » « Cependant rien ne serait plus fort que la vérité, si on s'attachait à la bien connaître et à la faire valoir. » Et « le meilleur moyen est de s'accoutumer à procéder méthodiquement et de s'attacher à un train de pensées dont la raison, et non le hasard (c'est-à-dire les

---

1. Plat., *Protag* II, x, 138.

impressions sensibles et casuelles) fasse la liaison » [1].
« Toute notre dignité consiste à penser, ajoutait Pascal. C'est de là qu'il nous faut relever, non de l'apparence et de la durée que nous ne saurions remplir. Travaillons donc à bien penser : voilà le principe de la morale [2]. » Telle était aussi la conviction de Socrate. A ses yeux, le bien avait d'autant plus de chances de triompher qu'il se révélait à une intelligence plus forte ; son triomphe était infaillible dans une âme dont l'entendement avait pris pleine possession de lui-même : la moralité, pour lui, grandissait de pair avec la rationalité, et s'achevait avec elle.

Voilà pourquoi Socrate faisait du « connais-toi toi-même » la règle foncière de son éthique [3]. Se connaître : tel était, à son sens, le but vers lequel il fallait tendre sans relâche, dont il fallait s'approcher de plus en plus ; telle était la forme idéale que tout homme devait réaliser en son être. Car, cette conquête sur l'inconscient une fois terminée, l'intelligence une fois adulte, on sentait du même coup l'empire invincible du bien ; et le règne de l'ordre se trouvait établi. Voilà pourquoi Socrate allait de porte en porte chez les politiciens, les poètes et les artistes d'Athènes, pour leur apprendre qu'ils ignoraient jusqu'à leur propre ignorance [4]. Son but était de les élever au-dessus de la rou-

---

1. *Nouv. ess.*, II. ɪx. 163. 169, 174, *P. Janet*, Paris, 1866.
2. *Pensées*, P. 22, Ern. Havet, Paris, 1875.
3. Xenoph., *Mem.*, IV, 2, 24 et sq.
4. Plat., *Apol.*, I, vii, 30.

tine et de l'instinct, de leur révéler que l'homme est ce qu'il doit être dans la mesure où il se sait lui-même, que l'on devient d'autant plus sage que l'on devient plus capable de comprendre le prix infini de la sagesse, que l'art de grandir en bonté consiste à développer notre puissance de connaître la vérité. C'est sous l'influence du même motif qu'il ne voulut jamais renoncer à la philosophie, qu'il consacra toute sa vie d'homme à s'examiner soi-même et les autres non seulement sur les questions d'ordre moral, mais encore sur chaque sujet qu'il croyait pouvoir ramener à un concept[1]. Raisonner, d'après lui, c'était pratiquer une sorte de gymnastique intérieure qui se traduisait par un surplus de connaissance de soi, par un gain de vigueur intellectuelle; c'était affermir le facteur principal de la moralité et par là même assurer de longue main la victoire définitive du bien[2]. Au contraire, cesser de raisonner, c'était renoncer du même coup à la vie intellectuelle et à la vie morale et, par suite, à la dignité de la nature humaine. « Il ne mène point la vie d'un homme, disait-il, celui qui ne s'interroge pas lui-même[3]. »

La visite à l'hétaïre s'explique comme tout le reste, lorsqu'on adopte l'interprétation qui vient d'être indiquée. Non seulement l'entretien que Xénophon prête

---

1. Xenoph., *Mem.*, IV, 6, 1.
2. *Ibid.*, IV, 5, 12.
3. Plat., *Apol.*, I, xxviii, 52-53 : ὁ δὲ ἀνεξέταστος βίος οὐ βιωτὸς ἀνθρώπῳ.

à son maître en cette curieuse occurrence, n'a rien qui doive surprendre; mais encore il s'en dégage une idée morale d'un ordre très élevé. Socrate y berne son interlocutrice de la manière la plus gracieuse du monde. Il lui fait avouer successivement, à l'aide d'interrogations habilement posées : premièrement qu'elle ne prévoit rien, puisqu'elle dépense son argent en luxe inutile au fur et à mesure qu'il lui en vient; secondement, qu'elle ne sait rien, pas même son métier; troisièmement, que sa vie est absolument étrangère à tout sentiment de moralité. Ce qu'il y a de plus piquant, c'est que Théodote ne comprend pas. « Eh bien! Socrate, dit-elle, que ne m'aidez-vous à trouver des amants? — Je le veux bien, par Jupiter, si vous m'y décidez. — Et le moyen de vous y décider? — Vous le chercherez et vous m'en aviserez, si vous avez besoin de moi[1]. » — La courtisane, qui séduisait les Athéniens, n'avait donc qu'une grâce toute plastique : c'était une statue, non une femme. Elle était aussi éloignée que possible de ce type de la beauté humaine, de cet idéal de la personnalité, à la hauteur duquel Socrate s'efforçait d'élever ses disciples. Et c'est là ce qu'il voulait faire ressortir : *quod erat demonstrandum*[2].

Il ne faudrait donc pas croire que Socrate se soit borné à ciseler des idées morales. Il ne faudrait pas non plus le considérer comme un pur dialecticien, dont

---

1. Xénoph., *Mem.*, III, 11, 15.
2. V. sur ce point G. Sorel, *Le Procès de Socrate*, pp. 367-369, notes.

le dessein aurait été de jeter les bases de la science théorique. Sa méthode, il est vrai, conduisait tout droit à l'idée d'une telle science. Mais ce n'est pas lui ; c'est Aristote qui l'a fondée. On serait également dans l'erreur, si l'on se figurait que, parce que Socrate s'est occupé de concepts qui ne touchent pas à la morale, il cesse d'être un pur moraliste. Car ces deux choses ne s'excluent qu'en apparence ; elles s'harmonisent, en réalité, dans une idée supérieure que Socrate lui-même a découverte et que l'on peut regarder comme l'âme de toute son œuvre. Socrate avait un but pratique : il voulait améliorer la conduite morale des Athéniens. Or, à son sens, le moyen d'y réussir n'était pas seulement de leur enseigner le véritable idéal de vie ; il fallait encore donner à leurs intelligences une éducation assez forte pour qu'ils fussent capables de comprendre toute l'excellence et toute la beauté de cet idéal. C'est de la raison que devaient venir le progrès et l'achèvement de la personnalité. Et, par conséquent, le besoin s'imposait d'exercer de toute manière cette faculté maîtresse, de réfléchir sans relâche et sur toutes choses. « Il me faut vivre en philosophant, disait Socrate ; il me faut vivre en m'examinant moi-même et les autres : telle est la volonté du Dieu [1]. »

---

1. PLAT., *Apol.*, I, XVII, 40 : Τοῦ δὲ θεοῦ τάττοντος, ὡς ἐγὼ ᾠήθην τε καὶ ὑπέλαβον, φιλοσοφοῦντά με δεῖν ζῆν καὶ ἐξετάζοντα ἐμαυτὸν καὶ τοὺς ἄλλους...

CHAPITRE V

MÉTHODE

Socrate n'allait pas au hasard dans ses enquêtes dialectiques : il avait une méthode qu'il importe de décrire avec soin ; car elle constitue l'une des marques les plus distinctives de son œuvre.

Son but principal était de s'élever du multiple à l'un et d'obtenir ainsi la définition précise de chaque chose [1]. De plus, la définition, telle qu'il l'entendait, présente un caractère très spécial. Elle ne porte point sur ce sujet permanent que nous plaçons derrière certains groupes de phénomènes et que nous appelons du nom de substance. De la substance, Socrate ne tirait nul souci. Elle relevait de la physique ; et la physique était une science à laquelle il avait renoncé, comme on l'a vu plus haut. La définition socratique ne vise pas non plus ces formes idéales dont Platon s'est préoccupé, ces types éternels de perfection auxquels s'élèveraient naturellement tous les individus de chaque espèce, s'ils n'étaient contrariés dans leur développement par les exigences de la matière.

---

1. Xenoph., *Mem.*, IV, 5, 11-12 ; IV, 6, 1.

Socrate, comme en témoigne Aristote, n'a jamais pensé à ce monde d'intelligibles que son disciple devait faire sortir de sa propre théorie [1]. La définition dont parlait Socrate, a quelque chose de moins hardi, je dirais presque de plus positif. Sans doute, il voulait dépasser le relatif où les sophistes s'étaient enlizés; il s'efforçait d'aboutir à des concepts qui fussent applicables à un nombre indéfini de cas de la même espèce : c'est à l'absolu qu'il aspirait [2]. Mais il ne le cherchait ni dans le fond de la « matière », ni dans la subsistance des « idées ». Il se bornait à dégager des phénomènes que l'on appelle beaux, ce que c'est que la beauté; des actions que l'on nomme justes, ce que c'est que la Justice; des différentes formes que revêtent les arts, ce qu'il faut entendre par l'art [3]; et ainsi de tout le reste. Il allait des faits que le commun des hommes groupe autour d'un même signe à l'aptitude interne d'où ces faits découlent [4] : il définissait chaque chose par sa cause immédiate, sauf à faire voir par après, quand il y avait lieu, les conséquences d'ordre logique ou d'ordre pratique que l'on en pouvait tirer.

Socrate allait donc du multiple à l'un, et parfois de l'un au multiple. Et, dans les deux cas, il avait une manière de procéder qui lui était personnelle.

Il n'enseignait pas à la manière des sophistes [5], qui

---

1. Arist., Met., μ, 4, 1078ᵇ, 27-31; μ, 9, 1086ᵇ, 2-4.
2. Ibid., A, 6, 987ᵇ, 1-4; μ, 4, 1078ᵇ, 17-19 (ὁρίζεσθαι καθόλου ζητοῦντος).
3. Xenoph., Mem., I, 1, 16
4. Ibid., IV, 6, 15.
5. Plat., Apol., I, xxi, 46.

prétendaient connaître toutes choses. Il se donnait, au contraire, comme ne possédant aucune connaissance véritable. On l'entendait dire à tout venant : Quant à moi, j'ai le vif sentiment de n'avoir aucune sagesse, ni grande ni petite; si je sais quelque chose, c'est seulement que je ne sais rien[1]. Et cependant, il demeurait persuadé que la science était possible, que la science était faisable. La crise intellectuelle dont souffrait l'Attique lui apparaissait comme une étape difficile d'où l'on devait sortir pour s'élever à un dogmatisme nouveau, plus sobre en un sens, mais aussi plus rationnel et plus compréhensif. Il ne lui restait donc qu'une ressource, celle d'aller trouver les autres hommes, de leur poser des interrogations méthodiques, « d'accoucher leurs esprits », pour voir si l'on n'en pourrait pas tirer quelques échantillons du vrai savoir. « Tu es en mal d'enfant, mon cher Théétète; ton âme est grosse. — Je ne sais, Socrate; mais je dis ce que j'éprouve. — Ne sais-tu pas encore, pauvre innocent, que je suis le fils d'une accoucheuse habile et renommée, de Phénarète? — Je l'ai ouï dire. — N'as-tu pas entendu dire aussi que j'exerce la même profession? — Jamais... — Eh bien, le métier que je pratique ressemble de tous points à celui des accoucheuses, à cette différence près que je délivre des hommes et non des femmes, et que je soigne non les corps, mais les âmes en mal d'enfant. Ce qu'il y a de plus important dans mon art, c'est qu'il me met à même de discerner si la pensée d'un jeune homme

---

1. PLAT., *Apol.*, I, vi, 29; vii-x, 30-32.

va produire un être chimérique ou un fruit véritable[1]. »

Ainsi Socrate allait sans relâche demandant aux autres la science qu'ils se vantaient de posséder et que lui-même avouait ne pas avoir. Il « cherchait les choses en commun »[2] : Ses raisonnements étaient des dialogues. Et ces dialogues eux-mêmes se développaient ordinairement comme des drames à deux actes, dont le premier consistait à confondre l'interlocuteur et le second à mettre sur pied une définition nouvelle.

Socrate commençait par poser une question, à moins que quelqu'un ne le prévînt, comme le faisaient parfois Antiphon et Aristippe qui cherchaient à l'embarrasser[3]. Par exemple, il demandait à Euthydème : « Dis-moi quelle idée tu te fais de la piété[4]. » Il pressait Protagoras de lui apprendre en quoi et sur quoi son enseignement rendait les gens plus habiles[5]. « Laissons là Gorgias, disait-il à Menon, puisqu'il est absent. Mais toi, au nom des dieux, en quoi fais-tu consister la vertu? Apprends-le-moi, ne te laisse pas dominer par l'envie, afin que, si vous paraissez le savoir, toi et Gorgias, j'aie fait le plus heureux des mensonges, en disant que jusqu'ici je n'ai rencontré personne qui le sût[6]. »

---

1. PLAT., *Theæt.*, I, VI, 202; VII, 204.
2. XENOPH., *Mem.*, I, 6, 14 (ἀνελίττων κοινῇ σὺν τοῖς φίλοις διέρχομαι); IV, 5, 12 (κοινῇ βουλεύεσθαι); IV, 6, 1 (σκοπῶν σὺν τοῖς συνοῦσι); IV, 7, 8; — PLAT., *Theæt.*, I, VIII, 206 (κοινῇ σκεψώμεθα); *Protag.*, II, XVIII, 151.
3. XENOPH., *Mem.*, I, 6, 1-2; III, 8, 1-2.
4. *Ibid.*, IV, 6, 2.
5. PLAT., *Protag.*, II, IX, 136.
6. PLAT., *Meno*, III, II, 207-208.

La réponse une fois fournie, Socrate s'en emparait et la mettait à l'épreuve : il interrogeait encore et à diverses reprises, toujours sous le prétexte de mieux s'instruire ; obtenait des explications contradictoires, les opposait les unes aux autres et finissait par faire éclater à tous les yeux l'insuffisance de la définition avancée. L'interlocuteur alors restait à court. Il s'esquivait en disant, comme le vieux Protagoras : « Nous parlerons une autre fois de ces matières quand tu le voudras. Pour aujourd'hui, j'ai quelque affaire plus pressée [1]. » Ou bien il confessait franchement ne point savoir en réalité ce qu'il croyait savoir. « Socrate, répondait Ménon, je savais, avant de converser avec toi, que tu ne sais que douter toi-même et faire douter les autres. Mais voici maintenant que tu me fascines par tes charmes et tes maléfices ; et je demeure tout rempli de doutes. S'il m'est permis de railler, tu me parais absolument semblable pour l'apparence et pour tout le reste à cette large torpille marine qui engourdit tous ceux qui en approchent ou qui la touchent. Je pense que tu as produit le même effet sur moi : tu m'as engourdi l'esprit et le corps ; et je ne trouve plus rien à répondre..... Il me semble que tu prends le bon parti, en ne voyageant ni sur terre ni sur mer ; car, si tu te conduisais ainsi dans une ville étrangère, on ne tarderait pas à t'arrêter comme un enchanteur [2]. »

Lorsque l'adversaire, une fois réduit au mutisme, consentait à rester sur place, Socrate continuait ses

1. PLAT., *Protag.*, II, XL, 195.
2. PLAT., *Meno*, III, XIII, 219.

interrogations, mais dans un autre sens : il s'efforçait de construire, au lieu de détruire. Il se mettait à chercher, de concert avec celui qu'il venait de confondre, quelle pouvait être la solution du problème posé : à l'enfantement « de l'être chimérique » succédait celui du « fruit véritable ». « Penses-tu donc, disait-il à Aristippe, que le beau et le bien soient deux choses différentes ? Ne sais-tu pas que chaque objet est beau et bon sous le même rapport ? La vertu n'est pas bonne à un point de vue et belle à un autre ; c'est en se plaçant sous le même aspect que l'on dit d'un homme qu'il est beau et bon ; et ce qui fait la beauté d'un corps en fait aussi la bonté. Enfin, tout ce qui peut être utile est bon et beau relativement à l'usage qui lui convient. — Un panier à ordures est donc aussi une belle chose ? — Oui, par Jupiter, et un bouclier d'or est laid, si toutefois l'un est approprié à son usage, et l'autre non... car les choses sont belles et bonnes relativement au but qui leur convient ; laides et mauvaises relativement au but qui ne leur convient pas [1]. » Ainsi se trouvaient ramenées au concept d'harmonie les idées en apparence si différentes d'utilité, de bonté et de beauté ; ainsi se trouvait mis en relief le principe fondamental de la doctrine socratique. Et c'est d'ordinaire par des conquêtes de ce genre, moins importantes le plus souvent, mais toujours également dogmatiques, que se terminait l'épreuve. Alors l'interlocuteur respirait. Après avoir avoué à sa

---

1. XENOPH., *Mem.*, III, 8, 5-7.

honte qu'il ignorait ce qu'il croyait savoir, il pouvait se persuader qu'il savait au fond ce qu'il croyait ignorer[1]. « Le nouveau-né » n'avait point paru sans labeur; mais il n'en était pas moins le fils de sa pensée.

On trouve dans les *Mémorables* un passage où les deux phases de l'examen socratique ressortent avec beaucoup de netteté : c'est le dialogue avec le sophiste Hippias d'Élée. Hippias, de retour à Athènes après une longue absence, rencontra Socrate qui s'entretenait avec quelques-uns de ses disciples. « Quoi! Socrate, dit-il d'un ton railleur, tu répètes encore ce que je t'ai entendu dire il y a si longtemps? — Oui, Hippias; et ce qu'il y a de plus fort, c'est que je le répète sur les mêmes sujets. Mais toi, dont la science est si variée, peut-être ne parles-tu jamais de la même manière sur les mêmes choses? — Jamais; je tâche toujours de dire du nouveau. — Même sur ce que tu sais? Par exemple, si l'on te demande, au sujet des lettres, combien il y en a dans le nom de Socrate et quelles elles sont, tu t'efforces de répondre tantôt d'une manière et tantôt d'une autre? s'il s'agit d'arithmétique et que l'on te demande si deux fois cinq font dix, ta réponse d'aujourd'hui n'est plus celle d'hier? — Sur ces questions, Socrate, je suis ton exemple, et je vais répétant toujours la même chose. » Hippias se sent pris et devient prudent : il persiste à soutenir qu'il pourrait dire, au sujet de la justice, des choses nouvelles

---

1. Xenoph., *Œc.*, XIX, 15.

qui sont de nature à supporter toutes les attaques ; mais il se garde de proposer son sentiment. « Je t'attends, Socrate ; à toi de nous dire d'abord ce que tu penses de la justice. Il y a bien assez longtemps que tu te moques des autres avec tes interrogations et tes réfutations perpétuelles, avec ton parti-pris de ne jamais hasarder une réponse, de garder toujours pour toi ton opinion personnelle. » Socrate passe alors de l'*ironie* à la *maïeutique* proprement dite, mais non sans avoir encore berné quelque peu son homme. Il établit, à l'aide d'une série de questions et de réponses : premièrement, que celui-là fait preuve de justice qui observe les lois de l'État ; secondement, que c'est également agir en homme juste, que d'observer les lois des dieux ; troisièmement, qu'il n'y a pas d'autres lois que celles de l'État et celles des dieux. Et il conclut que la justice et la légalité ne font, pour celui qui les rattache à leur premier principe, qu'une seule et même chose [1].

Il est bon d'ajouter que les dialogues de Socrate ne se développaient pas toujours sous leur double forme. Il lui arrivait parfois, quand la réfutation prenait fin, de se borner à l'expression d'une idée suggestive qu'il jetait comme un ferment dans l'esprit de l'auditeur, qui devait provoquer sa réflexion et le conduire de plus ou moins loin jusqu'à la solution du problème débattu. C'est ce qui se présente dans le dialogue avec Euthydème sur le juste et l'injuste. Le jeune homme, au

---

[1]. XENOPH., *Mem.*, IV, 4, 5-25.

bout d'un certain nombre de réponses, se trouve par trois fois de suite dans le plus cruel embarras : il ne sort de la contradiction que pour y tomber derechef, et finit par avouer qu'il est dans l'impuissance absolue de s'expliquer à lui-même ce qu'il importe le plus de savoir : « Il ne voit plus aucune autre route qui puisse le conduire à devenir meilleur. » A ce moment, Socrate intervient pour lui venir en aide. « Dis-moi, Euthydème, es-tu jamais allé à Delphes? — Deux fois, par Jupiter. — As-tu remarqué cette inscription qui est sur le temple : *connais-toi toi-même?* — Oui, certes. » Il montre alors au « bel Euthydème » que ce précepte est tout à la fois le commencement, le milieu et la fin de la sagesse; et il s'en tient là. Du juste et de l'injuste, il n'est plus question. Le disciple pourra voir par lui-même; et, s'il le fait, il y trouvera double profit : la définition cherchée et un surplus de vigueur intellectuelle[1].

Socrate, en maintes circonstances, se montrait encore plus réservé : il ne dépassait point les limites de la réfutation. Il prenait son homme à partie, l'interrogeait adroitement jusqu'à ce qu'il l'eût complètement vidé et vous le laissait là sous le poids de la confusion que lui valait la révélation de son faux savoir. C'est ce que lui reproche Hippias dans le dialogue qui vient d'être cité[2]. C'est ce dont Thrasymaque se plaint à diverses reprises dans *La République*, pendant qu'on le sollicite à exprimer son sentiment sur la Justice. « Ah! Par Hercule,

---

1. Xénoph., IV, 2, 13-31.
2. *Ibid.*, IV, 4, 9.

s'écrie-t-il, voilà bien l'ironie habituelle de Socrate. Ne le disais-je pas tout à l'heure, que tu ne voudrais pas répondre, que tu ne manquerais pas de plaisanter et que l'on ne pourrait jamais t'arracher une solution quelconque[1]. » Et il ajoute un peu plus loin : « C'est bien, j'entends. Mais Socrate va reprendre sa manœuvre accoutumée; il va se dispenser de répondre; et, quand on aura répondu, il reprendra et réfutera tout ce que l'on aura dit[2]... Car c'est là son grand secret : il ne veut rien enseigner, et il va de tous côtés apprenant des autres, sans en savoir jamais aucun gré[3]. » « Socrate, dit Alcibiade, tu méprises tous les biens de la vie (richesses et amour), et nous ne comptons pour rien dans ton estime; tu passes ton existence à te moquer, à te jouer des hommes[4]. » « Bon ! Socrate, lui répond Chariclès dans les *Mémorables*. Mais n'empêche que tu as la manie d'interroger sans relâche sur ce que tu sais[5]. »

Socrate ne terminait pas toujours les accouchements qu'il entreprenait ; et l'un des plus beaux modèles de ce genre d'opérations inachevées, c'est le *Théétète*. « ... Eh bien, Théétète, la science n'est donc ni la sensation, ni l'opinion vraie, ni cette même opinion une fois expliquée. — Il paraît que non. — Sommes-nous donc encore pleins, ressentons-nous encore les douleurs de l'enfantement relativement à la science? Ou avons-nous mis au

---

1. PLAT., *Rep.*, t. V, I, xi, 15.
2. *Ibid.*, xi, 16.
3. *Ibid.*, xii, 16.
4. PLAT., *Banquet*, VII, xxiii, 258.
5. I, 2, 36.

jour toutes nos conceptions? — Ce qu'il y a de sûr, c'est que j'ai dit grâce à toi bien plus de choses que je n'en avais dans l'âme. — Mon art de sage-femme ne nous montre-t-il pas que toutes ces conceptions sont frivoles et indignes que l'on en prenne soin? — Absolument. » Est-ce donc que Socrate cédait parfois au génie du doute? Non; et la manière dont se continue le passage que l'on vient de voir, démontre à souhait la fausseté d'une semblable hypothèse. « Si donc par la suite, ô Théétète, il t'arrive de concevoir et si tu produis en effet, tes fruits seront meilleurs grâce à cette discussion. Et, si tu demeures stérile, tu traiteras avec plus de patience et d'urbanité ceux avec qui tu converseras, car tu seras trop sage pour croire savoir ce que tu ne sais pas [1]. » Le rôle qu'avait choisi Socrate était plutôt d'exciter que d'enseigner, de développer les intelligences que de leur apporter une science toute faite. Et de ce rôle, il ne se départait pas. Quand il niait, c'était encore pour faire affirmer.

D'autres fois, au contraire, Socrate supprimait l'ironie et passait immédiatement à la partie constructive de sa méthode. Il n'y a pas de réfutation dans les dialogues qu'il eut avec Euthydème sur la piété, la justice, la sagesse, le bien et le courage [2]. On n'en trouve pas non plus dans les interrogations au peintre Parrhasius, au statuaire Cliton et à Pistias, le fabricant de cuirasses [3]. Et il est probable que Socrate en usait de la

---

1. PLAT., *Theæt.*, 1, XLIV, 287-288.
2. XENOPH., *Mem.*, IV, 6, 2-12.
3. *Ibid.*, III, 10.

sorte, toutes les fois qu'il s'agissait de personnes qu'il avait déjà matées, dont il avait eu l'occasion de détruire les théories dans des rencontres antérieures, et aussi lorsqu'il était question d'intelligences naïves, qui n'avaient pas assez de culture pour déraisonner. Car, dans le premier cas, il était inutile de continuer l'attaque ; et, dans le second, il n'y avait pas de raison de la commencer. Tout travail de déblaiement devenait superflu ; la place était nette et il ne s'agissait que d'édifier. Les simples étaient mieux préparés que les autres à se tourner aux premières clartés du vrai savoir. « Dans les recherches que je fis pour obéir au Dieu, ceux qui avaient le plus de renommée me parurent les plus insuffisants ; je trouvai, au contraire, que ceux dont on ne tenait aucun compte étaient beaucoup plus près de la sagesse [1]. »

Pourquoi Socrate donnait-il à ses investigations la forme interrogative ? On peut faire à cette question deux réponses principales. En premier lieu, les Athéniens vivaient d'instincts, de traditions et de sophistique. Sous cette triple influence s'était formée dans les âmes une couche profonde d'idées irrationnelles ou irrationnellement agglutinées. C'est de ces sédiments d'erreur qu'il fallait purifier les âmes : il importait avant tout de balayer le temple de la sagesse. Or les livres ou les longs discours ne suffisaient point à pareille tâche : ils ne pouvaient être ni assez variés pour correspondre à tous les états de conscience, ni assez pressants pour emporter

---

1. Plat., *Apol.*, I, vii, 30.

la conviction. Il n'y avait qu'un moyen véritablement efficace : c'était de s'aboucher avec les individus, de les assiéger de questions, de leur faire dire ce qu'ils pensaient et même, au besoin, ce qu'ils faisaient [1], et de détruire sur-le-champ tout ce qu'ils énonçaient de contradictoire ou d'insuffisant. En second lieu, Socrate se proposait de ramener ses concitoyens à la vertu ; et il s'était persuadé que, pour y réussir, il devait tout à la fois leur fournir un idéal raisonné de conduite et développer de plus en plus leur raison. Or, quand il s'agit de questions morales, c'est l'homme qu'il faut interroger ; car c'est l'homme qui « est compétent », comme l'a bien senti M. Boutroux [2]. Chacun de nous porte en lui-même un certain fonds d'idées plus ou moins confuses, d'où l'on peut dégager, en les précisant, les principales lois de la vie morale. On peut dire aussi que le dialogue est le procédé le plus propre à féconder les intelligences ; car il est la manière la plus précise et de diriger et de provoquer à temps le travail de la réflexion. « Pour ceux qui s'attachent à moi, dit Socrate dans le *Théétète,* il leur arrive la même chose qu'aux femmes en mal d'enfant. Aussi vives et plus vives encore sont les douleurs et les difficultés qu'ils éprouvent jours et nuits [3]. »

1. PLAT., *Lach.*, IV, XIII, 112.
2. *Études d'histoire de la philosophie,* p. 48, Alcan, Paris, 1898.
3. I, VII, 205.

I

Socrate ne dialoguait pas à l'aventure. Sous la forme interrogative qu'il donnait à ses examens, se révèlent deux procédés principaux : l'un par lequel il s'élevait à la définition elle-même et qu'on appelle *induction;* l'autre par lequel il descendait de la définition soit à ses conséquences, soit à ses applications pratiques, et que l'on peut appeler *déduction.* C'est le premier de ces deux procédés qui l'emporte dans sa méthode; car son but dominant était, comme on l'a vu, d'arriver à « l'essence de chaque chose ». Mais le second ne lui est pas étranger non plus : il l'employait aussi, quand la nature de la question posée le demandait. Et l'on comprend qu'il ait eu mainte occasion d'y recourir. Car les concepts qui constituent la morale ont leur racine dans la métaphysique; ils y conduisent tout naturellement. De plus, pour un réformateur tel que Socrate, ces concepts ne pouvaient être simple affaire de raison pure. Son dessein arrêté était d'améliorer les mœurs d'Athènes. Et par conséquent, il ne devait pas lui suffire de montrer et de démontrer la règle; il devait aussi faire voir comment elle se rapporte à la conduite des individus.

L'induction, telle que Socrate l'a comprise, se présente sous des aspects très divers dans les dialogues qui nous sont parvenus : elle y semble méandreuse et multiforme comme la vie. Mais il est possible, je crois, d'en dégager les traits principaux.

Lorsque la conversation roulait sur une idée, Socrate, d'ordinaire, posait immédiatement la question de savoir « ce que c'est ». « Comment définir la sagesse? » disait-il à Euthydème... « Faut-il chercher de même la nature du bien[1]? » S'agissait-il au contraire d'un cas donné, avançait-on, par exemple, que « tel citoyen était plus sage, ou plus habile politique, ou plus courageux que celui dont il parlait, il ramenait alors la question à son principe »; il s'élevait du fait à l'idée supposée par le fait. « Tu dis, répondait-il, que l'homme dont tu fais l'éloge est meilleur que celui que je loue moi-même? — C'est ce que je soutiens. — Pourquoi donc ne pas examiner d'abord à quelles actions on reconnaît un bon citoyen[2]? » Et cette manière de généraliser le problème replaçait les auditeurs en face d'une définition à chercher; le τί ἐστι reparaissait comme l'objet auquel on devait appliquer toute son attention. C'était le thème inévitable.

La question ainsi posée, Socrate ne cherchait pas à la résoudre par l'intuition directe et rationnelle des choses, comme Aristote devait le faire plus tard; il s'emparait des opinions admises, des jugements ordinaires : il prenait pour point de départ la notion que l'on se faisait communément de l'objet à définir, persuadé que cette notion renfermait une âme de vérité et que le meilleur

---

1. XENOPH., *Mem.*, IV, 6, 7-8.
2. *Ibid.*, IV, 6, 13-14.

moyen de convaincre ses auditeurs était de commencer par l'admettre. « Homère, disait-il, a appelé Ulysse un orateur sûr de sa cause, parce qu'il savait déduire ses raisons des idées reçues chez tous les hommes [1]. »

La définition vulgaire, celle du sens commun, une fois établie, Socrate cherchait avec soin les différents cas où elle se trouvait réalisée. C'est alors qu'il parlait de forgerons, de corroyeurs, de charpentiers, de bouviers [2]; c'est alors que ses instincts de boutiquier se réveillaient et se donnaient libre carrière, au grand étonnement de ses disciples, jeunes gens riches et raffinés, qui ne comprenaient rien à pareilles bizarreries. Mais il fallait, disait-il, commencer par les petits mystères avant d'en venir aux grands [3]. De cette sorte d'enquête expérimentale résultait une série d'approximations croissantes, qui tendaient tantôt à préciser, tantôt à compléter l'idée plus ou moins confuse d'où l'on était parti. A ce point de vue, on peut dire que la méthode de Socrate a quelque analogie avec celle que l'on emploie dans les sciences physiques et biologiques. Sans doute, il n'observait pas les faits en eux-mêmes, au moins d'ordinaire; il les voyait surtout à travers les discours des hommes. Il ne les mettait pas non plus à la torture, pour en mieux discerner et la nature et les rapports. Mais il les cherchait déjà et les comparait entre eux

---

1. XENOPH., *Mem.*, IV, 6, 15.
2. *Ibid.*, I, 2, 37; — PLAT., *Banquet*, VII, xxxvii, 265.
3. PLAT., *Gorg.*, III, LII, 69; LI, 69('Ἀλλ' ἀεὶ τοιοῦτός ἐστι Σωκράτης, ὦ Γοργιά· σμικρὰ καὶ ὀλίγου ἄξια ἀνερωτᾷ καὶ ἐξελέγχει).

pour en tirer peu à peu, et comme par degrés, des notions à la fois plus compréhensives et plus exactes.

Recourons aux textes pour mettre cette interprétation dans tout son jour. Au quatrième livre des *Mémorables*, Socrate cherche quelle peut être la nature de la justice; et il débute par cette définition vulgaire, que lui donne Euthydème : la justice consiste à ne pas mentir, à ne pas tromper, à ne pas nuire aux autres, à ne pas réduire ses semblables en esclavage. Puis il reprend cette définition et lui fait subir, à la lumière de l'expérience, deux élaborations successives, dont chacune concourt à la tirer de son vague, à lui donner un surplus de rigueur. Il montre d'abord qu'il y a des cas où il est permis de mentir, et de tromper, et de causer du dommage, et de faire des esclaves. Un général, par exemple, ne commet rien d'illégitime, lorsqu'il ment au cours de la guerre et réussit à tromper une nation injuste et ennemie, lorsqu'il dévaste son territoire et démolit ses fortifications, lorsqu'il est assez heureux pour la réduire en servitude. Il faut donc retoucher la définition que l'on a choisie comme point de départ; car elle est trop large : ce sont les amis seulement auxquels il est injuste d'infliger les traitements dont parle Euthydème. Et cette retouche elle-même ne suffit pas; elle en requiert une autre. C'est ce que Socrate met en relief, à l'aide du même procédé, c'est-à-dire en réunissant de nouveaux faits. « Quoi donc ? dit-il, si un général, qui voit son armée dans le découragement, lui fait accroire que des alliés approchent et que par ce mensonge il donne du cœur à ses soldats, de quel côté placerons-nous cette tromperie? — Du côté de la Justice, me semble-t-il. — Je suppose un enfant qui a besoin d'un remède et qui refuse de le prendre; son père lui persuade que ce remède est un aliment et par cette ruse lui rend la santé : de quel côté mettrons-nous cette autre tromperie? — Avec la première, à mon sens. — Et maintenant, si l'on voit un ami dans le désespoir, et que, dans la crainte qu'il n'attente à ses jours, on lui vole ou arrache son épée ou quelque autre arme, de quel côté placer cette action? — encore du côté de la justice, par Jupiter [1]. » On peut donc, en certaines circonstances, ruser avec ses amis, les voler et même leur faire violence. Mais alors, quelle est donc la vraie définition de la justice? Cette définition, Socrate ne l'a pas donnée d'une manière formelle. Mais son argumentation y conduit à travers les deux stades qu'elle comprend. Est juste celui qui ne touche jamais aux droits de ses amis sans une raison légitime.

Le dialogue que l'on vient de voir montre comment Socrate précisait les notions communes; et l'entretien qu'il eut avec le peintre Parrhasius nous apprend comment il les complétait. Il convient d'abord avec l'artiste que la peinture est la représentation de ce que l'on voit, qu'elle imite avec des couleurs les enfoncements et les saillies, le clair et l'obscur, la mollesse et la dureté, le poli et la rudesse, la fraîcheur et la décrépitude. Puis il passe d'une manière inattendue à une idée d'un ordre tout différent :

---

1. Xenoph., *Mem.*, IV, 2, 14-18.

il établit, à l'aide d'une série d'exemples, que l'âme est ce qu'il y a de plus noble et de plus aimable dans un modèle, qu'elle traduit dans son organisme toutes les impressions qu'elle ressent, la fierté, l'orgueil, l'humilité, la modestie, la joie, la tristesse, la rusticité, la vivacité. Et de là une révélation subite, une définition à la fois plus haute et plus complète de la peinture. Cet art a pour objet le beau. Mais le beau n'est pas seulement l'harmonie des formes; c'est aussi et surtout la vie de l'âme humaine infiniment plus riche en activité que le corps où elle habite [1].

Socrate ne s'arrêtait pas au caractère commun que présente chaque espèce de phénomènes; il remontait jusqu'à la cause interne et permanente dont ce caractère est la manifestation. A son sens, on n'a pas encore trouvé la véritable essence de l'homme pieux, lorsqu'on a constaté que c'est celui qui se conforme aux lois du culte; on n'a pas découvert non plus le τί ἐστι de l'homme juste, lorsqu'on a fait voir que c'est celui qui pratique les lois de la justice. Celui-là seul est réellement pieux qui connaît les règles de la piété [2]; celui-là seul est réellement juste qui connaît les lois de la justice [3]. La science : voilà l'origine de tout bien ; voilà le principe de toute sagesse [4]. Lorsqu'on sait, on ne risque plus de se méprendre, on ne se trompe plus. En outre, par

---

1. XENOPH., *Mem.*, III, 10, 1-6.
2. *Ibid.*, IV, 6, 2-4.
3. *Ibid.*, IV, 6, 6.
4. *Ibid.*, IV, 6, 7.

le fait même qu'on sait, on a le vouloir efficace. Car on ne trouve pas d'hommes qui fassent autre chose que ce qu'ils croient véritablement utile ; on ne trouve « pas d'hommes qui fassent autre chose que ce qu'ils pensent devoir faire ».

On peut remarquer aussi que Socrate, dans ses dialogues, tendait à dépasser l'unité relative qu'enveloppe chacun de nos concepts. Après avoir groupé les différents phénomènes autour de leurs définitions respectives, il groupait ces définitions elles-mêmes autour d'une idée supérieure. C'est ainsi qu'on le voit ramener de proche en proche la notion du beau à celle du bien, la notion du bien à celle de l'utile et faire de l'utile lui-même un aspect de la loi de finalité, un cas de l'universelle Eurythmie de la nature. Socrate n'est pas arrivé à l'unité absolue ; mais il est certain qu'il a mis Platon, son disciple, sur la voie qui devait l'y conduire. La dialectique des « idées » a sa base d'élan dans la dialectique des « concepts ».

Telles sont les règles principales de l'induction de Socrate. Quant à sa déduction, on peut dire qu'elle revêt trois formes dominantes.

En premier lieu, Socrate infère du général aux cas particuliers qu'il comprend. Par exemple, il démontre d'abord à Lamproclès, son fils aîné, que la reconnaissance est un devoir naturel et que ce devoir concerne d'une manière plus spéciale la conduite des enfants à l'égard de leurs parents. Puis, la loi une fois mise en lumière, il l'applique à la conduite du jeune homme récalcitrant et lui prouve qu'il n'a aucune raison sérieuse de s'ériger en exception. « Mais, par Jupiter, réplique Lamproclès qui est sous le coup de l'émotion, ma mère me dit des choses qu'on ne se résoudrait pas à entendre au prix de la vie. — Et toi, répond Socrate, combien de peines insupportables ne lui as-tu pas causées depuis ton enfance, et le jour et la nuit, et par tes cris et par tes actions? Que de chagrins ne lui ont pas valus tes maladies?... Quoi! Cette mère qui t'aime, qui t'entoure de sa sollicitude à toute épreuve, au milieu de tes souffrances, qui ne néglige rien pour te rendre à la santé et te donner ce dont tu as besoin, qui demande aux dieux de te bénir et leur offre pour toi des vœux et des offrandes, tu la tiens pour impossible. Pour moi, je pense que, si tu ne peux supporter une telle mère, c'est que tu ne peux rien supporter de bon [1]. »

En second lieu, Socrate conclut du général aux éléments logiques qu'il enveloppe. C'est ainsi qu'il procède au quatrième livre des *Mémorables,* lorsqu'il essaie de montrer à Euthydème que, s'il veut s'engager dans la vie politique, il doit commencer par acquérir les connaissances que cette vie exige. Voici le fond du raisonnement qu'il tient à son jeune disciple en cette circonstance. Tous les arts s'apprennent. Ceux qui veulent jouer de la cithare ou de la flûte, ou monter à cheval, ou acquérir quelque autre aptitude, cherchent à y arriver par des exercices assidus, prennent pour juges de leurs

---

1. XENOPH., *Mem.*, II, 2, 8-10.

efforts les maîtres les plus renommés et endurent tout pour ne pas s'écarter de leurs principes. Or la politique est sans contredit l'art le plus difficile qu'il y ait au monde; la preuve, c'est que « beaucoup s'y essaient et que peu y réussissent ». « Il faut donc en politique une application plus grande et plus opiniâtre que partout ailleurs [1]. »

En troisième lieu, Socrate conclut du général aux conséquences métaphysiques qu'il suppose. L'un des échantillons les plus remarquables de ce processus logique, c'est la preuve de l'existence de Dieu par les causes finales. L'ordre, d'après Socrate, ne s'explique ni par le hasard, ni par la nécessité mécanique. Or l'ordre est un fait : il est répandu dans la nature entière et se révèle avec un éclat spécial dans l'organisme humain. Il faut donc qu'il y ait une intelligence souveraine qui ait coordonné le grand tout et lui conserve sa beauté. Entre l'ordre et la pensée, il y a une connexion essentielle, une exigence absolue; et c'est sur ce rapport rationnel que se fonde toute la théologie socratique [2].

Sans doute, ces différents modes de la déduction socratique n'ont pas encore un aspect très précis : ils ne se traduisent pas par des syllogismes en Bamalipton ou en Baroco. Mais ils sont suffisamment accusés pour qu'on les puisse reconnaître : ils sont comme la charpente des dialogues qui les enveloppent.

1. Xenoph., *Mem.*, IV, 2, 6-8; voir aussi I, 2, 9; III, 5, 21.
2. *Ibid.*, I, 4, 4 et sq.

La méthode socratique n'est pas purement rationnelle, comme on pourrait être tenté de le croire; elle suppose certaines dispositions d'ordre moral. Il faut se posséder soi-même pour bien dialoguer[1]. La recherche de la science ne réussit qu'à ceux qui ont la force de se maîtriser. Car la lumière du νοῦς ne se montre pas au milieu du tumulte des passions; elle n'apparaît qu'aux âmes pacifiées. Or, d'où peut venir cette maîtrise de soi? Ce n'est pas de la science elle-même, puisqu'elle est encore à faire, puisqu'elle n'est encore que possible. Il faut donc qu'il y ait à l'origine de la vie morale, antérieurement à la plénitude de la connaissance réfléchie et comme sa condition, une série d'efforts volontaires, l'amour pur du « bien et du beau » encore scientifiquement ignorés. Il est bon, de plus, qu'à cet amour de tête s'ajoute une sorte d'ardeur émotive et comme un élan du cœur vers la vérité morale. Et c'est de l'amitié surtout que naît cet attrait supérieur, ce charme à la fois doux et fort qui est un des facteurs de la vraie science. L'amitié, en effet, exerce sur les âmes une influence toute contraire à celle qui résulte de l'amour physique. Elle les grandit, au lieu de les avilir; elle produit une émulation généreuse, qui leur inspire de nobles sentiments et de nobles actions[2]. « O Nicératus, vois comment Achille nous est représenté dans Homère : s'il venge la mort de Patrocle, ce n'est point

---

1. Xenoph., *Mem.*, IV, 6, 11 : Ἀλλὰ τοῖς ἐγκρατέσι μόνοις ἔξεστι σκοπεῖν τὰ κράτιστα τῶν πραγμάτων.

2. Xenoph., *Banquet*, VIII, 10.

comme celle d'un amant, mais comme celle d'un ami. Oreste et Pilade, Thésée et Pirithoüs et nombre d'autres demi-dieux ne sont célébrés... que parce que, s'admirant l'un l'autre, ils ont accompli ensemble les plus grands et les plus beaux exploits[1]. » L'amour des âmes est donc utile au sage, autant que l'amour des corps lui est funeste. Mais, d'autre part, il ne faut point que l'exaltation qui en résulte tourne à la passion, soit poussé jusqu'au délire. Car le délire, c'est l'abandon de soi-même; le délire, c'est l'esclavage. Or le premier devoir de l'homme consiste à savoir ce qu'il fait, à rester maître de ses pensées et par là même de ses actes. Le « connais-toi toi-même » ne peut souffrir d'exception : il est la première et la plus inviolable des lois; tout le reste en dépend.

Voilà, je crois, ce que l'on peut dire de plus saillant au sujet de la méthode socratique. On en connaît maintenant le but, la forme, le fond logique et l'esprit. Reste à savoir ce qu'elle vaut et quelle influence elle a exercée sur le développement de l'esprit humain.

Ce qui frappe tout d'abord, c'est qu'elle reste inachevée : elle a des lacunes et les contours n'en sont pas suffisamment arrêtés. Socrate cherche des concepts; mais il ne

---

1. Xénoph., *Banquet*, VIII, 31.

se demande point quel est le rapport de ces formes de l'esprit avec la réalité : il ne paraît pas avoir soupçonné le grand problème, le problème fondamental de l'harmonie de la pensée avec les choses. Socrate se fonde sur des synthèses rationnelles ; mais il ne se pose pas la question de savoir comment nos idées s'emboîtent les unes dans les autres, quelle est la nature du point d'attache en vertu duquel elles s'évoquent mutuellement sous le regard de la conscience. Et c'est de là cependant que dépend toute la valeur de notre savoir. De plus, l'induction et la déduction, au point où Socrate les a laissées, ne sont encore que des ébauches où la spontanéité du logicien tient presque autant de place que la théorie. Enfin, ses divers procédés ne peuvent guère avoir d'efficacité qu'en morale. Dans les recherches d'ordre moral, en effet, il est assez naturel de partir de l'idée, au lieu de partir du fait : c'est lui qui est en question. « Aristide ne m'est pas donné comme vertueux : je me demande si je dois le déclarer tel. La conduite que je dois tenir pour observer la piété ne m'est pas donnée : elle est à venir, elle n'est que possible. Et comment la déterminer, si ce n'est en partant de l'idée générale de la piété[1] ? » Dans les sciences de la nature, la marche est inverse. On s'élève du particulier au général, des manifestations de l'être aux lois qui les régissent : c'est par les faits que l'on commence. De plus, ces faits, dont tout le reste dérive, qui sont

---

1. E. BOUTROUX, *Études d'histoire de la philosophie*, p. 56.

plutôt la matière que l'objet des sciences physiques, on ne les étudie pas à travers les discours des hommes, on ne se préoccupe pas de déterminer la notion que le vulgaire peut en avoir. On a recours pour les connaître à l'observation directe. Le savant ne se fie qu'à ses yeux : il veut constater par lui-même. Enfin, les faits une fois donnés, le savant les traite moins par l'analyse rationnelle que par une sorte d'analyse physique. Il leur impose toute une série d'épreuves pratiques qui lui suggèrent des hypothèses qui à leur tour lui suggèrent d'autres épreuves de même nature et d'une précision croissante. Et il continue cette chasse à l'inconnu jusqu'à ce qu'il découvre soit une loi, soit une explication problématique qui semble ne pouvoir être dépassée. La méthode de Socrate n'est donc pas appropriée de tous points aux sciences expérimentales proprement dites; et il paraît s'en être aperçu, car il se borne presque toujours aux questions qui concernent l'éthique. De temps à autre, il jette un regard curieux sur les phénomènes du monde matériel. Mais il ne s'y appesantit pas et se met derechef à raisonner « du bien et du beau ».

Malgré ces défauts qui sont très naturels, vu le temps où vivait Socrate, sa méthode n'en a pas moins été le commencement d'une ère nouvelle.

D'abord, il est le premier qui ait eu l'idée de procéder d'après des règles définies d'avance; et cette découverte est d'une portée considérable : elle symbolise la prise de possession de la pensée grecque par elle-même. Héraclite,

Parménide, Démocrite, tous les vieux chercheurs se sont tournés d'emblée à l'étude de la nature, suivant en cela la même tendance que les poètes des premiers âges : leur esprit s'est bandé aux objets et avec tant de force qu'il s'y est oublié lui-même. De là leur manque de psychologie; de là leur confiance aussi absolue que naïve dans la raison dont ils ignoraient les lois et la portée. Avec Socrate, tout se modifie : c'est l'étude du sujet qui prend la première place. Les rôles sont changés. On passe du dehors au dedans, de la recherche instinctive à la recherche réfléchie, et par là même du point de vue dogmatique au point de vue critique. En outre, la théorie des concepts a clos la période des négations et préparé la découverte d'un dogmatisme nouveau, à la fois plus large et plus profond. Depuis longtemps déjà, dominaient deux grandes théories que l'on regardait comme absolument irréconciliables : ceux-ci ne voyaient que l'*un* et niaient le *plusieurs;* ceux-là ne voyaient que le *plusieurs* et niaient l'*un;* et cet exclusivisme s'était traduit à la longue par un doute radical dont on ne savait comment sortir et qui aboutissait aux doctrines morales les plus brutales et les plus dangereuses. Socrate est venu démontrer que l'*un* et le *plusieurs* sont deux aspects de la réalité qui peuvent se réunir dans un point de vue supérieur. Que l'on cesse, est-il venu dire, de s'en tenir systématiquement à un seul côté des choses; qu'on s'efforce de les tourner et retourner; qu'on apprenne à les envisager sous leurs faces diverses : et l'harmonie fera place à la contradiction.

Le moyen de fonder le savoir, c'est de le rendre plus compréhensif. Et ce langage n'a pas été stérile : il a provoqué et « la science » de Platon et celle d'Aristote.

CHAPITRE VI

ÉTHIQUE

Ce serait se méprendre que de chercher dans la philosophie de Socrate un idéal de vie complet. Il s'en est tenu, même en morale, à son rôle de semeur d'idées. Mais on peut dire qu'il a dialogué sur toutes les questions fondamentales de l'éthique. Il a parlé tour à tour du bonheur, du bien, du beau, de la vertu, du devoir, de la vie individuelle, de la famille et de l'État; et, sur chacun de ces sujets, il a laissé des conceptions originales, qui, une fois disposées dans leur suite naturelle, forment comme la base d'un vaste et puissant système.

I

D'après Socrate, l'idée dont il faut partir en morale est celle de bonheur. Le bonheur, voilà l'objet vers lequel s'orientent toutes les tendances de notre être et qui les satisfait toutes; voilà le terme qui, une fois atteint, n'en appelle plus un autre, « le terme qui se suffit ». « Tout le but de l'homme est d'être heureux, » dit Bossuet dans la première de ses *Méditations sur les Évangiles*. C'est aussi la pensée que Socrate exprime à plusieurs reprises et sous différentes formes. Celui-là est un bon chef d'État, qui s'efforce de diminuer autour de lui les sources de la souffrance et d'ouvrir de nouvelles sources de joie. Celui-là est un bon général, qui fait la guerre pour valoir à ses concitoyens un surcroît de bonheur. Car « c'est dans l'intention d'obtenir un tel résultat qu'ils l'ont élu » : les hommes ne combattent que pour s'assurer une vie plus pleine, plus harmonieuse, et par là même plus heureuse[1]. Ainsi l'entendait Homère, lorsqu'il disait d'Agamemnon qu'il était à la fois « bon roi et vaillant guerrier ». Il le louait d'avoir travaillé par l'art du gouvernement et la puissance des armes à la félicité de ses sujets; il le louait d'avoir été le père de son peuple. La fin de toute autorité, politique ou militaire, c'est de faire que les individus qui lui obéissent deviennent plus heureux. Et pourquoi? Parce que la fin des individus eux-mêmes, c'est le bonheur[2].

Chaque homme sent que tout est là; et ce sentiment a des racines si profondes dans notre âme, qu'aucune discussion logique ne réussit à l'ébranler. Il nous vient tout droit de la nature; et rien n'est assez puissant ni pour le faire dévier ni pour en diminuer la force. On peut se demander si le plaisir, la joie et les autres choses

---

1. Xenoph., *Mem.*, III, 2, 1.
2. *Ibid.*, III, 2, 2-4.

de ce genre sont véritablement désirables; car elles
« nous sont tantôt utiles et tantôt nuisibles ». On peut
poser une question analogue même au sujet de la sagesse[1]. Car supposé que quelqu'un ait en partage toute
l'intelligence et toute la mémoire que l'on peut avoir,
mais qu'il n'en ressente aucune jouissance, ni grande,
ni petite, quel profit trouverait-il à pareil état moral ?
Pourquoi lui semblerait-il digne d'envie ? C'est un problème aussi de savoir en quoi consiste le bonheur[2]. Mais
que le bonheur lui-même soit réellement désirable, personne ne songe à le révoquer en doute. Et personne
non plus ne conteste qu'il nous apparaisse comme la
dernière limite, où vient s'arrêter l'élan de chacun de
nos désirs. Nous voulons être heureux, nous ne voulons
que cela, nous voulons tout pour cela. « Eh bien....
Socrate, demande Diotime dans le *Banquet* de Platon,
celui qui aime ce qui est bon, que veut-il ? — Il veut se
l'approprier. — Et s'il se l'approprie, que lui advien-
dra-t-il ? — Cette fois, reprend Socrate, la réponse me
paraît plus facile : il deviendra heureux. — Bien, réplique la Mantinéenne, c'est par la possession des bonnes
choses que les heureux sont heureux. Et il n'est plus
besoin de demander en outre pourquoi celui qui veut
être heureux veut l'être. Ta réponse me paraît clore la
question. — C'est vrai, Diotime[3]. »

1. XENOPH., *Mem.*, IV, 2, 31-33.
2. *Ibid.*, IV, 2, 34.
3. VII, XXIV, 241-242. Platon, à cet endroit du dialogue, n'a pas encore dépassé la théorie de Socrate : il y parle du « bien et du beau »
comme se réduisant à « l'utile ». C'est plus loin seulement qu'il continue

Le bonheur, d'après Socrate, est le but suprême de la vie; et, sur ce point fondamental, il s'accorde avec tous les philosophes de l'antiquité, même avec les Stoïciens. Mais qu'entend-il par bonheur? Est-ce le plaisir? Nullement, et personne n'a combattu plus fortement que lui contre cette sorte d'identification sacrilège qu'Aristippe essayait déjà de faire à ses côtés[1]. Le mot εὐδαιμονία et le mot ἡδονή désignent, pour Socrate, deux choses très distinctes et souvent opposées l'une à l'autre. Le plaisir nous laisse toujours indigents et par là même inquiets. A peine l'avons-nous cueilli, que nous voulons autre chose : il nous affame bien plus qu'il ne nous alimente. Le bonheur emplit l'âme et fait que nous ne désirons plus rien au delà de lui-même : c'est comme la rive où vient mourir tout le tumulte de nos émotions. Le plaisir tend à la douleur en vertu de sa fougue naturelle; il dégénère en dégoût; il traîne à sa suite tout un cortège de maux qu'il nous empêche de prévoir[2]. Le bonheur est toujours pur; et, parce qu'il a pour règle la raison, il ne détruit ni en nous, ni dans les autres, l'équilibre de la vie dont il est l'effet. Le bonheur est un contentement durable, qui, sorti du fond de l'entendement, envahit notre être tout entier, en pourchasse tous les états contraires, ou du moins les ramène à de telles pro-

---

la théorie de son maître par la sienne. D'ailleurs, Platon a du bonheur, considéré comme but unique de la vie morale, la même idée que Socrate. On peut en juger par le *Philèbe* (III, x, 142; x-xi, 143).

1. XENOPH., *Mem.*, II, 1.
2. XENOPH., *Œc.* I, 2θ (Λύπαι ἄρα ἡδοναῖς... περιπεπεμμέναι); I, 19 fin; *Mem.*, II, 1, 4.

portions qu'ils ne comptent plus pour rien. Au seuil du bonheur s'arrête l'influence troublante des deuils, des gémissements et des larmes. C'est en Dieu qu'il en faut chercher l'idéal [1].

Du moment que le bonheur n'est plus une synthèse mobile de plaisirs bruts; du moment qu'il passe aux ordres de l'intelligence dont le propre est de tout voir sous la forme de l'universel, il se révèle à l'individu non seulement comme son but à lui, mais encore comme celui des autres. Il s'élève à la hauteur d'un concept et prend une valeur en soi, qui est identique pour tous les hommes. De plus, et par là même, cette valeur se gradue d'après l'importance numérique des groupes naturels qui se forment pour le chercher de concert. Le bonheur de la famille est plus désirable que celui de l'individu, considéré comme tel; et le bonheur de la société plus désirable que celui de la famille. Car le bonheur de toute collectivité est une somme de bonheurs; et une somme est d'autant supérieure à chacune de ses unités, que ces unités sont plus nombreuses. Et de là découle une définition plus précise du but vers lequel doivent tendre nos désirs : ce qu'il faut chercher avant tout, ce qui constitue la fin dominante de l'être qui raisonne, ce n'est point le bonheur de l'agent; c'est celui de l'ensemble. Le bonheur de l'agent ne vient qu'en seconde ligne et dans la mesure fixée par les exigences de l'intérêt généra

---

1. Xenoph., *Mem.*, I, 6, 8-10.

Telle est la logique des choses; et cette logique est aussi celle de Socrate.

Il fondait de grandes espérances sur les jeunes gens bien doués qui s'efforçaient d'apprendre quelle est la meilleure manière de tirer parti des hommes et des choses; « car il pensait que des hommes ainsi formés seraient capables, non seulement d'assurer leur propre bonheur et de bien administrer leur maison, mais aussi de rendre heureux d'autres hommes et de faire prospérer des États »[1]. Il redoutait, au contraire, les jeunes gens qui avaient un riche naturel, mais qui ne se souciaient ni de leur instruction ni de leur éducation; parce qu'il craignait que, loin de se rendre utiles, ils ne devinssent pour les leurs et pour la cité « la cause d'une infinité de maux »[2]. Il donnait à ses disciples des conseils touchant l'économie : il leur apprenait, dans la mesure de ses forces, comment on gère un domaine, comment un mari doit se conduire à l'égard de son épouse, et un père de famille à l'égard de ses enfants[3]. Et, lorsqu'il ne se sentait plus compétent, il les renvoyait à des maî-

---

1. Xenoph., *Mem.*, IV, 1, 2.
2. *Ibid.*, IV, 1, 3-4.
3. *Ibid.*, IV, 1, 2; *Œc.*, III-X. On peut objecter, il est vrai, que cet ouvrage contient plutôt les idées de Xénophon que celles de son Maître. M. G. Sorel l'a démontré assez fortement dans son *Procès de Socrate* (p. 375 et sq.). Mais il y aurait, je crois, de l'exagération à penser que l'*Économie* ne nous révèle pas l'esprit et l'une des préoccupations favorites de Socrate. On est même fondé à dire que certains passages de l'*Économie* nous donnent la doctrine même de Socrate. Par exemple, Xénophon commence ce livre en disant : ἤκουσα δέ ποτε αὐτοῦ καὶ περὶ οἰκονομίας τοιάδε διαλεγομένου.

tres plus instruits pour leur faire apprendre ce que lui-même connaissait moins bien [1]. L'un de ses projets les plus chers était de former une aristocratie intellectuelle qui pût mettre la main aux affaires de la cité ; il voulait substituer à la politique du hasard la science de la politique, persuadé que tous les maux d'Athènes venaient de l'incapacité de ses chefs : « Ne vois-tu pas, disait-il au jeune Périclès, que personne ne tente de commander aux joueurs de luth, aux chanteurs, aux danseurs, aux athlètes, sans avoir la connaissance voulue pour les conduire ? Tous ceux qui président à de tels exercices sont à même de montrer où ils ont appris les principes de leur art ; quant aux généraux, la plupart d'entre eux sont improvisés » ; il en va de même pour les autres dépositaires de l'autorité [2]. « Et je crains toujours qu'un pareil abus n'attire sur la ville des épreuves qui soient au-dessus de ses forces [3]. » Non seulement Socrate répandait autour de lui les idées qui lui paraissaient utiles à la restauration de l'État ; mais encore il poussait à la politique ceux qui lui semblaient nés pour commander [4] ; il en éloignait ceux qu'il jugeait ne pas avoir ce don [5] ; il mettait à l'épreuve de son impitoyable dialectique les sophistes qui enseignaient, comme Antiphon et Aristippe de Cyrène, que l'idéal de la vie est de renoncer tout ensemble aux embarras de la politique et de la famille pour ne plus

---

1. Xenoph., *Mem.*, IV, 7, 1 ; *Œc.*, III, 14 ; — Plat., *Theæt.*, I, vii, 205.
2. Xenoph., *Mem.*, iii, 5, 21.
3. *Ibid.*, III, 5, 17.
4. *Ibid.*, III, 7.
5. *Ibid.*, III, 6.

songer qu'à soi-même [1]. Cet hédonisme cynique révoltait sa grande âme, toute faite de justice et de bonté ; il n'y avait rien qui fût plus contraire à sa manière de sentir et de comprendre les choses : ils étaient des bêtes, à ses yeux, et non des hommes, ceux qui n'avaient pas d'autre règle de conduite [2]. Socrate, d'ailleurs, ne s'en tenait pas à la théorie. On le vit toujours obéir scrupuleusement aux lois de la République; combattre, quand il le fallait, avec l'intrépidité d'un héros ; et revenir ensuite à son rôle de philosophe moralisateur. Son unique préoccupation était de rendre ses concitoyens « meilleurs et plus heureux ».

Mais, si le bonheur de l'individu doit se subordonner à celui du tout, ne faut-il pas qu'il en soit diminué et que même, en certaines circonstances, il soit totalement sacrifié? Peut-être, répondait Socrate. Mais le parti le plus sage est encore de travailler à ce que la ville où l'on habite, soit puissante et libre. Car, si loin qu'on aille chercher un refuge, on ne peut s'éloigner de la société des hommes. Or, partout où il y a des hommes, « les plus forts s'entendent toujours à faire pleurer les plus faibles », ceux qui ne sont pas unis dans le but de leur commune défense. Et il faisait la description de l'Attique que dévastaient alors les Spartiates, dont ils incendiaient les villes, abattaient les arbres et cou-

---

1. XENOPH.. *Mem.*, I, 6; II, 1.
2. *Ibid.*, IV, 5, 11.

paient les moissons[1]. La réplique était frappante ; et il en résulte une nouvelle approximation de la notion du bonheur individuel. Il faut ou qu'il ne soit pas complet, ou que, s'il l'est, il consiste surtout dans la conscience du devoir accompli.

II

Si le bonheur est notre fin suprême, c'est aussi par le bonheur que tout le reste vaut : il ne faut plus se demander si les choses, considérées du point de vue moral, ont une excellence interne, indépendante de notre sensibilité ; il ne faut plus chercher si elles forment une hiérarchie de perfections absolues, qui s'imposent par elles-mêmes à notre respect ; car il ne peut plus rien exister de tel. Le bien, pour nous, c'est ce qui concourt à notre bonheur ; le bien, pour nous, c'est l'utile. Et Socrate admet pleinement cette conséquence du principe qu'il a posé.

« Me demandes-tu, répond-il à Aristippe, si je connais quelque chose de bon pour la fièvre ? — Non, certes. — Pour les maux d'yeux ? — Pas davantage. — Pour la faim ? — Non plus. — Mais alors, tu veux peut-être savoir si je connais quelque chose de bon qui ne soit bon à rien ; et, dans ce cas, je puis te dire que je ne connais rien de semblable et que je n'ai nul besoin de le connaître[2]. » Ainsi parle Socrate, et il tire un peu plus loin la con-

---

1. Xenoph., *Mem.*, II, 1, 12-13.
2. *Ibid.*, III, 8, 3.

clusion qu'entraîne sa spirituelle réplique : c'est qu'une même chose peut être à la fois bonne et mauvaise; « car ce qui est bon pour la faim est souvent mauvais pour la fièvre, et ce qui est bon pour la fièvre, mauvais pour la faim... Chaque chose est bonne... pour l'usage auquel elle convient, et mauvaise... pour l'usage auquel elle ne convient pas »[1]. Socrate nie donc clairement qu'il y ait un bien en soi : le bien, sous sa forme générale, lui apparaît comme un simple rapport d'adaptation. De plus, une fois en possession d'un tel concept, il l'applique à la vie humaine et déduit que le bien pour nous est ce qui sert à l'œuvre du bonheur. « Le bien, dit-il, c'est ce qui est utile aux hommes. » Et qu'est-ce qui est utile aux hommes? « ce qui peut leur procurer une vie agréable et sans douleur », rien de plus[2]. Socrate, en certains endroits, semble même pousser jusqu'à l'excès la relativité qu'il attribue au bien moral. Il va jusqu'à soutenir que « ce qui est utile aux uns est nuisible aux autres », et que par là même ce qui est bon pour celui-ci est mauvais pour celui-là[3]. Et il faut alors se rappeler avec quel soin il étaie sur le fond même de notre nature les principales règles de la vie morale, si l'on ne veut pas croire qu'à son gré, le bien est aussi variable que les affections du goût et de l'odorat.

La notion d'utilité n'est qu'une sorte de cadre vide.

---

1. Xenoph., *Mem.*, III, 8, 7.
2. Plat., *Protag.*, II, xxi, 156; II, xxxviii, 189-190; — Xenoph., *Mem.*, IV, 2, 5.
3. Xenoph., *Mem.*, IV, 6, 8

Ce cadre une fois ouvert, Socrate s'efforce de le remplir. Après avoir tout réduit à l'utile, il essaie de déterminer quelles sont les choses qui méritent ce nom. Et là commence une analyse d'ordre à la fois psychologique et moral, d'où se dégage une série de biens de plus en plus parfaits.

Les biens extérieurs, que le vulgaire recherche avec tant d'empressement, n'ont qu'une valeur accidentelle; car ils sont plutôt nuisibles qu'utiles [1].

Ce n'est pas qu'il faille renoncer totalement aux jouissances dont ils sont la source. Il n'est pas défendu de prendre place dans un banquet et d'y boire avec ses amis un peu plus que de coutume. Le tout est de faire en sorte que la lucidité de l'esprit n'en souffre pas. Et, sur ce point, Socrate joignait l'exemple à la théorie. Il était capable de vider de larges coupes pendant une nuit tout entière et de se lever, aux premiers rayons du jour, pour aller comme d'habitude vaquer à ses occupations [2] : il buvait tant qu'il voulait [3]. On peut également jouir, à l'occasion, des beautés de la nature et goûter l'émotion esthétique que l'on éprouve à la vue d'un corps bien fait. « Par Junon, dit Socrate dans le *Phèdre*, quel charmant lieu de repos! ce platane est large et élevé. Cet Agnus a des rameaux élancés et un bel ombrage ; on dirait qu'il est là tout en fleur pour embaumer la région. Elle est gracieuse aussi, la source qui coule sous ce pla-

---

1. Xenoph., *Mem.*, IV, 2, 32.
2. Plat., *Banquet*, fin ; — Xenoph., *Banquet*, fin.
3. Plat., *Banquet*, XII, iv, 203.

tane et dont nos pieds attestent la fraîcheur; elle pourrait bien être consacrée à quelque nymphe ou bien au fleuve Acheloüs, si l'on en juge par ces figures et ces statues. Goûte un peu l'air que l'on respire ici : est-il rien de si agréable et de si doux? comme il sent l'été, comme il est harmonieux, le chant des cigales! J'aime surtout ce gazon touffu qui nous permet de nous étendre et de reposer mollement notre tête sur ce terrain légèrement incliné. Tu ne pouvais mieux me conduire, ô mon cher Phèdre[1]. » « J'étais à sa droite, assis à côté de son lit sur un petit siège, rapporte Phédon dans le dialogue qui porte ce nom; et lui, il était assis beaucoup plus haut que moi. Me passant donc la main sur la tête et prenant mes cheveux qui tombaient sur mes épaules (c'était sa coutume, en toute occasion, de jouer avec mes cheveux) : Demain, dit-il, tu feras couper cette belle chevelure, n'est-ce pas[2]? »

Socrate ne bannit pas la beauté du temple du bonheur. Il ne trouve pas non plus qu'il en faille rejeter absolument et pour jamais la richesse, les honneurs et la gloire; car il ne cherche point la privation pour elle-même; et l'ascétisme, au sens rigoureux du mot, ne lui dit rien. Bien plus, il veut que l'on ne néglige point son propre corps; car c'est de la santé que dépend l'heureux exercice des fonctions physiques et même celui des fonctions intellectuelles[3]. Il demande aussi que

---

1. PLAT., *Phædr.*, VIII, v, 5.
2. PLAT., *Phædo*, I, XXXVIII, 124.
3. XENOPH., *Mem.*, III, 12, 5-6.

chaque citoyen travaille dans la mesure de ses forces à rendre sa maison plus prospère et sa ville plus riche et plus puissante [1].

Mais si l'on peut se servir des biens extérieurs, il faut se garder de s'y asservir : il ne faut point y mettre son bonheur. Santé, vigueur et beauté du corps, richesses, puissance et réputation : autant de choses qui sont essentiellement précaires; autant de choses que nous possédons aujourd'hui et que demain peut-être nous n'aurons plus. Il se trouve donc sur une voie dangereuse, celui dont le cœur vit à la remorque des plaisirs qu'elles procurent : il s'expose à devenir le plus malheureux des hommes pour avoir engouffré sa puissance de jouir en ce qui ne dépend pas de son effort personnel [2]. Un inconvénient plus grave encore, c'est que les biens extérieurs tendent de leur nature à rompre l'harmonie de nos penchants : ils déchaînent toutes les passions et nous donnent autant de tyrans impitoyables dont l'œuvre destructive ne fait que grandir avec le temps [3]. L'instinct de la conservation engendre à la fois la mollesse, la gourmandise, l'ivrognerie, la lubricité; et de ces maux eux-mêmes résultent l'énervement du corps, la ruine de l'âme, et cette poltronnerie trop connue qui conduit les peuples à l'esclavage [4]. Le plaisir que procure la beauté dégénère en amour unisexuel. Et cet odieux commerce

---

[1]. Xenoph., *Mem.*, III, 12, 4; III, 6, 2-6; III, 5, 13-17; IV, 1, 2.
[2]. *Ibid.*, IV, 2, 34-35; II, 7 (histoire d'Aristarque réduit subitement à la misère par l'invasion des Spartiates).
[3]. Xenoph., *Œc.*, I, 23.
[4]. *Ibid.*, I, 19; *Mem.*, I, 6, 9.

ne tourne pas seulement à la honte de l'amant et de l'objet aimé[1], mais encore il mène par la jalousie qu'il excite jusqu'aux actions les plus criminelles. Les richesses produisent le luxe et la corruption raffinée qui l'accompagne[2]. De plus, elles provoquent, chez celui qui les possède, une insatiable rapacité qui en fait le plus besogneux des pauvres[3] et devient pour lui la plus perverse des conseillères. « Nombre de particuliers qui ont une grande fortune, supportent tous les travaux, affrontent tous les dangers pour acquérir encore. » « Et l'on voit des tyrans qui ruinent des familles entières, égorgent des millions d'hommes, et vont jusqu'à réduire des villes en esclavage pour en accaparer les trésors[4]. » Le désir du pouvoir et des honneurs inspire la présomption; et ce vice, de son côté, donne à l'État des généraux incapables et des démagogues effrontés qui ne peuvent que le perdre en se perdant eux-mêmes[5]. Tout marche à la dérive, dès que l'on ne fait plus qu'obéir aux séductions de la vie : tout se disloque et dans l'individu et dans la famille et dans l'État.

Quels remèdes apporter à tant de maux? L'indépendance, tout d'abord (ἐλευθερία)[6]. Il faut s'élever de l'état d'esclave à l'état de maître : le premier devoir est de

---

1. Xenoph., *Banquet*, VIII, 23; VIII, 18.
2. Xenoph., *Œc.*, I, 2, 20.
3. *Ibid.*, II, 2 (σὺ μέντοι γε, ὦ Κριτόβουλε, πάνυ μοι δοκεῖς πένεσθαι...); *Banquet*, IV, 34-35; *Mem.*, IV, 2, 37-38.
4. Xenoph., *Banquet*, IV, 35-36.
5. Xenoph., *Mem.*, I, 7, 3-4; IV, 2, 1-12.
6. *Ibid.*, IV, 5, 2.

s'affranchir. Le sage s'exerce chaque jour à supporter le chaud et le froid, la faim et la soif, l'insomnie et la fatigue; il combat la mollesse par le travail et la gymnastique; il résiste aux désirs que lui suggère l'amour[1]; il apprend de plus en plus « à se contenter de peu, persuadé que la divinité n'a besoin de rien et que moins on a de besoins, plus on se rapproche d'elle »[2]. Il tient à cœur de refuser et les charges et les honneurs qu'il ne se sent pas capable de supporter avec dignité[3]. Grâce à cette discipline intérieure, il rend sa sensibilité de plus en plus malléable; il finit à la longue par la gouverner comme il l'entend. Et cette royauté de l'intelligence une fois conquise, le principal est gagné pour lui : il a résolu en partie le problème de la plus grande jouissance et de la moindre douleur. Ses passions sont-elles privées de leurs objets connaturels, elles n'ont plus de révolte; il ne souffre point du vide qui s'y produit et goûte en même temps une joie d'ordre supérieur qui lui vient du sentiment de sa force morale[4]. Au contraire, se voit-il en mesure de contenter ses désirs, il le peut, s'il le juge bon, et trouve à les satisfaire un plaisir d'autant plus grand que le jeûne a été plus long[5]. C'est d'après ce principe de rédemption morale que se conduisait Socrate : il en était comme une vivante incarnation. « Personne ne savait se maîtriser comme lui dans

1. Xenoph., *Mem.*, IV, 5, 9.
2. *Ibid.*, I, 6, 10.
3. *Ibid.*, I, 7, 5.
4. *Ibid.*, I, 6, 8.
5. *Ibid.*, IV, 6, 9.

les plaisirs de la table et des sens; personne n'endurait avec autant de force le froid, le chaud et les fatigues de toutes sortes[1]. » « Il était si frugal qu'il serait, je crois, impossible de travailler assez peu pour ne pas acquérir ce dont il se contentait. » « Il avait façonné son âme et son corps à un tel régime qu'en l'acceptant, sauf une intervention d'en haut, on serait sûr de vivre en toute sécurité, sans jamais craindre de ne pouvoir se suffire à soi-même[2]. » Et le but que se proposait Socrate en s'appliquant cette austère thérapeutique, ce n'était point d'éteindre le désir, comme le Bouddha l'a voulu faire; c'était de le rendre assez docile pour en tirer la plus grande somme de plaisirs possible.

Il ne suffit pas, pour réaliser le bonheur, que l'on puisse à son gré brider ou débrider ses appétits : il faut encore savoir en user à propos et dans une mesure déterminée qu'indique la raison. Livrés à leur propre spontanéité, nos désirs sont aveugles[3]; et par là même, ils risquent de se manifester à contre-temps. De plus, ils sont de la catégorie « de l'indéfini », comme le dira Platon formulant d'une façon plus précise la pensée de son maître; et, par là même, ils risquent de pécher par manque ou par excès. La raison, au contraire, ne se confine pas au présent; elle enveloppe dans son regard le passé et l'avenir : ce qui lui permet de tirer de la sensibilité le meilleur parti possible, soit pour l'indi-

---

1. Xénoph., *Mem.*, I, 2, 1.
2. *Ibid.*, I, 3, 5; v. aussi I, 5, 6; I, 6, 6-7.
3. Xénoph., *Banquet*, I, 18, 21.

vidu, soit pour l'ensemble[1]. Et de là un ajustement de nos passions qui en fait autant de vertus, qui supprime les maux dont elles sont la cause pour les convertir en sources de joies pures et durables. Les plaisirs d'Aphrodite tendent par eux-mêmes à la lubricité. Mais qu'on vienne à les modérer d'après les vues de la raison; et l'on a la continence qui nous conserve à la fois la vigueur du corps, la noblesse de l'âme et la liberté de nous rendre utiles à autrui[2]. Le désir de la richesse et celui des honneurs deviennent de la rapacité et de la présomption. Mais que l'on fasse intervenir la raison dans le jeu de ces instincts, et l'on obtient l'une des formes de la justice. Or la justice ne nous empêche pas seulement de nuire aux autres; mais encore elle nous vaut l'estime des meilleurs de nos semblables, les soumet à notre influence morale et nous procure la possibilité de leur rendre les plus grands services[3]. L'amour de soi dégénère naturellement en égoïsme, mais il trouve dans la raison la règle qu'il n'a pas en lui-même. Nous constatons, à la lumière de la réflexion, que le bonheur des autres hommes vaut le nôtre, qu'il existe une sorte de réversibilité sociale en vertu de laquelle le bien fait au tout retourne à ses composantes. Et nous comprenons alors que c'est mal s'aimer soi-même que de s'aimer tout seul. Le sentiment de la solidarité nous élève

---

1. XENOPH., *Mem.*, IV, 5, 11 (Ἀλλὰ τοῖς ἐγκρατέσι μόνοις ἔξεστι σκοπεῖν τὰ κράτιστα τῶν πραγμάτων, καὶ ἔργῳ καὶ λόγῳ διαλέγοντας κατὰ γένη τὰ μὲν ἀγαθὰ προαιρεῖσθαι, τῶν τε κακῶν ἀπέχεσθαι).
2. XENOPH., *Œc.*, I, 23; *Mem.*, II, 1, 3-20.
3. XENOPH., *Mem.*, II, 1, 19.

jusqu'au concept de la bonté. Ainsi, les clartés de la raison, en pénétrant dans la forêt vierge de nos tendances, nous révèlent la possibilité de les harmoniser entre elles et avec leur but commun [1]. Le νοῦς ajoute à la maîtrise de soi la vue de l'ordre qui lui sert de loi. Et c'est là le principe dominant de la « félicité ».

Il est une autre tâche qui peut s'imposer aux amants de la sagesse. L'homme qui vit esclave de sa sensibilité, va loin dans la voie de la corruption. Il en arrive parfois à faire dévier ses appétits, à les déprendre de leur objet naturel pour leur en donner un autre qui devient une cause nouvelle de dépravation. Et, lorsque ce cas se produit, il ne suffit plus de régler l'exercice de l'activité ; il faut la redresser : besoin s'impose alors de lui rendre son orientation primitive et de l'y affermir le plus possible. Rien de naturel à l'homme comme l'amitié ; rien de bon et de beau, rien d'utile comme l'union de deux âmes, qui sont mutuellement éprises de leur beauté et qui, pour se plaire l'une à l'autre, rivalisent sans cesse d'ardeur pour la vertu : elles en deviennent plus heureuses et plus généreuses ; elles s'y élèvent à la hauteur des plus grands exploits. Mais, remarque Socrate, ces nobles liaisons se sont converties en un commerce honteux. Il y a deux Vénus : la Vénus Pandème, à laquelle « on offre des sacrifices moins relevés » ; et la Vénus Uranie, « dont le culte est plus chaste ».

---

1. Xenoph., *Mem.*, IV, 5, 8.

Depuis un certain nombre d'années, c'est la première de ces divinités qui l'emporte. A l'amour des âmes s'est substitué « l'amour des corps ». Or il importe à tout prix d'en finir avec cette « passion contre nature »; car elle constitue le pire des esclavages. Et le moyen de s'en délivrer ne consiste pas à tempérer sa fougue brutale, puisqu'elle est désordonnée de son essence; on ne peut la réduire à l'ordre qu'en revenant au sentiment dont elle est l'altération : le secret véritable, c'est de lui rendre son aliment natif, qui est la beauté morale[1].

La voie qui mène au bonheur, est donc ardue et contournée. Il faut, si l'on veut y parvenir, que l'on rende ses passions assez souples pour les gouverner à son gré; qu'on en règle l'usage d'après l'idée du meilleur ; qu'on les ramène à leur but naturel, quand elles en ont dévié. Et cette triple victoire ne peut s'obtenir elle-même, que si l'on se résigne à s'imposer chaque jour des jeûnes, des veilles, des fatigues, des tourments de toute sorte : la réduction de la nature à l'eurythmie de la raison se réalise au prix de violences quotidiennes. Mais alors, qu'est-ce qui soutient le sage dans ce combat perpétuel de l'homme contre l'homme ? Où est le principe moteur qui fait qu'il va de l'avant et s'élève peu à peu vers l'harmonie ? Dans l'énergie rationnelle, répond Socrate, dans l'empire sur soi. C'est par là que tout com-

---

1. XENOPH., *Banquet*, VIII, 9 et sq. ; — PLAT., *Phædr*., VIII, xv.

mence, par là que tout continue et s'achève : on se rachète, on conquiert la liberté de l'ordre dans la mesure où l'on sait se commander à soi-même. La domination de la nature par l'esprit : voilà tout le fond de la vie morale [1].

Et cette doctrine est d'une élévation frappante; il est difficile d'affirmer avec plus de force l'autonomie du *moi* humain. Socrate, du premier coup, s'est élevé jusqu'au principe auquel les stoïciens, et Kant plus tard, devaient rattacher toute la science du bien. Mais sa théorie demeure-t-elle d'accord avec elle-même? Si la vertu ne s'obtient qu'au prix d'un immense et douloureux effort qui dure la vie tout entière, que devient le bonheur? « O Socrate, disait Antiphon, je croyais que la philosophie devait rendre les hommes plus heureux. Et tu me sembles en avoir retiré tout le contraire. Ton existence est telle qu'un esclave ne voudrait pas rester avec un maître qui lui appliquerait ton régime. Tu manges de vils aliments, tu bois de méchantes boissons. Tu portes un mauvais manteau dont tu te couvres l'hiver comme l'été; tu vas sans chaussures ni tunique. On te voit refusant tout salaire, bien que l'argent soit agréable à recevoir et procure à ceux qui le possèdent une vie plus indépendante et plus douce. Vraiment, si tu fais comme les autres maîtres, si tu formes tes disciples à ta

---

1. Xenoph., *Mem.*, I, 5, 5 (ἆρά γε οὐ χρὴ πάντα ἄνδρα, ἡγησάμενον τὴν ἐγκράτειαν ἀρετῆς εἶναι κρηπῖδα, ταύτην πρῶτον ἐν τῇ ψυχῇ κατασκευάσασθαι); *ibid.*, II, 1, 1-8; IV, 5, 4 (παντάπασιν ἄρα σοι δοκοῦσιν οἱ ἀκρατεῖς ἀνελεύθεροι εἶναι; νὴ τὸν Δί', ἔφη, εἰκότως;); *ibid.*, IV, 5, 7-9, 11; — Plat., *Phædr.*, VIII, xiv, 15; ce passage contient certainement la pensée de Socrate.

ressemblance, tu peux te considérer comme un maître de malheur [1]. » L'objection est pressante ; et voici comment Socrate essaie d'y répondre. Sans doute, les dieux immortels ont placé la fatigue et la sueur sur le chemin de la vertu : le sentier par lequel on y monte est rude d'abord ; mais, au fur et à mesure que l'on y avance, il devient plus facile [2]. La nature se laisse assouplir : elle est d'une étonnante plasticité. Les passions deviennent peu à peu comme des esclaves bien disciplinés, qui obéissent au moindre commandement. C'est par la guerre qu'il faut commencer ; mais on est récompensé de son courage par une paix de plus en plus profonde, qui est la paix de l'ordre. De plus, la privation est une condition de la jouissance. On ne mange avec appétit que lorsqu'on a faim ; on ne trouve du plaisir à boire que lorsqu'on a soif. Quand on est brisé de fatigue, on dort partout avec un égal entrain. Et ce n'est pas le riche qui se sent heureux dans son palais ; c'est le pauvre qui a la bonne fortune de s'y voir gracieusement introduit. Il n'y a de joies vraiment douces que celles que l'on sait attendre : la maîtrise de soi donne aux choses la meilleure part du charme que nous leur trouvons [3]. Mais ce qui fait le principal soutien du sage, ce qui suffit à expliquer les peines qu'il s'impose, c'est le sentiment de son progrès dans la réalisation de l'ordre. « Ne sais-tu pas que ceux qui ont conscience de ne rien faire de bon sont

---

1. XENOPH., *Mem.*, I, 6, 1-3.
2. *Ibid.*, II, 1, 20.
3. *Ibid.*, II, 1, 30 ; IV, 6, 9 (ἡ δ' ἐγκράτεια πάντων μάλιστα ἥδεσθαι ποιεῖ).

des mécontents? Que l'on vienne, au contraire, à réussir dans l'agriculture, dans la navigation ou dans toute autre profession que ce soit, on s'y livre avec plaisir, dans la pensée que l'on agit comme il faut. Crois-tu cependant qu'une telle joie vaille celle que l'on trouve à se rendre meilleur soi-même et ses amis. Eh bien donc ! telle est l'opinion dans laquelle je persiste[1]. » Sentir qu'on travaille avec succès à son propre bien, à celui de ses amis et de sa cité ; sentir que l'on coopère à la réalisation de l'harmonie en soi et autour de soi : voilà ce qui constitue le vrai bonheur, celui devant lequel tout le reste n'est que néant, celui qui suffit à remplir l'âme du sage[2]. Le sage peut se voir réduit à l'indigence la plus noire. La douleur peut le frapper dans son corps et la mort dans ses affections les plus chères. On peut le mépriser, le couvrir de calomnies et le traîner devant les tribunaux. Il triomphe encore, car son bonheur lui appartient aussi longtemps qu'il a sa conscience pour lui ; et il n'est rien au monde qui soit assez fort pour le lui enlever. « Il n'y a aucun mal pour l'homme de bien, ni pendant la vie, ni après la mort[3]. »

La vertu est le règne de la raison ; et la raison règne dans la mesure de son propre développement. Elle de-

---

1. XENOPH., *Mem.*, I, 6, 8-9.
2. *Ibid.*, II, 1, 19.
3. PLAT., *Apol.*, I, XXXIII, 58.

vient maîtresse absolue, dès qu'elle s'est conquise elle-même : on est vertueux par le fait que l'on a la science de la vertu; savoir le bien, c'est bien agir.

Mais, pour mettre cette pensée dans tout son jour, il faut procéder peu à peu et comme par degrés.

La vertu n'est pas l'accord fortuit de notre conduite avec l'idéal de l'ordre. Supposé qu'un homme fasse une action juste par un pur effet du hasard, sans avoir aucune connaissance de la justice : on peut dire qu'il a réussi; mais on ne peut ajouter qu'il ait *bien* agi. Et pourquoi? C'est que toute action bonne procède d'un certain amour du bien[1]. Le vrai agriculteur s'intéresse à l'agriculture et le vrai médecin à la médecine. De même, l'homme vraiment vertueux a souci de la vertu : il la recherche, parce qu'il en a le désir[2]. Or, dans le cas donné, l'on ne voit rien de tel : cet amour d'ordre supérieur fait défaut; l'agent demeure indifférent à l'égard du but qu'il atteint, puisqu'il l'ignore.

La vertu n'est pas non plus une disposition tout instinctive. L'instinct peut dévier, sans qu'on s'en rende compte; et, quand il a dévié, l'on ne possède aucun moyen de le redresser; car on ignore le but naturel auquel il tend. Au contraire, la vertu est chose qui dépend de nous : elle nous apparaît comme la règle à laquelle nous devons ajuster toute notre conduite, comme une fin que nous pouvons atteindre, et vers laquelle nous pouvons revenir par un généreux effort, lorsque nous

1. Xénoph., *Mem.*, III, 9, 14.
2. *Ibid.*, III, 9, 15.

nous en sommes écartés. Elle ne monte point de la région des tendances dans la lumière de la pensée ; elle descend de la lumière de la pensée dans la région des tendances ; et c'est à cette seule condition qu'elle les peut assouplir [1]. En outre, il n'en va pas pour la vertu comme pour l'art de toucher le luth, que l'on peut avoir ou ne pas avoir : c'est une nécessité sociale. « Pour qu'une cité subsiste, aucun de ceux qui la composent ne doit être dénué de cette chose qu'on appelle la vertu [2]. » Or la nature ne suffit pas à réaliser par elle-même une telle condition. Il n'y a qu'un très petit nombre d'individus qui reçoivent la vertu avec la vie ; et, quand ils l'ont reçue, ils ne la transmettent pas nécessairement à leurs fils. On en a pour preuve les descendants des grandes familles d'Athènes qui ne sont pour la plupart que des débauchés doublés d'ambition [3]. Il faut donc, si l'on veut vivre en société, que l'on fasse de la vertu quelque chose de plus qu'un instinct ; il faut qu'on la rende enseignable, comme la géométrie, l'architecture et l'art de la navigation [4]. La vertu est ce qu'elle doit être lorsqu'elle a passé à l'état de concept.

Ainsi, c'est la science qui confère à la vertu sa bonté morale ; c'est la science qui fait qu'on la peut viser et s'en approcher [5] ; c'est la science aussi qui lui permet de se perpétuer à l'indéfini, de subsister comme une règle

1. Xenoph., *Mem.*, IV, 2, 26-27 ; III, 9, 5 ; *Œc.*, I, 14.
2. Plat., *Protag.*, II, xvi, 147.
3. *Ibid.*, II, x, 138.
4. *Ibid.*, II, x, 137 ; — Xenoph., *Mem.*, III, 9, 10-11.
5. Plat., *Euthyd.*, II, ix, 86 (κατορθοῦσα τὴν πρᾶξιν).

éternelle et connue de tous, au milieu des fluctuations de la vie humaine. Et cette supériorité de la vertu qui se sait elle-même, les Athéniens semblent l'avoir toujours aperçue, bien que d'une manière confuse, tant il est vrai que la conscience vulgaire contient à l'état d'ébauche ce que le moraliste découvre de meilleur! « Dès que l'enfant commence à comprendre ce qu'on lui dit, la nourrice et la mère, le pédagogue et le père lui-même s'efforcent à l'envi de le rendre le meilleur possible, lui enseignant et lui montrant du doigt, à chaque action, que telle chose est juste et telle autre chose injuste, que ceci est honnête et cela honteux; que ceci est saint et cela impie; qu'il faut faire ceci et ne pas faire cela[1]. » « Les maîtres de luth en usent de même : ils ont soin que leurs élèves soient sages et ne commettent aucun mal. De plus, lorsqu'ils leur ont appris à jouer du luth, ils leur enseignent les pièces des bons poètes lyriques, en les leur faisant exécuter sur l'instrument : ils obligent la mesure et l'harmonie à se familiariser avec l'âme des jeunes gens, afin qu'ils deviennent plus doux, et que, plus mesurés eux-mêmes et mieux harmonisés, ils soient plus utiles et par leurs paroles et par leurs actions. Toute la vie de l'homme, en effet, a besoin de nombre et d'accord. On confie aussi les enfants à des maîtres de gymnase, afin que leurs corps plus robustes exécutent mieux les ordres d'un esprit mâle et sain, et qu'ils ne se voient pas réduits, par leur

---

1. PLAT., *Protag.*, II, XV, 145.

faiblesse physique, à se conduire lâchement, soit à la guerre, soit dans d'autres circonstances. Lorsqu'ils sont sortis de l'école, la cité les contraint d'apprendre les lois et de les suivre dans leurs actions comme un modèle, pour qu'ils ne commettent pas d'infractions à leur égard. Les maîtres d'écriture, lorsque les enfants ne savent pas encore écrire, leur tracent des lignes avec un crayon; puis, leur remettant les tablettes, ils les forcent à reproduire les caractères qu'ils ont sous les yeux. Ainsi fait la cité : elle propose pour règle des lois qu'ont inventées de sages et anciens législateurs, leur astreint à la fois ceux qui commandent et ceux qui obéissent, et punit quiconque s'en écarte [1]. » « Les Athéniens enseignent la vertu à leurs enfants, dès l'âge le plus tendre; et ils ne cessent de le faire, durant toute leur vie [2] », tant ils sont persuadés par leur bon sens naturel que l'instinct n'aboutit à rien, lorsqu'on n'a pas soin d'y joindre l'instruction !

C'est donc un point sur lequel la tradition et la dialectique sont d'accord : il faut éclairer pour améliorer : la science est une condition essentielle de la vertu. Et l'on peut ajouter qu'elle en est aussi le principe infaillible. Bien raisonner, ce n'est pas seulement découvrir la forme que l'on doit imprimer à ses tendances; c'est se l'identifier du même coup.

« La justice et toutes les autres vertus sont sagesse [3]. »

1. Plat., *Protag.*, II, xv, 146.
2. *Ibid.*, II, xv, 145.
3. Xenoph., *Mem.*, III, 9, 5.

Et la sagesse n'est point, comme on le croit d'ordinaire, la résultante de deux forces parallèles, à savoir de la science et de la bonne volonté. C'est la science qui détermine la volonté et par la volonté l'action elle-même. « On est sage dans ce que l'on sait, et mauvais dans ce qu'on ne sait pas [1]. » Inutile de s'essayer au bien, aussi longtemps qu'on l'ignore; on ne peut alors que passer indéfiniment à côté du but, comme ferait un archer qui ne voit pas la cible. Mais celui qui connaît le bien l'atteint par là même [2]. Il trouve à ce qu'il contemple un charme irrésistible [3]; et la cause finale de ses actions en devient aussi la cause efficiente. Car on ne conçoit pas que celui qui sait puisse être vaincu; il serait étrange que, dans un être raisonnable, il se trouvât quelque chose de plus fort que la raison [4]. « Penses-tu, Protagoras, que la science soit une belle chose? Te semble-t-il qu'elle soit faite pour commander à l'homme, que, lorsqu'on connaît le bien et le mal, on ne peut plus être vaincu par quoi que ce soit? Es-tu d'avis que l'on fait toujours ce que la science ordonne, que l'intelligence est de nature à défendre l'homme contre toute espèce d'attaque? — Je crois, Socrate, comme tu le dis; et il serait honteux pour moi, plus que pour tout autre, de ne

---

1. Plat., *Lach.*, IV, XXII, 121 (πολλάκις ἀκήκοά σου λέγοντος, ὅτι ταῦτα ἀγαθὸς ἕκαστος ἡμῶν, ἅπερ σοφός, ἃ δὲ ἀμαθής, ταῦτα δὲ κακός).

2. Xenoph., *Mem.*, III, 9, 5 (καὶ οὔτ' ἂν τοὺς ταῦτα εἰδότας ἄλλο ἀντὶ τούτων οὐδὲν προελέσθαι οὔτε τοὺς μὴ ἐπισταμένους δύνασθαι πράττειν, ἀλλὰ καὶ ἐὰν ἐγχειρῶσιν, ἁμαρτάνειν).

3. Arist., *Eth. Eud.*, H, 1246ᵇ, 34.

4. Arist., *Eth. Nic.*, H, 1145ᵇ, 21-27.

point avouer que la science et la sagesse sont ce qu'il y a de plus fort dans la nature humaine. — On ne peut répondre mieux ni avec plus de vérité[1]. » La science n'a jamais le dessous; la magie des passions, en sa présence, s'efface comme un songe. Et c'est si bien d'elle-même qu'elle tire toute sa puissance, que les différences d'âge et de sexe n'y changent rien. Elle peut triompher dans l'âme d'une femme et celle d'un enfant, comme dans l'âme d'un homme[2]. Il suffit, pour cela, qu'elle y pénètre. Car partout où elle est, elle est elle-même, et par conséquent toujours également énergique, toujours également efficace.

A quoi tient cette souveraineté intellectuelle? Quelle est la raison de cet empire qui de la pensée s'étend à notre nature tout entière, réalisant l'harmonie au fur et à mesure qu'il se propage? C'est que le bien se révèle à nous comme notre intérêt supérieur : c'est que le bien se réduit à l'utile. « Les hommes choisissent toujours, entre les diverses actions qu'ils peuvent faire, celles qu'ils regardent comme les plus avantageuses[3]. » Or le bien est par essence notre véritable avantage. « Il n'est donc personne qui, sachant ou conjecturant qu'il y a quelque chose de meilleur à faire que ce qu'il fait, persévère dans sa conduite, lorsque le meilleur dépend de lui. » « Il n'est personne non plus qui se porte volon-

---

1. PLAT., *Protag.*, II, xxxv, 181-182.
2. ARIST., *Polit.*, A, 1260ᵃ, 21 (καὶ οὐχ' ἡ αὐτὴ σωφροσύνη γυναικὸς καὶ ἀνδρὸς, οὐδ' ἀνδρία καὶ δικαιοσύνη, καθάπερ ᾤετο Σωκράτης...).
3. XENOPH., *Mem.*, III, 9, 4.

tairement au mal ou à ce qu'il tient pour tel. Il n'est pas, à ce qu'il semble, dans la nature de l'homme d'embrasser de propos délibéré ce qu'il croit être mauvais, au lieu de ce qui est bon; et quand on est forcé d'opter entre deux maux, on ne choisit jamais le plus grand lorsqu'on peut choisir le moindre[1]. » « On ne peut obéir aux lois, aussi longtemps qu'on les ignore. » Mais dès qu'on en possède la science, on les observe avec une fidélité absolue[2]; car elles nous apparaissent dès lors comme ce qu'il y a de plus utile. Et la vue du plus utile : voilà le mobile vainqueur, le mobile auquel on ne soustrait que lorsqu'on est fou, c'est-à-dire lorsqu'on n'a plus conscience de sa valeur souveraine[3].

C'est donc par la science « du bien et du beau » que les hommes deviennent « bons et beaux »; c'est du fond de notre intelligence que la grâce de l'ordre moral rayonne dans notre être tout entier. Et l'on voit ainsi, puisqu'il faut définir chaque objet par sa cause interne, comment on doit concevoir les différentes vertus et la sagesse qui les résume toutes. « Celui qui sait jouer du luth est un joueur de luth, même lorsqu'il ne joue pas; celui qui connaît la médecine est un médecin, bien qu'il ne l'exerce pas. » Celui qui s'entend à commander une armée, est un général, quand bien même il n'aurait jamais de soldats sous ses ordres[4]. De même, celui-

---

1. PLAT., *Protag.*, II, XXXVIII, 190.
2. XENOPH., *Mem.*, IV, 6, 6.
3. *Ibid.*, III, 9, 4.
4. *Ibid.*, III, 1, 4.

là est un homme vertueux, qui conçoit ce que sont les différentes vertus. La piété est la science des rites[1]; la justice est la science des lois qui nous apprennent à ne pas nuire à nos amis[2]; le courage lui-même n'est que la science du courage[3]. Toutes les vertus sont « des raisonnements » : « toutes les vertus sont des sciences »[4]. Car on les observe par là même qu'on en connaît la nature : les savoir et les pratiquer, c'est tout un[5]. Les vertus ont donc une essence commune; elles se ramènent à l'unité. Et cette unité ne se réalise pas dans la volonté, comme on serait tenté de croire, mais dans l'entendement. Après avoir parlé des vertus, on peut parler aussi de la vertu; et elle est une science : c'est la science morale elle-même[6].

Il faut préciser encore la pensée de Socrate, si l'on veut en comprendre la vraie signification. La science dont il parle n'est pas la connaissance vulgaire; ce n'est pas davantage cette connaissance un peu plus explicite que les enfants d'Athènes acquéraient auprès de leurs maîtres d'école, et qu'ils perfectionnaient plus tard au

---

1. Xenoph., *Mem.*, IV, 6, 4.
2. *Ibid.*, IV, 6, 6.
3. *Ibid.*, IV, 6, 11; — Arist., *Eth. Eud.*, Γ, 1229^a, 14; *Eth. Nic.*, Γ, 1116^b, 3-5.
4. Arist., *Eth. Nic.*, Z, 1144^b, 17-21; *Eth. Mag.*, A, 1182^a, 16-17 (τὰ γὰρ ἀρετὰς ἐπιστήμας ἐποίει).
5. Arist., *Eth. Eud.*, A, 1216^b, 6-8 (ἐπιστήμας γὰρ ᾤετ' εἶναι πάσας τὰς ἀρετάς, ὥσθ' ἅμα συμβαίνειν εἰδέναι τε τὴν δικαιοσύνην καὶ εἶναι δίκαιον).
6. Xenoph., *Mem.*, IV, 6, 7 (ἐπιστήμη ἄρα σοφία ἐστί); — Arist., *Eth. Eud.*, H, 1246^b, 34-35 (Καὶ ὀρθῶς τὸ σωκρατικόν, ὅτι οὐδὲν ἰσχυρότερον φρονήσεως· ἀλλ' ὅτι ἐπιστήμην ἔφη, οὐκ ὀρθόν); *Eth. Mag.*, 1198^a, 10.

contact de la société. Ni les données brutes de la conscience, ni les poètes, ni les lois ne peuvent suffire, aux yeux de Socrate. Il sent que l'heure est venue de traiter les Athéniens comme un peuple adulte. Et ce qu'il cherche pour eux, ce qui lui inspire l'espoir d'un « retour aux mœurs antiques », c'est une connaissance raisonnée du bien, une connaissance qui en donne le pourquoi : c'est la science morale au sens rigoureux du mot. De plus, Socrate comprend que cette science ne peut entrer tout d'un coup dans tous les esprits, qu'il faut à l'homme une certaine culture intellectuelle pour entendre la supériorité de l'intérêt général et son accord fondamental avec l'intérêt individuel; que plus cette culture est parfaite, plus il devient facile de produire la lumière libératrice. De là son incroyable persévérance à dialoguer du matin au soir, à philosopher sans trêve ni repos non seulement sur les questions d'ordre moral, mais aussi sur toutes choses. Ainsi, c'est de la science qu'il attend la vertu; mais aussi c'est du développement de la raison qu'il attend la science. Le salut, à son sens, ne peut venir que de la pleine compréhension du bien. Et l'on voit par là quelle est la portée de son éthique. Sans doute, il a exagéré l'empire de la raison; elle se laisse vaincre parfois. Mais il n'en reste pas moins vrai que la claire vue du bien est à la fois la condition et la plus puissante garantie de la moralité. Et je crois bien que, si l'on travaillait pour tout de bon à la faire naître en soi-même et chez les autres, elle exercerait à la longue une influence efficace et toujours croissante, qui rendrait la vertu de moins en moins étrangère à notre planète. C'est à bon droit que Socrate soutient « que rien n'est fort comme la raison »[1].

La science du bien une fois donnée, tout le reste s'ensuit; mais de quelle manière? En quoi consiste au juste l'action que la science exerce sur la volonté? Est-elle nécessitante ou non? La question se pose naturellement; mais il n'est pas facile de la trancher, et probablement parce que Socrate lui-même n'y a jamais pensé d'une façon bien précise. Je crois néanmoins que ce serait exagérer sa conception de la vertu que d'y voir, à l'exemple de plusieurs historiens, une forme arrêtée du déterminisme.

Sans doute, Socrate affirme à tout bout de champ que quiconque ignore le bien est esclave de ses passions[2]. Il soutient également que celui qui sait se conforme invariablement aux ordres de la science. Mais de telles assertions ne suffisent pas à fonder une théorie de la nécessité. Il s'agit de savoir, en premier lieu, si l'homme ne porte pas en lui-même le pouvoir de sortir peu à peu de l'ignorance. Or Socrate, à cet égard, paraît incliner vers l'affirmative. D'après lui, c'est par la maîtrise de soi qu'on apprend à bien dialoguer et que l'on acquiert la science[3]. Mais qu'est-ce que cette maîtrise de soi? Sinon la liberté elle-même plus ou moins confusément aperçue.

---

1. ARIST., *Eth. Eud.*, H., 1246ᵇ, 34.
2. XENOPH., *Mem.*, IV, 5, 3-5, 11 ; *Œc.*, I, 18-23; — PLAT., *Protag.*, II, XXXVIII, 190 (οὐδὲ τὸ ἥττω εἶναι ἑαυτοῦ ἄλλο τι τοῦτ' ἐστιν ἢ ἀμαθία).
3. XENOPH., *Mem.*, I, 5, 5 (τίς γὰρ ἄνευ ταύτης (ἐγκρατείας) ἢ μάθοι τι ἂν ἀγαθὸν ἢ μελετήσειεν ἀξιολόγως); IX, 5, 10, 11.

Il faudrait, en second lieu, savoir à quoi se ramène, d'après Socrate, l'efficace de la science, si elle contraint réellement ou n'exerce qu'une influence infaillible. Et il ne s'est pas expliqué à ce sujet; sur ce point pourtant décisif, sa psychologie reste indécise. C'est après lui seulement que les philosophes et plus tard les théologiens devaient s'en préoccuper. Aristote nous dit, il est vrai, qu'au regard de Socrate, il n'est pas en notre pouvoir d'être « bon ou mauvais », « heureux ou malheureux »[1]. Mais on a quelque raison de penser que ce témoignage est trop précis pour être tout à fait juste. Socrate s'est préoccupé principalement de l'essence de la vertu, et Aristote de l'agent qui doit la réaliser : il est le premier qui nous ait donné une théorie complète de la volonté, des désirs et des passions. Or il est possible que cette différence de point de vue l'ait porté inconsciemment à faire de la pensée du vieux maître une interprétation trop rigoureuse. Il est donc permis de conclure que la morale de Socrate laisse à la liberté deux issues d'ordre différent, dont la première se situe entre l'ignorance et la science, la seconde entre la science et la volonté. Lorsqu'on pousse la philosophie socratique jusqu'au déterminisme, c'est qu'on fait l'histoire d'autrui avec ses propres idées.

Il ne faudrait pas non plus entendre d'une manière trop exclusive le rôle que Socrate attribue à la raison. Sans doute, c'est la science qui fait que la vertu prévaut toujours et contre les résistances du dedans et contre les

---

1. Arist., *Eth. Mag.*, A, 1187ª, 6-10 ; *Eth. Nic.*, Γ, 1113ᵇ, 14-15.

influences du dehors; c'est la science qui confirme la vertu dans son orientation, qui lui confère l'indéfectibilité. Mais aussi la vertu trouve des auxiliaires plus ou moins heureux soit dans la nature, soit dans l'exercice lui-même (μελέτη). « La nature ne donne pas à tous les corps la même force de résistance aux fatigues; et l'on peut dire aussi « qu'elle forme des âmes plus intrépides que les autres en face du danger ». « La preuve en est que des citoyens élevés sous les mêmes lois et dans les mêmes mœurs diffèrent beaucoup entre eux par le courage[1]. » On observe également « que, si l'essence de la femme est semblable à celle de l'homme, elle lui cède néanmoins en vigueur et en force »[2]. En outre, on apprend, à la lumière de l'expérience, que l'exercice peut nous faire avancer dans la voie du bien. Nos fonctions organiques se développent par la répétition des actes; et il en va de même de nos aptitudes morales. Mais il ne faut jamais oublier que les vertus innées et automatiquement acquises ne méritent pas ce beau nom de vertu, qu'elles sont des pis-aller d'où l'on doit sortir, que leur rôle principal est de préparer les âmes à l'éclosion de la science; car jusque-là, tout demeure imparfait, tout est branlant dans l'ajustement de notre conduite à l'idée du meilleur.

De ces diverses analyses se dégage une hiérarchie de

1. XENOPH., *Mem.*, II, 9, 1.
2. XENOPH., *Banquet*, II, 9; — PLAT., *Rep.*, V, v, 162.

biens qu'il faut esquisser. Au degré le plus bas se placent les avantages extérieurs, tels que la santé, la beauté, la richesse, les honneurs et la gloire. Ces biens n'ont qu'une valeur accidentelle ; car on peut s'en passer. Ils ne sont aussi que conditionnels ; car ils ne servent qu'à celui qui sait s'en servir. Vient ensuite la sensibilité physique, qui ne porte pas non plus sa règle en elle-même, mais qui, une fois réduite à sa juste mesure, est source directe et permanente de plaisirs appréciables. Au-dessus de la sensibilité physique et de son cortège de désirs et de passions, apparaît la maîtrise de soi, qui nous permet de discipliner peu à peu notre activité et de la gouverner à la fin comme nous l'entendons. Enfin, au sommet de la vie morale resplendit la lumière du νοῦς, la science proprement dite. Et là se trouve le bien par excellence, celui sans lequel l'existence humaine n'est que caprice, égoïsme et malheur : c'est la science qui nous révèle l'idéal de notre gouvernement intérieur et qui, en nous le révélant, le réalise ; c'est d'elle aussi que nous viennent les joies les plus pures et les plus durables, les joies qui suffisent au sage, quand tout le reste s'est écroulé sous les coups de la fortune[1]. « Τέλος τὸ γινώσκειν τὴν ἀρετήν[2]. »

Ainsi, l'âme, et, dans l'âme, le νοῦς : voilà le principe d'où dépend pour chacun de nous l'art d'arriver à son

---

1. Xenoph., *Mem.*, IV, 5, 10 (ἀλλὰ μὴν ἀπὸ τοῦ μαθεῖν τι καλὸν καὶ ἀγαθόν... οὐ μόνον ὠφέλειαι ἀλλὰ καὶ ἡδοναὶ μέγισται γίγνονται).

2. Arist., *Eth. Eud.*, A, 1216[b], 3-4 ; — Xenoph., *Mem.*, IV, 5 (σοφίαν δὲ τὸ μέγιστον ἀγαθόν).

propre bonheur et de concourir à celui des autres hommes; et partant, voilà aussi le principe que rien n'égale en valeur. « Ce qui ne pense pas ne mérite aucune estime[1]. » Mais « l'âme » qui « participe de la divinité »[2] et qui de ce chef est seule capable de communier à l'éternelle lumière de la sagesse[3], l'âme qui nous donne à la fois la vue du bien et la force de réduire à ses lois nos tendances tumultueuses, l'âme où s'épanouit, comme au sein des immortels, la fleur exquise de la félicité, comment oserait-on la comparer à autre chose? qui pourrait n'en pas sentir le prix suprême[4]? Il ne peut que rougir de sa conduite, il n'est pas digne du beau nom d'Athénien, celui qui « passe son temps à ramasser de la richesse, à conquérir du crédit et des honneurs, sans s'occuper de la sagesse, de la vérité et de son âme »[5]. Car il oublie, dans sa futile agitation, ce qui fait toute l'excellence de l'homme. Du culte de l'âme naît la vertu; de la vertu, à son tour, « naissent tous les autres biens publics et particuliers » : et ce sont là les seules choses auxquelles il ne pense pas[6].

1. XENOPH., *Mem.*, I, 2, 55.
2. *Ibid.*, IV, 3, 14.
3. *Ibid.*, I, 2, 53.
4. *Ibid.*, I, 4, 13; — PLAT., *Apol.*, I, XVII, 41.
5. PLAT., *Apol.*, I, XVII, 41.
6. *Ibid.*, 42.

III

Définir le bien, c'est aussi, pour Socrate, définir le beau lui-même.

Ce qui est beau est bon, et ce qui est bon est beau. « Ce qui fait la beauté d'un corps, en fait également la bonté. » Lorsqu'on affirme d'un homme qu'il est bon et beau, c'est du même point de vue qu'on le juge en des termes divers. Énoncer qu'une action est bonne revient à dire qu'elle est belle; et la réciproque est vraie. C'est aussi sous le même aspect et pour la même raison que la vertu se révèle comme « belle et bonne ». « Τὸ καλόν τε καὶ ἀγαθὸν » sont deux expressions que l'on peut prendre indifféremment l'une pour l'autre; car elles ont un sens identique : elles désignent une seule et même chose et sous le même rapport[1].

Pourquoi cette identification de deux idées que le langage des hommes nous présente toujours comme distinctes et que leur conduite oppose si souvent l'une à l'autre? C'est que la dialectique l'emporte sur les données du sens commun : elle part de ces données, il est vrai, mais pour les dépasser. Elle les purifie, elle les approfondit; et, sous les antinomies de surface auxquelles s'arrête le vulgaire, elle arrive à découvrir un fond commun qui les concilie. « Le bon et le beau » semblent irréduc-

---

1. Xenoph., *Mem*,. III, 8, 5-6.

tibles, aussi longtemps qu'on les compare directement l'un à l'autre. Mais il en va tout autrement, lorsque, obéissant aux suggestions de la dialectique, on se donne la peine de chercher s'ils ne se rattachent pas à quelque idée supérieure. Car alors on ne tarde pas à découvrir qu'ils relèvent « de la même catégorie », qu'ils ont une seule et même « essence ». On appelle bien ce qui, dans la nature ou dans les arts, est convenablement adapté à son but; et c'est là aussi la meilleure définition que l'on puisse donner du beau. Pour qui sait induire, le bien et le beau se ramènent l'un et l'autre à un rapport de finalité [1].

Le vulgaire se trompe, lorsqu'il place la beauté dans la richesse de la matière dont se sert l'artiste. Les cuirasses de Pistias ne gagnent pas en valeur esthétique, parce qu'il les fait en or, au lieu de les faire en acier; et une bicoque où l'on est bien protégé contre la chaleur pendant l'été et contre les vents du nord pendant l'hiver, ne peut manquer d'être « plus agréable et plus belle qu'un palais incommode » [2]. On a tort aussi de s'imaginer que « les peintures et les bariolages » ajoutent quelque chose à la grâce des objets. On peut dire, au contraire, qu'elle en est diminuée; car ces sortes de décorations « ôtent plus de plaisir qu'elles n'en procurent » [3]. C'est également en vain qu'on cherche la beauté dans la grandeur des dimensions ou dans cette flexibilité des

---

1. Xenoph., *Mem.*, III, 8, 5-7; IV, 6, 8-9; *Banquet*, V, 4.
2. Xenoph., *Mem.*, III, 8, 8-9.
3. *Ibid.*, III, 8, 10.

lignes et des mouvements qui n'a d'autre règle que le caprice d'une activité trop riche pour se maîtriser elle-même.

Le beau consiste dans l'appropriation d'éléments divers à une même fin; et, par conséquent, il exige que ces éléments soient accordés, que, pour être accordés, ils soient réduits. Le beau implique harmonie et mesure : c'est une sorte de proportion numérique, et rien que cela. Il peut donc exister dans sa plénitude, quelle que soit la matière qui le rend accessible à nos sens : le fait qui l'individualise ne change rien à sa nature. En outre, il n'admet ni le plus ni le moins ; il ne souffre ni manque ni excès : il s'évanouit également, qu'il y ait indigence ou surabondance d'énergie ; il est ennemi du luxe aussi bien que de la pauvreté. Un bouclier d'or est beau, lorsqu'on l'a fait de manière à bien parer les coups. Mais un panier à ordures peut l'être tout également ; il suffit, pour cela, qu'il soit convenablement accommodé à son usage[1]. Le manteau de Socrate est plus beau, sans doute, que les tapis du grand roi ; car il est taillé de manière à servir de protection contre les rigueurs de l'hiver : il est utile à quelque chose ; et les tapis du grand roi, avec leurs dessins variés et leurs riches couleurs, ne forment qu'une vaine parure.

Au cinquième chapitre du *Banquet* de Xénophon, l'idée socratique du beau est poussée jusqu'à sa dernière extrémité et de la manière la plus plaisante du

---

1. Xénoph., *Mem.*, III, 8, 6.

monde; il semble bien que le disciple ait voulu faire ressortir, dans ce passage, ce que la pensée du maître contenait d'étroit et d'un peu forcé. « Eh bien! dit Socrate à Critobule, sais-tu pourquoi nous avons besoin d'yeux? — Évidemment, c'est pour voir. — Alors il est possible que mes yeux soient plus beaux que les tiens. — Comment cela? — C'est que les tiens ne voient qu'en ligne droite, tandis que les miens voient aussi de côté, étant à fleur de tête. — Penses-tu donc que l'écrevisse est de tous les animaux celui qui a les plus beaux yeux? — Parfaitement; et de plus, elle a naturellement des yeux d'une force étonnante. — Soit; mais, en fait de nez, quel est le plus beau du tien ou du mien? — Le mien, à mon avis, si c'est pour sentir que les dieux nous ont fait un nez; car tes narines sont tournées vers la terre, tandis que les miennes sont relevées de manière à recevoir de toutes parts les odeurs. — Mais comment un nez camus serait-il plus beau qu'un nez droit? — C'est qu'au lieu de faire obstacle, il permet aux yeux de voir tout ce qu'ils veulent, tandis qu'un nez haut les sépare comme un mur. — Quant à la bouche, au moins, je t'abandonne le prix; car si c'est pour mordre qu'elle est faite, tu peux mordre beaucoup mieux que moi. J'ajoute qu'avec tes lèvres épaisses, tu dois avoir des baisers plus doux que les miens. — J'aurais donc, à ton dire, la bouche plus laide que celle d'un âne. Mais ne regardes-tu pas comme une preuve de ma beauté que les Naïades, qui sont des déesses, engendrent les silènes qui me ressemblent plus qu'à toi? — Je n'ai rien à répliquer ¹. » Puis les convives qui se sont érigés en tribunal pour décider qui l'emporte en beauté de Socrate ou de Critobule, vont au scrutin secret; et tous les cailloux sont pour le jeune Athénien. Socrate est vaincu ; et la dialectique, cette fois, se trouve avoir le dessous.

« Le bien et le beau » ne font qu'un ; et de cette réduction à l'unité dérive une théorie de l'art qui a dominé chez les Grecs et que Socrate n'a fait que traduire.

D'après H. Taine, les artistes de la Grèce ont passé trois ou quatre cents ans à corriger, à épurer, à développer l'idée de la beauté physique. Et l'on peut dire qu'ils ont fini par la pousser jusqu'à son dernier raffinement. Aujourd'hui encore, lorsqu'il s'agit de représenter les attitudes et les mouvements du corps humain, c'est à leurs œuvres qu'il faut revenir. Mais on ne voit pas qu'ils se soient préoccupés de faire passer dans la matière le reflet des idées et des passions qui forment la trame complexe et mobile à l'infini de notre vie intérieure. Traduire l'activité de l'âme par l'ampleur du front pensif, par le froncement du sourcil irrité, par le pli de la lèvre railleuse ou la vigueur du geste : c'est chose dont ils se sont rarement souciés. Un corps nu, vigoureux, bien proportionné, et dont la souplesse se plie avec aisance à toute sorte de poses, à toute espèce de mouvements : voilà, semble-t-il, quel a été leur idéal².

Le vrai, c'est que le sens de l'art grec a complètement échappé au génie de Taine, c'est qu'il n'y a rien compris. Pour avoir la note juste, il faut se mettre à l'extrême opposé de ce qu'il nous en a dit.

---

1. XENOPH., *Banquet*, V, 5-8.
2. De *la nature de l'œuvre d'art*, P. 106-115, Paris, 1872.

Sans doute, les Grecs représentaient la forme; mais la forme était précisément pour eux le contraire de ce que nous entendons par là : la forme, c'était la pensée. Sous les apparences matérielles, ils plaçaient la Raison qui les façonne du dedans, qui travaille à les dominer de plus en plus, à leur imposer ses propres lois. La victoire de ce principe intérieur et supérieur : voilà ce qu'aimaient à traduire les Hégias, les Phidias et les Polyclète, voilà quel était l'idéal qu'ils s'efforçaient d'égaler; tout le reste leur semblait d'un ordre inférieur.

L'art grec est donc le plus immatériel, je dirais même le plus spirituel des arts, puisque son essence consiste à peindre le triomphe de l'esprit. Et de là viennent les deux principaux caractères que tout le Monde lui reconnaît, à savoir sa sérénité et son universalité.

Si les œuvres classiques de l'art grec n'expriment d'ordinaire ni gémissements, ni grimaces, ni convulsions, ce n'est pas que la pensée en soit absente, c'est qu'elle y domine tout et garde encore son inaltérable sourire jusque sous l'aiguillon de la douleur ou de la tristesse.

Si l'art grec a de quoi plaire dans tous les temps et tous lieux, c'est que chacun peut y reconnaître ce qu'il porte en lui-même de meilleur et de plus beau, à savoir la raison. Telle est l'impression que l'on éprouve et de plus en plus, à mesure qu'on va d'Olympie à Delphes et de Delphes au Parthénon où se trouve encore l'incomparable Minerve.

Socrate n'a fait qu'analyser cette conception de l'art et en donner par là même une conscience plus vive à ses concitoyens.

Ce que nous avons de meilleur en nous, c'est l'âme, et, dans l'âme, le νοῦς. Par conséquent, il y a quelque chose de supérieur à « la représentation de ce qui se voit », à « l'imitation des couleurs, des enfoncements, des saillies » et des lignes [1]. L'artiste, quel que soit l'instrument dont il se sert, doit s'efforcer avant tout d'exprimer « ce caractère de vie » qui rayonne à travers les formes physiques, les manifestations de ce principe invisible qui anime le corps et le peut maîtriser [2]. Il choisit l'objet le plus digne de son talent, lorsqu'il travaille à faire resplendir dans l'organisme cet ordre divin que réalise en l'homme la royauté de l'intelligence [3].

IV.

L'éthique de Socrate est une esthétique; mais il ne faudrait pas croire qu'elle n'est que cela. Elle ne se réduit pas tout entière à un système de hautes convenances. Quand il s'agit de régler la conduite humaine, la raison coordonne; mais aussi elle ordonne. Le bien est chose qu'il faut faire, et le mal chose qu'il faut éviter (δεῖ) [4] : il y a une obligation morale.

En quoi consiste-t-elle au juste? Quelle est la nature de cette force impérative qui s'ajoute au bien? Socrate ne l'a pas définie d'une manière précise : sur cette question, il s'en est tenu aux données de la conscience vulgaire, il ne paraît pas avoir dépassé « les discours des

---

1. XENOPH., *Mem.*, III, 10, 1.
2. *Ibid.*, III, 10, 3-6.
3. *Ibid.*, III, 10, 5; III, 11 (il s'agit, dans ce chapitre, de la visite à Théodote que l'on a interprétée plus haut).
4. XENOPH., *Mem.*, IV, 6, 6 (Εἰδότας δὲ ἃ δεῖ ποιεῖν οἴει τινὰς οἴεσθαι δεῖν μὴ ποιεῖν ταῦτα; οὐκ οἶμαι, ἔφη. Οἶδας δέ τινας ἄλλα ποιοῦντας ἢ ἃ οἴονται δεῖν; οὐκ ἔγωγ', ἔφη); *ibid.*, IV, 4, 13; IV, 19, 23; IV, 3, 16; — PLAT., *Crit.*, I, x, 68 (Τί δὲ δή; κακουργεῖν δεῖ, ὦ Κρίτων, ἢ οὔ; — οὐ δεῖ δήπου, ὦ Σώκρατες, et...); *ibid.*, I, xi, 68-69.

hommes ». Mais s'il n'a pas dialogué sur l'essence même de l'obligation morale, il a du moins essayé d'en fournir la raison explicative : il s'est demandé où « le devoir plonge sa tige sacrée »; et l'on peut dégager de ses entretiens la réponse qu'il a donnée à ce difficile problème.

« Les anciens, comme l'a remarqué Fustel de Coulanges, disaient que leurs lois leur étaient venues des dieux. Les Crétois attribuaient les leurs, non à Minos, mais à Jupiter; les Lacédémoniens croyaient que leur législateur n'était pas Licurgue, mais Apollon. Les Romains disaient que Numa avait écrit sous la dictée d'une des divinités les plus puissantes de l'Italie ancienne, la déesse Égérie. Les Étrusques avaient reçu leurs lois du dieu Tagès[1]. » A Athènes, comme ailleurs, et plus encore peut-être, les lois étaient chose sacrée. Thésée, Dracon, Solon n'avaient fait que formuler la volonté des immortels; et les décrets eux-mêmes, qui sortaient des suffrages du peuple, tiraient leur force obligatoire de la religion : les lois ne valaient que parce que les dieux les voulaient. C'est la raison pour laquelle l'oracle de Delphes répondait à ceux qui l'interrogeaient sur la manière d'être agréable aux dieux : *Suis les lois de ton pays*[2]. Et quand Platon a dit qu'obéir aux lois c'est obéir aux dieux, il n'a fait qu'exprimer une croyance qui remontait jusqu'à la nuit des temps et que les efforts de la sophistique n'avaient pas encore arrachée de l'âme du peuple.

Socrate s'est gardé d'attaquer une croyance si con-

---

1. Ouvr. cit., p. 221.
2. Xenoph., *Mem.*, IV, 3, 16.

forme à l'esprit de son système; il en a donné une interprétation nouvelle.

« Il y a, dit-il, des lois non écrites » : il y a des lois que les hommes n'ont point faites et qui sont gravées dans notre cœur en caractères indélébiles. Nous sentons, par exemple, qu'il ne faut pas nuire à autrui sans raison; qu'il faut témoigner de la reconnaissance à ceux qui nous ont fait du bien; que les enfants sont tenus au respect à l'égard de leurs parents; et que les parents, à leur tour, doivent s'abstenir de tout commerce charnel avec leurs enfants[1]. Or toutes ces lois ont un caractère impératif qui vient de leur essence elle-même, qui est immanent. Il suffit que la fin de l'homme soit le bonheur, pour qu'on n'ait pas le droit de lui faire gratuitement du mal; il suffit que le bienfait soit posé, pour que le devoir de la reconnaissance s'ensuive; c'est le concept même de la paternité qui fonde le respect des parents. Et l'on trouve aussi dans la logique des faits le motif pour lequel la promiscuité entre père et filles est défendue : l'observation nous révèle avec persévérance que de telles unions ne donnent que des enfants mal venus. « Les lois non écrites » formulent les rapports nécessaires des choses, elles expriment l'ordre de la nature; et cet ordre s'impose à la volonté par le fait que la raison le conçoit.

Il existe aussi des lois écrites, que les citoyens d'un même État ont décrétées d'un commun accord et qui sont variables, pour la plupart, comme les besoins du mi-

1. Xenoph., *Mem.*, IV, 4, 18-24; II, 2.

lieu social[1]. Et ces lois ne contiennent pas en elles-mêmes leur force obligatoire; mais elles la trouvent dans le but général et de souveraine importance auquel elles se rapportent. L'homme est fait pour la société; il faut absolument qu'il y vive ou comme gouvernant ou comme gouverné : là se trouve son milieu naturel, son milieu inévitable[2]. Or la société ne peut se perfectionner, la société ne peut subsister que par le respect des lois qui en émanent : « il tend, dans la mesure de ses forces, à la renverser tout entière », celui qui méprise et transgresse les décrets qu'elle a portés[3]. Et partant, l'on peut dire que, comme l'état social découle de la nature de l'homme, de même l'obéissance aux lois découle, à son tour, de la nature de l'état social. Elle a une manière indirecte de se rattacher à l'ordre universel : elle est une exigence éloignée, mais réelle, de l'essence même de l'homme; et c'est assez pour qu'elle revête le caractère d'une obligation. Bien plus, cette obligation est d'une rigueur spéciale. Comme le bien général en dépend, elle l'emporte sur les affections et les devoirs de famille. « La patrie a plus de droit à nos respects et à nos hommages, elle est plus auguste et plus sainte devant les dieux et les hommes sages, qu'un père, qu'une mère et tous les aïeux[4]. »

Ce n'est pas à dire que l'État ait le droit de légiférer sans règle ni mesure. Il est une limite, d'ailleurs très

---

1. Xénoph., *Mem.*, IV, 4, 13-14.
2. *Ibid.*, II, 1, 12 et sq.
3. *Ibid.*, IV, 4, 14-17; — Plat., *Protag.*, II, xiv, 144; *Crit.*, I, xi, 69.
4. Plat., *Crit.*, I, xii, 70.

difficile à définir, au delà de laquelle les décisions de l'assemblée perdent toute puissance de contrainte morale. Les lois des hommes n'obligent que si elles sont *bonnes* et tant qu'elles demeurent telles : la condition de leur légitimité, c'est leur conformité avec la justice naturelle. Bien que Socrate passe très rapidement sur ce point, il en dit assez pour se faire comprendre[1]. Il a l'air de soutenir que justice et légalité ne sont qu'un; mais le philosophe l'emporte sur le citoyen; et c'est tout le contraire qu'il démontre.

Que deviennent alors les dieux? sont-ils absolument étrangers au fait de l'obligation morale? Les dieux ont élevé la nature à l'état de « cosmos ». Ce sont eux qui de la matière indéfinie ont fait cet arrangement harmonieux que nous appelons le monde[2]. Ils sont la cause première de l'ordre rationnel des choses[3]; et par là même ils sont la cause première du devoir. En outre, une fois sorti de la main des dieux, l'univers ne leur est pas devenu indifférent. Comme ils obéissent à « l'idée du meilleur », ils s'intéressent, ils ne peuvent point ne pas s'intéresser à ce qui est « bon et beau » : ils entretiennent la beauté physique de la nature; et ils en veulent la beauté morale[4]. Les dieux imposent de leur chef le respect et l'amour du bien; et leur injonction ne peut être vaine : elle a une valeur infinie,

---

1. Xenoph., *Mem.*, IV, 4, 14.
2. *Ibid.*, 1, 4, 8.
3. *Ibid.*, IV, 4, 19-25.
4. *Ibid.*, IV, 4, 25; — Plat., *Crit.*, I, XII, 70.

puisque étant les maîtres souverains de tout ce qui est, ils ont le droit d'en disposer au profit de leurs vues très saintes.

C'est donc une exagération que de voir en Socrate « le véritable père de ce qu'on appelle aujourd'hui la morale indépendante »[1]. Sans doute, du moins autant qu'on en peut juger, Socrate attribue à l'ordre essentiel des êtres une force obligatoire qui leur est inhérente, qui ne trouve pas dans la religion son fondement immédiat. Mais tout n'est pas là, pour lui. C'est plus haut, à coup sûr; c'est dans la divinité elle-même qu'il place la raison dernière du devoir. L'obligation morale, d'après sa théorie, n'est pas seulement un rapport de la volonté humaine à l'harmonie des choses; c'est aussi, et par-dessus tout, un rapport de la volonté humaine à la volonté divine. Il enferme dans un même concept et les données de la morale indépendante et celles de la morale religieuse, et sauvegarde ainsi la croyance traditionnelle de son pays. Toute faute, à ses yeux, demeure une impiété[2].

V

Outre les concepts dont on vient de parler et qui portent sur les fondements de la morale, Socrate a laissé un certain nombre d'idées plus ou moins neuves sur

---

1. A. FOUILLÉE, *Philosophie de Socrate*, t. II, p. 153, Paris, 1874.
2. PLAT., *Crit.*, I, XII, 71.

les rapports d'individus à individus, sur la famille et la politique.

A ses yeux, la vie intra-personnelle se résumait tout entière en deux mots : justice et amitié. Aussi peut-on remarquer que ce sont là deux sujets dont il s'est particulièrement préoccupé : il les a traités ou touchés à différentes reprises; il s'y est plu et complu.

Le malheur ne veut pas moins qu'il soit très difficile de préciser de tous points l'idée socratique de la justice; car, sur cette question, les textes ne s'accordent pas entre eux.

Il semble, d'après Xénophon, que Socrate n'ait pas dépassé la devise un peu barbare qui a régné dans toutes les cités antiques : « rends le bien pour le bien et le mal pour le mal ». Une des thèses que soutient Socrate dans son dialogue avec Euthydème sur la justice, c'est qu'on a le droit de faire du mal à ses ennemis[1]. Au chapitre troisième du second livre des *Mémorables,* il nous représente comme « un homme digne de tout éloge celui qui sait le premier nuire à ses ennemis et servir ses amis »[2]. Un peu plus loin, au chapitre sixième du même livre, il parle de l'homme de bien et compte parmi les vertus qui le caractérisent la science « de vaincre ses amis en bienfaits et ses ennemis en outrages »[3]. Enfin, au troisième livre du même

---

1. XENOPH., *Mem.*, IV, 2, 15.

2. 14 : Καὶ μὴν πλείστου γε δοκεῖ ἀνὴρ ἐπαίνου ἄξιος εἶναι, ὃς ἂν φθάνῃ τοὺς μὲν πολεμίους κακῶς ποιῶν, τοὺς δὲ φίλους εὐεργετῶν.

3. 35 : ... Καὶ ὅτι ἔγνωκας ἀνδρὸς ἀρετὴν εἶναι νικᾶν τοὺς μὲν φίλους εὖ ποιοῦντα, τοὺς δ' ἐχθροὺς κακῶς.

ouvrage, il opine que « ce n'est point être envieux que de s'affliger de la prospérité de ses ennemis »; il n'appelle de ce nom « que ceux qui s'attristent du bonheur de leurs amis »[1].

On peut dire, il est vrai, que dans les deux premiers passages, il s'agit seulement des ennemis de la cité (πολέμιοι). Mais les autres paraissent bien avoir un sens plus large : il est difficile de n'y pas voir la reproduction pure et simple d'une maxime qu'avaient fait naître de longs siècles de violences et que les Hellènes s'étaient habitués insensiblement à regarder comme une règle légitime de conduite.

D'autre part, on trouve dans le *Criton* un témoignage tout à fait différent. « C'est donc un devoir de n'être jamais injuste, dit Socrate dans ce dialogue? — Sans doute. — Par là même, c'est un devoir aussi, quoi qu'en dise le vulgaire, de ne l'être pas pour celui qui l'a été à notre égard. — C'est mon opinion. — Mais quoi! Est-il permis de faire du mal à quelqu'un ou ne l'est-il pas? — Ce n'est nullement permis, Socrate. — Et rendre le mal pour le mal, est-ce juste, comme le veut le peuple, ou injuste? — Tout à fait injuste. — Car faire du mal ou être injuste, cela revient au même, n'est-ce pas? — Tu dis la vérité. — Ainsi, c'est une conclusion certaine : Il ne faut point rendre le mal pour le mal; il ne faut point nuire aux autres hommes, quoi que

---

[1]. XENOPH., *Mem.*, 9, 8 : φθόνον δὲ σκοπῶν ὅτι εἴη λύπην μέν τινα ἐξεύρισκεν αὐτὸν ὄντα, οὔτε μέντοι τῇ ἐπὶ φίλων ἀτυχίαις οὔτε τὴν ἐπ' ἐχθρῶν εὐτυχίαις γιγνομένην.

nous puissions souffrir de leur part[1]. » Le Criton attribue donc nettement à Socrate l'idée d'une justice qui s'applique aux ennemis comme aux amis, qui ne souffre pas d'exception. Or ce dialogue est de la période socratique des œuvres de Platon; de plus, il fait partie de l'apologie de Socrate. Et, par conséquent, on a quelque droit de considérer comme historiques les idées principales qui en forment la trame.

Mais alors à quoi faut-il s'arrêter? Comment supprimer l'antinomie que fait surgir l'étude des textes? La solution la plus raisonnable est de supposer que la pensée de Socrate s'est élargie avec le temps. On peut croire qu'à force de dialoguer, il a fini, sur ses derniers jours, par découvrir cette grande idée de la justice que Platon devait développer avec tant de force dans le *Gorgias* et dans la *République*. Socrate n'est-il pas mort avec cette noblesse d'âme qui fait tout pardonner? Et ses derniers moments n'ont-ils pas été ceux d'un vrai juste?

On a des données plus concordantes sur la manière dont Socrate comprenait l'amitié.

Contrairement à l'amour qui a pour objet le corps, l'amitié ne s'établit qu'entre les âmes. De plus, c'est dans la vertu qu'elle a ses assises : « l'amitié est naturelle à l'homme »[2]; mais elle n'éclôt, elle ne s'épanouit qu'entre gens de bien. On ne peut avoir des amis, si l'on est soi-même dominé par l'amour de la bonne

---

1. PLAT., *Crit.*, I, x, 68.
2. XENOPH., *Mem.*, II, 6, 21.

chère, la volupté, l'avarice ou quelque autre penchant désordonné. On ne peut non plus avoir des amis, si les personnes auxquelles on s'adresse sont encore esclaves de leurs passions. Car l'amitié est un échange perpétuel de services qui a pour règle la sagesse : elle exige que ceux qui s'aiment se fassent du bien l'un à l'autre ; elle veut que l'on sache se donner soi-même : elle vit de dévouement. Or de celui qui se laisse vaincre par ses appétits, on ne peut attendre qu'égoïsme. Il n'y a de dévouement que par cette maîtrise de soi qui a son principe dans la science ; il n'y a de dévouement que par la vertu. « Viens à nous, célèbre Ulysse, viens, honneur de la Grèce, » disaient autrefois les Sirènes ; et « ce n'est qu'aux hommes de bien qu'elles adressaient de tels chants ». Ainsi de la vertu : elle est la Sirène de l'amitié[1].

Fondée sur le bien, l'amitié est aussi et par là même, pour ceux qu'elle unit, une source croissante de biens. D'abord, elle multiplie en quelque sorte notre personnalité, en nous donnant d'autres nous-mêmes. « Un bon ami se substitue à son ami dans tout ce qui lui manque. » « Veut-il rendre service à quelqu'un, il est là pour lui prêter son appui. Si quelque crainte le trouble, il vient à son aide, partageant ses dépenses et ses démarches, employant de concert avec lui la persuasion ou la violence, le charmant toujours dans le bonheur, le relevant sans cesse dans l'adversité. Tout ce

---

1. XENOPH., *Mem.*, II, 6, 1-12.

que peuvent en chacun de nous les mains par le toucher, les yeux par la vue, les oreilles par l'audition et les pieds par la marche, un ami dévoué le peut aussi pour son ami. Souvent même il exécute ce que l'on n'a pas fait pour soi, ce que l'on n'a ni vu, ni entendu, ni parcouru [1]. »

Les avantages que l'amitié procure ne se bornent pas à la vie privée; elle est aussi d'un puissant secours pour le citoyen qui s'engage dans la carrière politique. Il lui est plus facile et de parvenir aux honneurs et de s'y affermir, lorsqu'il est entouré d'un nombreux cortège d'amis. Car alors il compte partout des hommes dévoués qui le renseignent sur les mouvements de l'opinion, qui le défendent contre ses adversaires, dont les éloges font valoir son mérite; et il va grandissant toujours en estime et en sympathie auprès du peuple dont il représente les volontés [2]. C'est ce qu'avaient bien compris Périclès, et aussi Thémistocle. Périclès possédait une foule d'amis dont il se servait pour se faire aimer d'Athènes. Et Thémistocle, pour gagner son affection, ne s'est point servi d'enchantements; il l'a entourée d'une bienfaisante égide [3]. Mais ce qui fait par-dessus tout la valeur de l'amitié, c'est qu'elle exerce sur la vie morale une heureuse et profonde influence. « L'amour de la Vénus populaire est populaire aussi et ne suggère que de basses actions [4]. » Mais il

---

1. Xenoph., *Mem.*, II, 4, 6-7; II, 9 et 10.
2. *Ibid.*, II, 6, 22-27.
3. *Ibid.*, II, 6, 13.
4. Plat., *Banquet*, VII, IX, 209

en est autrement de l'amitié. Fille de la Vénus céleste, elle est céleste elle-même et n'a que de nobles et généreuses inspirations. Les âmes qui s'aiment se complaisant l'une dans l'autre, se veulent de plus en plus belles, et travaillent sans relâche à se perfectionner mutuellement par la parole et par l'exemple. En outre, il se produit entre elles une sorte de rivalité purificatrice : elles aspirent sans cesse à se dépasser l'une l'autre dans leur course vers le meilleur. Et de là une culture incessante de la science, de la justice, du courage et de l'amour de la gloire; de là un affinement perpétuel de tout ce qui fait la grandeur de la nature humaine [1].

L'amitié est donc « belle et bonne »; elle est d'un prix incomparable. De plus, elle n'est pas éphémère de sa nature; elle ne passe point avec le printemps de la vie. « Celui qui s'attache au corps plutôt qu'à l'âme ne peut avoir un amour durable, puisqu'il aime une chose qui ne dure point. Dès que la fleur de la beauté qu'il aimait s'est flétrie, il s'envole ailleurs sans se souvenir de ses flatteries et de ses promesses. Il n'en est pas ainsi de l'amant d'une belle âme : il reste fidèle toute sa vie [2]; et ses chastes transports, loin de s'affaiblir, ne font qu'augmenter avec le temps; car l'âme, à la différence du corps, va se perfectionnant de plus en plus et devient par là même de plus en plus aimable. Sa beauté et sa bonté ne dépendent point de

---

1. XENOPH., *Banquet*, VIII, 9 et sq.; — PLAT., *Banquet,* VII, VIII, 209; VIII, XI, 215.

2. XENOPH., *Banquet*, VIII, 14; — PLAT., *Banquet*, VII, X, 213.

la jeunesse; « c'est la vertu qui d'année en année les fait croître dans les hommes[1]. »

Si Socrate a tant insisté sur l'amitié, ce n'est pas seulement parce que la noblesse et l'utilité d'un tel sentiment étaient de nature à frapper son attention; il obéissait à un motif plus pressant et d'ordre tout pratique. Athènes, de son temps, était désolée par la pédérastie. Ce vice monstrueux s'étalait partout dans la cité de Cécrops; et partout il faisait les mêmes ravages, dépravant les âmes, ruinant les corps, déchaînant les passions les plus bestiales et tarissant peu à peu les sources de la vie. Le mal était si grand, il était si commun que les enfants ne sortaient jamais seuls dans la ville : ils allaient toujours accompagnés de leurs gouverneurs dont le principal devoir était d'écarter les amants[2]. Socrate, qui se proposait de sauver sa patrie en y ramenant la vertu, a senti le besoin de réagir contre un désordre à la fois si honteux et si dangereux Or, pour l'enrayer, il ne s'est pas contenté de le flétrir en toute occasion; il a essayé de substituer à la fougue des amants le culte des amis.

Socrate a également modifié la conception traditionnelle de la famille grecque; et la principale idée qu'il y a introduite, est celle de l'égalité naturelle de l'homme et de la femme.

Chez les Grecs, comme dans la plupart des sociétés

---

1. XENOPH., *Banquet*, VIII, 14; *Œc.*, VII, 43.
2. PLAT., *Banquet*, VII, x, 212.

indo-européennes, l'éducation intellectuelle de la femme était à peu près nulle.

On la soumettait, dès l'âge le plus tendre, à une surveillance extrême, « afin qu'elle ne vît, n'entendît et ne demandât presque rien ». On l'initiait aux travaux du ménage, on la formait à la tempérance; et c'était tout[1]. Lorsqu'elle se mariait, elle n'était encore « qu'une véritable enfant »[2] : « Quand ma femme est entrée chez moi, observe Ischomachus, elle savait filer, faire des habits et distribuer la tâche aux servantes; que pouvais-je souhaiter de plus[3]? » En outre, la femme grecque passait sa vie entière dans un état de tutelle absolue. Fille, elle était soumise à son père; le père mort, à ses frères et agnats; mariée, elle passait sous la puissance du mari, lui sacrifiant à la fois son culte et sa liberté. Le mari mort, elle ne retournait pas dans sa propre famille; car elle y avait renoncé pour toujours par le mariage sacré : la veuve demeurait sous l'autorité des agnats de son mari, c'est-à-dire de ses propres fils, s'il y en avait, ou, à défaut de fils, des plus proches parents. Son mari pouvait, avant de mourir, lui désigner un tuteur et même lui choisir un autre époux. Elle n'était jamais *sui juris;* et sa dignité ne lui venait point de sa personne, mais du foyer auquel elle appartenait[4].

---

1. Xenoph., *Œc.*, VII, 5.
2. *Ibid.*, III, 13.
3. *Ibid.*, VII, 6.
4. Fustel de Coulanges, *la Cité antique*, p. 95.

Socrate a compris ce qu'il y avait d'excessif dans ce vieil état de choses et posé le principe qui devait peu à peu le faire disparaître. Il est venu dire, tout le premier, que la femme, pour le céder à l'homme en vigueur physique, n'en est pas moins douée de raison, qu'elle est une personne aussi bien que lui. De plus, il a tiré de son principe la conséquence immédiate qui en découlait d'après son système : c'est que, pour la femme comme pour l'homme, la vertu se ramène à « la science », et que, par là même, il faut travailler sans relâche à lui donner l'intelligence des « belles et bonnes choses ». La dialectique, voilà ce qui fait l'homme vertueux; et voilà également ce qui fait la femme vertueuse. Car partout où la raison se montre, elle a toujours la même force, elle est également invincible[1]. Et l'on ne peut nier qu'il y ait un fond de vérité dans cette façon de voir : si l'instruction ne suffit pas à la femme, elle lui est du moins nécessaire; c'est concourir à son développement moral que d'élargir son intelligence.

Mais Socrate ne paraît pas avoir poussé sa déduction plus avant. Il n'a pas même vu que, s'il y a égalité entre l'homme et la femme, la fidélité conjugale oblige aussi rigoureusement l'époux que l'épouse. Il condamnait l'adultère, conformément à la loi athénienne : il ne voulait point qu'un homme marié s'en prît « aux femmes de condition libre »[2]. Mais il lui permettait de s'adresser aux hétaïres; et lui-même donnait l'exemple sur ce

---

1. Xénoph., *Banquet*, II, 9-10; *Œc.*, III, 11; VII, 10.
2 Plat., *Banquet*, VII, ix, 210.

point. « Suis-je sollicité, dit-il, par quelque désir amoureux? qui se présente me suffit. Celles dont j'approche me comblent de caresses, car elles ne trouvent personne qui veuille aller avec elles [1]. » On peut céder aux inspirations d'Aphrodite dans la mesure où la nature en sent le besoin. Le tout est de n'y jamais perdre la maîtrise de soi-même et de voir aux conséquences [2]. Socrate ne sentait pas encore, comme Plotin, la honte d'avoir un corps [3].

En politique, l'originalité de Socrate se traduit par deux idées qui dérivent des principes de sa morale : il a conçu d'une façon nouvelle le rôle de l'État et l'art du gouvernement.

L'État, pour Socrate, n'a point sa raison d'être en lui-même; il est, parce que l'intérêt des unités sociales veut qu'il soit : son but unique est de concourir au bonheur des individus. Il faut observer, il est vrai, les décrets qu'il formule; c'est même un devoir capital. Mais l'obéissance, à laquelle il a droit, ne se fonde pas sur le fait brut de son existence; elle tient exclusivement à son rôle. On doit se conformer aux lois de sa cité, parce qu'elles sont la condition de l'ordre et que l'ordre est, pour les particuliers, le vrai moyen d'obtenir la plus grande somme de jouissances possible. Socrate concilie l'individualisme et le collectivisme dans l'idée de fina-

---

1. Xenoph., *Banquet*, IV, 38.
2. Xenoph., *Mem.*, I, 3, 14.
3. *Enn.*, I, p. 3, 1, Ed. Leipzig, 1883 : Πλωτῖνος ὁ καθ' ἡμᾶς γεγονώς φιλόσοφος ἐῴκει μὲν αἰσχυνομένῳ, ὅτι ἐν σώματι εἴη.

lité. De plus, il n'attribue pas à l'État cette puissance illimitée qu'il a exercée pendant l'antiquité tout entière. L'individu a des droits qui sont susceptibles d'être méconnus, mais qui demeurent imprescriptibles ; il est une partie de la vie humaine, la plus intime et la plus profonde, qui ne relève pas des pouvoirs humains. C'est là une croyance de Socrate qui se déduit de sa théorie des lois et dont ses derniers moments ont donné une preuve éclatante. Il protestait, devant ses juges, de sa soumission complète aux lois de son pays ; mais il faisait, en même temps, une restriction significative. « Il me faut obéir « au Dieu », disait-il ; « plutôt mille morts que de ne pas obéir « au Dieu » [1]. »

On peut donc faire remonter jusqu'à Socrate l'idée fondamentale sur laquelle repose « l'État moderne ». Si ce n'est pas lui dont elle a reçu la force de descendre de la théorie dans la vie pratique ; il a du moins le mérite de l'avoir entrevue et enseignée.

En second lieu, Socrate s'est élevé avec énergie contre la politique « de la fève ». Cette manière de gouverner un peuple lui paraissait irrationnelle[2] ; elle ne pouvait que donner à la cité des chefs incapables et précipiter sa décadence[3]. Je suppose, disait-il, un médecin qui tient le langage suivant : « Athéniens, personne ne m'a enseigné la médecine, et je n'ai cherché les leçons d'aucun de nos maîtres. Non seulement j'ai refusé de

---

1. PLAT., *Apol*, I, XVII, 42.
2. XENOPH., *Mem.*, I, 2, 9.
3. *Ibid.*, III, 5, 21.

rien apprendre, mais encore je n'ai pas voulu qu'on pût croire que j'eusse rien appris. Cependant donnez-moi vos suffrages; j'essaierai de m'instruire en faisant sur vous des expériences[1]. » Est-ce qu'on ne se moquerait pas d'une telle folie? Or il est encore bien plus fou, celui qui fait de la politique sans l'avoir patiemment étudiée; car elle est, sans contredit, la plus difficile des sciences[2]. Rien de délicat, rien de complexe comme la direction des hommes et des choses. Et de là l'effort qu'a fait Socrate pour éloigner ceux-ci des affaires publiques, pour y pousser ceux-là[3]; de là sa tentative de former une sorte d'aristocratie intellectuelle qui fût à même de donner au gouvernement d'Athènes une orientation plus sage et plus sûre[4]:

L'éthique de Socrate est donc un eudémonisme rationnel. Le bonheur, d'après lui, voilà le but qu'il s'agit d'atteindre; et les moyens sont d'une part l'ordre des choses utiles, de l'autre la science qui le révèle et le réalise. Évidemment, son système demeure sujet à nombre de critiques. Par exemple, le bonheur dont il parle coûte trop cher et reste trop imparfait pour devenir un stimulant efficace de l'humaine activité; il a

---

1. Xenoph., *Mem.*, IV, 2, 5; — Plat., *Protag.*, II, x, 137-138.
2. Xenoph., *Mem.*, IV, 2, 6-7.
3. *Ibid.*, III, 6 et 7.
4. *Ibid.*, I, 6, 15; III, 5, 22-27; III, 9, 10-12.

quelque chose d'âpre et de triste qui laisse l'âme inquiète, au lieu de la décider à l'action. De plus, il n'est pas vrai que la raison, une fois éclairée, ne se laisse jamais vaincre. Il y a deux vies en nous, comme l'a remarqué saint Paul : celle de l'esprit et celle de la chair. Or l'expérience est là pour nous montrer que la seconde peut toujours l'emporter sur la première. Et n'est-ce pas ce que Socrate a eu la tristesse de constater par lui-même chez quelques-uns de ses disciples? On peut dire aussi que sa théorie esthétique est beaucoup trop exclusive. Il y a de la beauté même dans le désordre, lorsqu'il s'y manifeste de la puissance. Et il est très probable que Socrate aurait élargi sa pensée, s'il eût vu d'autres cieux que celui de la Grèce. Enfin, on ne remarque nulle part qu'il ait parlé de l'amour de l'homme pour l'homme. Son attique lui a suffi : « O bien-aimée cité de Jupiter! » devait s'écrier Marc-Aurèle. Bien-aimée cité de Cécrops! disait encore le sage d'Alopèce. Mais on s'explique ces défauts, lorsqu'on se rappelle l'état où se trouvait la morale avant Socrate; on s'étonne même qu'il ait pu créer, à lui seul, un système aussi vaste, aussi fortement lié, et qui contient tant d'idées à la fois neuves et fécondes.

CHAPITRE VII

THÉOLOGIE

On a pu remarquer, à propos de la théorie des lois, que Socrate, pour trouver l'explication totale du devoir, est remonté jusqu'à la religion. On n'aurait qu'une partie de sa pensée, si l'on s'en tenait là. Socrate vivait dans un temps où la croyance en Dieu, sans cesse attaquée par les sophistes, avait fini par s'ébranler; et il a tenté soit de la fonder en raison, soit de la rendre plus noble et plus pure : il a esquissé toute une théologie, qui est, comme son éthique elle-même, une téléologie.

Anaxagore avait dit « qu'il y a dans la nature, comme dans les animaux, une intelligence qui est à la fois cause du mouvement et de tout l'ordre cosmiques »[1]. C'est là l'idée de génie dont Socrate fait la base de toute sa théodicée[2].

Il s'appuie, il est vrai, sur la croyance universelle des hommes en la divinité[3]; il parle aussi des oracles, des songes, des signes extérieurs où les prêtres d'Athènes

---

1. Arist., *Met.*, A, 3, 984ᵇ, 15 ; *Phys.*, Θ, 250ᵇ, 24.
2. Plat., *Phædo*, I, xlvi, 186.
3. Xenoph., *Mem.*, I, 4, 16.

croyaient lire les volontés des dieux[1]. Et tous ces faits, il semble bien les regarder comme autant d'indices d'où l'on peut inférer l'existence d'êtres immortels et supérieurs à nous. Mais ce sont là des arguments d'ordre vulgaire, que Socrate, suivant son habitude, prend pour points de départ afin d'en chercher le fondement rationnel. Or, à ses yeux, ce fondement est unique : c'est l'ordre qui se manifeste dans l'univers.

I

« Rien de vain »[2]. Tout est nombre et harmonie, en nous et autour de nous : le monde entier est un vaste système de moyens et de fins. Chacun de nos sens est approprié à sa fonction ; ces fonctions elles-mêmes forment un admirable ensemble qui assure la conservation de l'individu ; et l'individu, à son tour, est pourvu des organes et de l'instinct voulus pour la propagation de l'espèce. La vie s'accorde donc avec elle-même ; et de plus elle s'accorde avec son milieu : le ciel et la terre sont disposés de manière à ce qu'elle y puisse éclore et se développer.

Il est incalculable le nombre des éléments qui peuplent l'espace infini. Et, par conséquent, chacun de nos organes suppose un travail prodigieux de sélection et

---

[1]. Xenoph., *Mem.*, I, 4, 15; IV, 3, 12.
[2]. Arist., *Eth. Mag.*, A, 1, 1183ᵇ, 10.

d'arrangement intérieur[1]. Or ce travail s'est fait et se fait encore chaque jour avec un bonheur persévérant. « La langue nous donne la sensation de ce qui est doux, de ce qui est amer et de toutes les autres saveurs. » Nous avons des narines qui sont de nature à percevoir les parfums. Nous jouissons, par les yeux, de la magie des couleurs[2]; et « nos oreilles reçoivent les sons, sans se remplir jamais »[3]. C'est dans la vue surtout que l'ordre se manifeste avec éclat; il semble même qu'elle soit faite avec une sorte de coquetterie savante. « Organe de nature délicate, elle est munie de paupières qui s'ouvrent au besoin et se ferment la nuit comme des voiles. Elle a, pour se protéger contre les vents, un tamis de cils; et les sourcils lui font une petite toiture, afin que la sueur qui découle de la tête ne puisse l'atteindre[4]. » En outre, chacun de nos sens occupe la place qui présente le plus d'avantages et le moins d'inconvénients. Les yeux et les oreilles sont fixés autour de la tête, comme des sentinelles aux aguets sur le sommet d'une citadelle. « Chez tous les animaux, les dents de devant sont propres à couper, et les molaires à broyer les aliments qu'elles en reçoivent. La bouche par où les animaux introduisent la nourriture est placée près des yeux et des narines; au contraire, les déjections, qui nous répugnent, ont leurs canaux éloignés et détournés le plus possible de nos sens[5]. »

1. Xenoph., *Mem.*, I, 4, 8.
2. *Ibid.*, I, 4, 5.
3. *Ibid.*, I, 4, 6.
4. *Ibid.*, I, 4, 6.
5. *Ibid.*, I, 4, 6.

Pourquoi cette double finalité de nos organes? Pourquoi sont-ils accommodés à leurs fonctions respectives et coordonnés entre eux? C'est qu'ainsi le demande l'intérêt commun qui fait leur raison d'être. Il faut que l'individu vive, que, pour vivre, il se nourrisse et se défende. Tel est le vœu de la nature; et ce vœu se trouve réalisé par l'harmonie qui se révèle de toutes parts dans la structure du corps humain. Nos sens sont comme les citoyens d'une ville bien ordonnée : ils assurent, par la discipline qui préside à leur travail, le salut du tout dont ils font partie. Mais la vie s'éteindrait bien vite sur la terre, si elle n'avait que de telles ressources à sa disposition. L'individu meurt sans cesse et dans les cheveux et dans la chair et dans les os et dans le sang; et, à la fin, il disparaît tout entier sans retour. Il fallait donc « une industrie, par laquelle l'être mortel participât de l'immortalité ». Et cette industrie existe. Les animaux naissent mâles ou femelles, et sentent, au bout d'un certain temps, le besoin de se reproduire : la vie se perpétue à l'indéfini et se multiplie, dans l'amour, par l'assemblage des sexes[1].

La vie exige aussi tout un ensemble de conditions ambiantes, sans lesquelles elle ne peut subsister ni même apparaître. Or ces conditions sont également données : la matière, indifférente de sa nature à telle ordonnance plutôt qu'à telle autre, est disposée comme un palais immense où l'être qui respire trouve toutes choses à

---

1. Xenoph., *Mem.*, I, 4, 7.

son gré. La lumière du jour nous permet de vaquer à nos occupations ; et la nuit nous apporte, avec le sommeil, « le plus doux des délassements ». Les astres qui s'allument chaque soir au dôme bleu du ciel, nous marquent les heures de la nuit ; et la lune nous indique en plus les divisions du mois[1]. Il nous faut des aliments pour réparer notre perte continue d'énergie ; et la terre féconde les tire de son sein : Grâce à l'ordre des saisons, elle nous « fournit, avec abondance et variété, non seulement le nécessaire, mais encore l'agréable »[2]. « L'eau devient pour le sol un principe de fertilité ; elle contribue à nourrir notre corps, et, mêlée à tous nos mets, les rend plus faciles à préparer, plus salutaires et plus agréables. Aussi cet élément précieux est-il répandu avec profusion[3]. » Quel heureux auxiliaire que le feu dont nous nous servons à la fois pour réchauffer nos membres, éclairer nos pas, cuire nos aliments et plier à notre usage les plus durs métaux[4] ! Quel inestimable bienfait que cette profonde nappe d'air où nous sommes plongés, et qui non seulement entretient en nous la flamme de la vie, mais encore nous aide à traverser les mers pour aller chercher mille produits en mille contrées différentes[5] ! Que dire enfin de la mesure avec laquelle le soleil répand sur la terre la chaleur et la lumière ? « A peine a-t-il franchi le solstice d'hiver qu'il revient sur

1. XENOPH., *Mem.*, IV, 3, 3-4.
2. *Ibid.*, IV, 3, 5.
3. *Ibid.*, IV, 3, 6.
4. *Ibid.*, IV, 3, 7.
5. *Ibid.*, IV, 3, vol. V, p. 417, Weiske, Leipzig (1798-1804).

ses pas, mûrissant certaines productions et desséchant d'autres fruits dont la saison est passée. Puis, cette fonction une fois accomplie, au lieu de s'approcher de trop près, il se retire, afin de ne nous faire aucun mal par l'excès de ses rayons. Et, lorsqu'il est en train de s'éloigner, parvenu, comme nous le sentons clairement, à une distance qu'il ne peut franchir sans nous laisser mourir de froid, il se tourne de nouveau vers nous, se rapproche et gagne la partie du ciel où sa présence nous est le plus utile [1]. »

Le monde est donc tout resplendissant « de beauté et de bonté »; et celle des créatures qui se trouve la mieux faite pour en jouir, c'est l'homme. « Il est le seul de tous es animaux qui ait la faculté de se tenir debout. Or cette attitude lui permet à la fois et de porter plus loin sa vue, et de mieux contempler les choses d'en haut, et d'éviter un plus grand nombre de dangers [2]. » Multiples sont les plaisirs qui s'attachent aux divers objets, et multiples aussi les moyens que nous avons de les cueillir : chaque bien trouve en notre organisme une fonction correspondante qui nous met à même d'en tirer profit [3]. De plus, parmi ces fonctions, il en est qui, chez l'homme, acquièrent une valeur spéciale. Les joies qui nous viennent de la vue et de l'ouïe, dépassent infiniment ce que les êtres inférieurs éprouvent par l'intermédiaire des mêmes sens ; et « tandis que l'amour n'a pour les autres animaux

---

1. XENOPH., *Mem.*, IV, 3, 8.
2. *Ibid.*, I, 4, 11.
3. *Ibid.*, IV, 3, 11.

qu'une saison, il peut être continu chez nous et durer jusqu'à la vieillesse »[1].

Mais ce qui fait avant tout la supériorité de l'homme, c'est qu'il se possède lui-même par la pensée, c'est qu'il participe à « l'intelligence ». Il dialogue et pénètre par la dialectique jusqu'à « l'essence des choses », il se rend compte du prix de l'univers et du prix encore plus grand de son âme; il s'élève à des principes qui dépassent tous les temps et tous les lieux, à des principes absolus (τὰ καθόλου). Et de là une source incomparable de joies qui n'est qu'en lui; de là aussi une puissance dominatrice qui en fait « un dieu » parmi les autres animaux [2]. Bien plus, on peut dire que tout est disposé dans le monde en faveur de ce dieu de la terre, que rien n'y existe qui ne tende de quelque manière à son propre bonheur [3]. En effet, la nature entière a pour but le bien des êtres vivants, comme on l'a déjà vu; et, d'autre part, les êtres vivants ne peuvent avoir pour but que le bien de l'homme. Est-ce que nous ne nous vêtissons pas de leurs toisons ? Est-ce que nous ne nous nourrissons pas de leur lait et de leur chair ? N'avons-nous pas la puissance de les assouplir, comme nous l'entendons, à nos divers besoins ? Or quelle meilleure preuve « qu'ils naissent et vivent pour nous » [4] ? L'homme est donc le centre de l'univers : c'est uniquement dans l'intérêt de ce grand privilégié qu'il y a de

---

1. Xenoph., *Mem.*, I, 4, 12.
2. *Ibid.*, I, 4, 13-14; IV, 3, 11-12.
3. *Ibid.*, IV, 3, 8.
4. *Ibid.*, IV, 3, 10.

l'harmonie sur la terre et dans les cieux, que tout travaille et s'agite, que toute créature est dans l'enfantement.

Ainsi s'offre à nous le spectacle du monde. Rien n'y est jeté à l'aventure. Chacune de ses parties converge vers une fin immédiate, qui converge elle-même vers une fin plus haute ; et ainsi de suite jusqu'à ce que l'on trouve une fin suprême, laquelle est unique. D'où vient cet ordre si imposant et par la perfection de ses détails et par son immensité? Évidemment, on ne peut l'attribuer au hasard. Ce n'est pas d'eux-mêmes que les éléments se sont séparés de la masse informe dont ils faisaient partie; ce n'est pas d'eux-mêmes qu'ils ont pris et la figure et la proportion demandées par l'ensemble où ils devaient entrer ; ce n'est pas non plus de leur propre mouvement qu'ils sont venus occuper la place qui convenait le mieux soit à leur tout, soit au reste de la nature. Autant vaudrait dire que les statues de Polyclète et les toiles de Zeuxis se font toutes seules. La chose serait même infiniment plus incompréhensible, vu le nombre inconcevable des éléments que contient la totalité de l'univers. Il faut donc qu'il y ait une intelligence souveraine, qui du chaos primitif ait tiré l'ordre, qui ait fait de la matière indéfinie le « cosmos » que nous admirons [1] : il faut qu'il y ait un « démiurge » [2].

Et ce démiurge est unique; car la nature est une comme un poème et révèle assez clairement par son unité qu'elle n'a qu'un auteur. Ce démiurge « voit tout et

---

1. XENOPH., *Mem.*, I, 4, 3-4.
2. *Ibid.*, I, 4, 7.

entend tout » ; pas un atome de matière, pas une parcelle de vie dont il ne sonde le mystère : il pénètre de la lumière de son savoir tous les contours et toutes les profondeurs de la réalité [1]. Ce démiurge est doué d'une puissance qui n'a d'autres limites que les confins de l'être lui-même : c'est lui qui « fait et maintient l'harmonie de l'univers » ; c'est lui qui « lui conserve, à travers les âges, sa vigueur et sa jeunesse éternelle ». Il commande en souverain dans son vaste empire ; et « ses ordres ont une efficace infaillible et rapide comme la pensée » [2]. De plus, partout présent et partout vainqueur, il demeure néanmoins inaccessible à nos sens. « Le soleil, qui frappe tous les yeux, ne permet pas aux hommes de le regarder en face ; et, quand on a l'audace d'attacher sur lui ses regards, il enlève la vue. » La foudre descend du ciel « et brise tout ce qu'elle rencontre ; mais on ne peut la voir, ni quand elle tombe, ni quand elle frappe, ni quand elle se retire » [3]. Ainsi de celui qui régit la nature. C'est de l'invisible que sortent les effets visibles de sa sagesse et de sa puissance : il est l'âme du monde. « Apprends, mon ami, que ton âme, enfermée dans ton corps, le gouverne comme il lui plaît. Il faut donc que l'intelligence qui réside dans l'univers dispose tout à son gré. Quoi ! Ta vue peut s'étendre à plusieurs stades, et l'œil de la divinité ne peut tout embrasser à la fois ! Ton âme peut s'occuper au même moment de ce qui se passe

---

1. XENOPH., *Mem.*, I, 1, 19 ; I, 4, 18.
2. *Ibid.*, IV, 3, 13.
3. *Ibid.*, IV, 3, 14.

ici, et en Égypte, et en Sicile, et la pensée divine n'est pas capable d'enfermer toutes choses dans un seul regard [1]! »

Mais dire que la pensée du « Démiurge » se trouve répandue dans l'univers entier, dire qu'elle s'égale aux objets, ce n'est point affirmer qu'elle se rompt comme un astre qui éclate et perd ainsi la possession d'elle-même. Sans doute, il n'y a qu'un νοῦς, il n'y a qu'une intelligence dont participe à des degrés divers tout ce qui connaît, tout ce qui vit, et peut-être aussi ce qui ne vit pas encore. Et c'est la raison pour laquelle il ne faut pas protester contre les dieux du vulgaire; car il y a du divin partout. Mais, s'il y a du divin partout, Dieu n'est qu'en lui-même. Bien que notre âme soit mêlée à notre organisme et qu'elle porte jusqu'à ses dernières fibres l'ordre et la vie, elle n'est pas tout entière absorbée par cette fonction. Il lui reste de l'énergie pour se ramasser en elle-même : elle se fait en quelque sorte une retraite profonde où elle devient autonome, où elle puise de la lumière et de la force pour dominer tout le reste [2]. Il y a quelque chose d'analogue dans l'intelligence suprême, qui imprime à l'univers ses mouvements harmonieux. Elle a une vie intérieure, où elle se saisit et se comprend elle-même, une vie qui est la pensée et l'amour « de tout ce qu'il y a de beau et de bon » [3]. Et c'est par là qu'elle est « le Dieu » [4].

---

1. Xenoph., *Mem.*, I, 4, 17.
2. *Ibid.*, IV, 3, 14 : Βασιλεύει ἐν ἡμῖν.
3. *Ibid.*, IV, 3, 13 : ἐν ᾧ πάντα τὰ καλὰ καὶ ἀγαθά ἐστι.
4. Même théorie dans le *Philèbe*, III, xvi, 153-155.

Comme le Démiurge cède par essence au charme du meilleur, il n'a pu se contenter de faire le monde, pour l'abandonner ensuite à sa propre destinée ; il continue de différentes manières à « s'occuper » de son œuvre. D'après ce que l'on a déjà vu, il conserve à l'univers sa force et son eurythmie ; il impose aux mortels le respect de l'ordre rationnel des choses qu'il a lui-même établi. Et ce n'est là qu'une partie de l'action providentielle qu'il exerce sur le cours des faits. D'abord, Dieu voit les âmes telles qu'elles sont, non pas confusément et en tas, mais distinctement, une à une. L'homme vit, agit et pense sous le regard toujours ouvert de celui qui est à la fois l'auteur suprême et le juge infaillible de la loi morale. Chaque jour recommence, pour lui, une sorte de dialogue intérieur dans lequel le maître souverain de toutes choses interroge et la créature répond. Et de là, chez l'individu, une purification progressive des passions, un affinement perpétuel de la conscience [1].

En outre, il y a toute une catégorie de faits dont l'homme ne peut mesurer les conséquences, et sur lesquels Dieu est disposé à fournir des indications spéciales, lorsqu'on s'en rend digne par sa conduite et ses prières. Outre la Providence générale, il existe une providence particulière. « L'architecture, la métallurgie, l'agriculture, la politique, la théorie des autres sciences

---

1. Xenoph., *Mem.*, I, 1, 19 ; I, 4, 18-19 : ἐμοὶ μὲν οὖν ταῦτα λέγων οὐ μόνον τοὺς συνόντας ἐδόκει ποιεῖν, ὁπότε ὑπὸ τῶν ἀνθρώπων ὁρῷντο, ἀπέχεσθαι τῶν ἀνοσίων τε καὶ ἀδίκων καὶ αἰσχρῶν, ἀλλὰ καὶ ὁπότε ἐν ἐρημίᾳ εἶεν, ἐπείπερ ἡγήσαιντο μηδὲν ἄν ποτε ὧν πράττοιεν θεοὺς διαλαθεῖν.

analogues, le calcul, l'économie, la stratégie, sont autant de connaissances que l'homme peut acquérir de lui-même. Mais ce que ces connaissances enferment de plus important, les dieux se le réservent, sans en rien laisser voir aux mortels. Celui qui plante un verger ne sait pas qui en cueillera les fruits; celui qui fait bâtir une jolie maison ne sait pas qui l'habitera; le stratégiste ignore s'il est de son intérêt de commander; et le politique, s'il lui est avantageux de gouverner l'État. L'homme qui épouse une belle femme se demande en vain si elle ne fera pas son tourment; celui qui s'allie aux puissants de la cité peut craindre qu'ils ne viennent un jour à le bannir[1]. » La réalité se divise en deux domaines tout à fait distincts, dont l'un est livré aux investigations de l'homme; dont l'autre, au contraire, lui demeure éternellement fermé. La dialectique ne peut pas tout; il faut faire la part du mystère, et cette part est immense[2]. Or c'est là que « le Dieu » se manifeste d'une manière exceptionnelle, lorsque nous le méritons. Il vient au secours de ceux qui lui plaisent en ce qu'ils ne peuvent apprendre par eux-mêmes : il les renseigne par des oracles, par des signes célestes et des révélations intérieures; il les éclaire du dedans et du dehors, poursuivant ainsi à travers les âges et achevant son œuvre d'amour[3].

Si telle est l'excellence de la divinité et qu'elle té-

---

1. XENOPH., *Mem.*, I, 1, 7-8.
2. *Ibid.*, IV, 7, 6.
3. *Ibid.*, I, 1, 9; I, 4, 15.

moigne jusqu'à ce point de sa sollicitude pour l'homme[1], grandes sont les obligations que nous avons à son égard. Elle mérite la vénération la plus profonde, puisqu'elle est la source inépuisable de tout bien et par là même de tout bonheur[2]. Nous lui devons une reconnaissance infinie; car il n'est rien que nous n'ayons reçu de sa libéralité[3]. Et, comme elle pénètre le fond des âmes, cette gratitude ne tire point sa valeur de la richesse des offrandes : c'est le cœur qui en fait tout le prix[4]. Il importe aussi de prier la divinité, afin de gagner ses faveurs[5]. Et les demandes qu'on lui adresse supposent certaines conditions. Elle est amie de la vertu; et, par conséquent, elle se plaît surtout à exaucer l'homme vertueux[6]. « Elle sait mieux que nous ce qui peut nous rendre heureux; » et, par là même, ce qu'il faut lui demander, ce n'est pas tel bien, c'est le bien[7]. De plus, ces différents actes de piété ne peuvent pas revêtir une forme quelconque. Celui-là est vraiment pieux, qui se conforme à la liturgie de sa cité. Car ainsi le veut la Pythie, la grande interprète des dieux : c'est sa réponse invariable, « quand on l'interroge sur les sacrifices que l'on doit faire, sur les honneurs qu'il faut rendre aux

---

1. Xenoph., *Mem.*, IV, 3, 5 et 7 (φιλανθρωπία).
2. *Ibid.*, I, 4, 10; IV, 13, 15.
3. *Ibid.*, I, 4; IV, 3.
4. *Ibid.*, I, 3, 3.
5. *Ibid.*, IV, 3, 17.
6. *Ibid.*, I, 3, 3 : ἀλλ' ἐνόμιζε τοὺς θεοὺς ταῖς παρὰ τῶν εὐσεβεστάτων τιμαῖς μάλιστα χαίρειν.
7. *Ibid.*, I, 3, 2.

ancêtres, et autres choses de même nature » [1]. Mais là ne se bornent pas nos devoirs religieux : la piété a quelque chose de plus solide et de plus intime : elle atteint notre activité morale et la domine tout entière. La divinité est sainteté. Elle veut que l'homme observe l'ordre; elle impose le respect des lois naturelles et positives; et, par là même, il n'y a de sérieusement pieux que celui qui fait le bien. C'est encore ce que chante la Pythie [2].

Il est bon maintenant de faire remarquer en quelques mots le rôle qu'a joué la conception théologique de Socrate.

Premièrement, le christianisme s'est assimilé la plupart des idées qu'elle contient. Secondement, elle a fait époque dans l'antiquité. D'après Socrate, les causes efficientes sont décidément subordonnées aux causes finales. Or c'est la même pensée qui domine la philosophie de Platon tout entière et plus encore celle d'Aristote. Le finalisme a régné en maître absolu pendant la période la plus brillante du génie grec; et Socrate en a été le père. En troisième lieu, l'argument socratique de l'existence de Dieu a pris dans l'histoire de la théodicée une place importante, qu'il a gardée à l'indéfini. Cicéron [3],

---

1. Xenoph., *Mem.*, I, 3, 1; IV, 6, 2.
2. *Ibid.*, IV, 3, 16.
3. *De nat. deorum*, II, vii, 19; II, xviii-xxiii, Leipzig, 1886.

saint Thomas d'Aquin[1], Bossuet[2], Fénelon[3] l'ont reproduit à peu près tel quel, du moins sans l'enrichir d'idées neuves; et la plupart des philosophes et des théologiens l'ont utilisé, chacun à sa manière. C'est à partir de Kant seulement qu'on s'est mis pour tout de bon à l'examiner de plus près; et l'effort qu'on a fait pour en voir le fond, n'a pas été stérile. Aujourd'hui, la position du problème paraît changée. Actuellement, c'est sur la majeure de la preuve *par les causes finales* que porte la difficulté : il s'agit de savoir si tout ordre vient nécessairement de l'intelligence; et les critiques croient avoir des raisons d'en douter. D'abord, disent-ils, si nous faisons de l'intelligence la cause unique de l'ordre, c'est parce que nous sommes incapables par nature de concevoir une autre explication. Mais qui nous dit que les catégories de notre esprit sont égales en nombre aux catégories de l'être? De plus, l'ordre intelligible que contemple la pensée divine et qu'elle aurait réalisé dans le monde ne peut être regardé comme le résultat de son travail; il *est* comme elle et au même titre. C'est donc bien qu'il y a de l'ordre dont la cause n'est pas l'intelligence. Et dès lors, pourquoi recourir à un artiste transcendant? Pourquoi les formes plastiques qui composent la nature, et que nous y trouvons

---

1. *Sum. philos.*, I, xiii, 27, Sagnier et Bray, Paris, 1853; *Sum. Theol.*, I, ii, 3, Guérin, Barri-Ducis, 1874.

2. *De la connaissance de Dieu et de soi-même*, p. 201-212, Charpentier, Paris.

3. *Démonstration de l'existence de Dieu*, part. I, c. iv-xlix, Éd. Tournemine, Paris, 1776.

à l'état d'exercice, n'auraient-elles pas leur raison d'être en elles-mêmes[1]? Le plan d'attaque est donc réellement modifié ; et, par là même, il importe de modifier aussi le plan de défense[2].

II.

Ces remarques suffisent, croyons-nous, à faire sentir l'évolution qu'a subie la preuve théologique de la finalité. Revenons à la doctrine de Socrate.

On a beaucoup parlé de son « démon ». Le moment est venu de décrire ce phénomène singulier et d'en préciser la nature.

Socrate n'avait pas besoin, comme les autres mortels, d'aller à Delphes pour y consulter la Pythie sur ses propres intérêts et ceux de ses amis. Il possédait une sorte « d'oracle intérieur »[3]. Il entendait comme « une voix » tutélaire, qui s'était manifestée à lui dès son enfance et lui suggérait, dans les moments difficiles, la meilleure conduite à tenir[4].

« Ce signe divin » prenait exclusivement la forme prohibitive.

---

1. V. J. Lachelier, *Du fondement de l'induction*, p. 62-63, 87, Alcan, Paris, 1898.
2. C'est ce qu'a senti M. Couailhac. Sa thèse, intitulée *La liberté et la conservation de l'énergie*, contient une critique originale de la théorie de la finalité inconsciente, telle qu'elle est entendue de nos jours. (P. 252-300, V. Lecoffre, Paris, 1897.)
3. Xenoph., *Mem.*, I, 1, 2 : διετεθρύλητο γὰρ ὡς φαίη Σωκράτης τὸ δαιμόνιον ἑαυτῷ σημαίνειν; — Plat., *Rep.*, VI, x, 212 : τὸ δ' ἡμέτερον οὐκ ἄξιον λέγειν, τὸ δαιμόνιον σημεῖον ἢ γὰρ πού τινι ἄλλῳ ἢ οὐδενὶ τῶν ἔμπροσθεν γέγονε.
4. Plat., *Apol.*, I, xix, 44 : φωνή τις γιγνομένη.

« Cette voix, dit Socrate dans l'*Apologie* de Platon, n'intervient que pour me détourner de ce que je vais faire ; elle ne m'y pousse jamais[1]. » On trouve, dans le *Phèdre*, un passage analogue. Socrate, après avoir montré les maux que peut causer l'Amour, craint de s'être rendu coupable à l'égard de cette grande divinité. Il hésite à repasser l'Ilissus, avant d'avoir réparé ce qu'il regarde comme un blasphème et s'exprime ainsi : « Au moment de franchir le fleuve, j'ai senti ce signal divin qui m'est habituel et dont l'apparition m'arrête toujours au moment d'agir. J'ai cru entendre par ici une voix qui me défendait de partir avant d'avoir acquitté ma conscience, comme si elle était chargée de quelque impiété[2]. » On peut remarquer aussi qu'il n'y a pas un passage de Platon, où « le signe démonique » se traduise par un ordre positif. Ce philosophe mêle souvent à ses dialogues le souvenir du « génie familier » de son maître : tantôt il le mentionne à titre de fait psychologique ; tantôt, et c'est le cas le plus fréquent, il s'en sert comme d'un beau mythe dont il enrichit son langage. Or partout il lui conserve le même rôle, qui consiste à formuler des veto[3].

D'après Platon, « le signe démonique » est toujours « un empêchement divin » (δαιμόνιον ἐναντίωμα)[4]. Et c'est

---

1. PLAT., *Apol.*, I, XIX, 44 : ἀεί ἀποτρέπει με τούτου, ὃ ἂν μέλλω πράττειν, προτρέπει δὲ οὔποτε.

2. PLAT., *Phædr.*, VIII, XX, 21.

3. C'est ce que l'on pourra contrôler en remarquant la nature des différents cas que l'on rapporte ici dans l'ordre voulu par la logique de la question.

4. PLAT., *Alcib.* I, IV, I, 1 ; v. aussi *ibid.*, II, 4 et XIX, 29. Bien que

également dans ce sens qu'il faut interpréter le témoignage de Xénophon lui-même, bien qu'il ne s'y prête pas de prime abord. A prendre Xénophon au pied de la lettre, « le signe démonique » se serait révélé par des inspirations positives aussi bien que par des défenses. « Socrate, est-il dit dans les *Mémorables*, conseillait à bon nombre de ses disciples ou de faire ceci, ou d'éviter cela, suivant les indications du divin. Obéissait-on à ses conseils, l'on s'en trouvait bien. Venait-on à les négliger, on avait lieu de s'en repentir[1]. » « Quant à toi, Socrate, réplique Euthydème dans un autre passage du même livre, les dieux semblent te traiter encore avec plus de bonté que les autres hommes; car, à ce que tu dis, tu n'as pas besoin de les interroger : ils t'indiquent d'avance ce que tu dois faire et ne pas faire[2]. » Mais l'on s'aperçoit, lorsqu'on y regarde de près, que ces paroles ne contredisent en aucune manière les ouvrages de Platon. Si la loi « du divin » était d'intervenir toutes les fois qu'il s'agissait d'une action à éviter, il parlait encore, alors même qu'il ne parlait pas : son silence était une approbation. Socrate pouvait regarder comme utile ou du moins comme permis tout ce qui ne lui était pas formellement défendu. En lui apprenant ce qu'il ne fallait pas faire, l'être surnaturel l'avertissait indirectement de ce qu'il importait de faire. Il n'y a donc pas d'opposition

---

considéré comme apocryphe, ce dialogue est d'accord, en ce qui touche « le signe démonique », avec les ouvrages de Platon.

1. XENOPH., *Mem.*, I, 1, 4 . καὶ πολλοῖς τῶν ξυνόντων προηγόρευε τὰ μὲν ποιεῖν, τὰ δὲ μὴ ποιεῖν, ὡς τοῦ δαιμονίου προσημαίνοντος.

2. *Ibid.*, IV, 3, 12.

réelle entre Xénophon et Platon : si le premier diffère du second, c'est uniquement parce qu'il est moins précis.

Un autre caractère du « signe démonique » était de se manifester également à propos des grandes et des petites affaires.

C'est « le divin » qui détournait Socrate de la politique. « Peut-être vous paraîtra-t-il étrange que je coure de tous côtés donner à chacun des avis en particulier, et que je n'aie pas le courage de me produire dans les assemblées du peuple, pour y donner mes conseils à la République. Ce qui m'en dissuade, Athéniens, c'est ce que vous m'avez ouï dire souvent un peu partout : il m'arrive je ne sais quoi de divin et de démonique, dont Mélétus, pour plaisanter, a fait un chef d'accusation contre moi... J'entends une voix..., et c'est elle qui m'empêche de prendre part aux affaires publiques[1]. » Lorsque Mélétus eut porté son accusation, Hermogène, qui entendait Socrate discourir de tout autre chose que son procès, lui dit qu'il devrait bien songer à son apologie. « Eh bien, Hermogène, répondit Socrate, je me suis mis de fait à méditer une défense que je destinais à mes juges. Mais le divin s'y est opposé. » Alors Hermogène : « Ce que tu dis là me surprend. — Pourquoi t'étonner, s'il paraît meilleur au Dieu que je quitte la vie dès maintenant[2] ? » Une fois condamné, Socrate fit encore appel au « signe divin » pour montrer à ses juges que leur sentence de mort ne pouvait lui causer aucun dommage. « Il m'est arrivé quelque

---

1. Plat., *Apol.*, I, xix, 44.
2. Xénoph., *Mem.*, IV, 8, 5-6 ; *Apol.*, 2-5.

chose d'extraordinaire, leur dit-il. Mon oracle familier, celui du divin, n'a jamais cessé de se faire entendre à moi dans tout le cours de ma vie ; jusqu'à ce jour, il n'a jamais manqué, dans les moindres occasions, de me détourner de ce que j'allais faire de mal. Or aujourd'hui qu'il m'arrive ce que vous voyez, ce que l'on pourrait prendre et ce que l'on prend en effet pour le plus grand de tous les malheurs, le signe du Dieu ne s'est point manifesté : il ne m'a fait d'opposition ni ce matin quand je suis sorti de ma maison, ni quand je suis venu devant ce tribunal, ni tandis que je parlais, lorsque j'allais dire quelque chose. Dans nombre d'autres discours, il est intervenu à différentes reprises pour m'interrompre. Mais aujourd'hui, au cours de cette affaire, pas une de mes actions, pas une de mes paroles à laquelle il ait apporté quelque empêchement. Et j'en soupçonne la cause ; je je vais vous la dire : c'est que, selon toute vraisemblance, ce qui m'arrive est un bien ; c'est que nous sommes dans l'erreur, lorsque nous pensons que la mort est un mal. Grande est la preuve qui m'en est donnée : car, infailliblement, mon signe habituel m'aurait averti, si ma conduite eût dû s'écarter du bien [1]. »

D'ailleurs, « le signe démonique » n'attendait pas des circonstances aussi graves pour se produire ; il se mêlait à tous les détails de la vie de Socrate : Il se montrait à tout moment, comme en témoigne le texte qui vient d'être cité ; ses empêchements portaient sur les plus

---

1. PLAT., *Apol.*, I, XXXI, 55-56.

petites choses (ἐπὶ σμικροῖς). C'est « le signe divin » qui inspire à Socrate la pensée de ne pas repasser l'Ilissus, avant d'avoir expié le mal qu'il vient de dire à l'adresse de l'Amour[1]; c'est « le signe divin » qui « lui défend d'entrer en commerce avec certains jeunes gens et lui permet au contraire d'en voir d'autres »[2]. « Le signe divin » le retient un jour dans le Lycée, sans qu'il sache pourquoi; et bientôt il voit entrer Euthydème et Dionysodore avec une foule de jeunes gens qu'il prend pour leurs disciples[3]. « Antisthène, dit Socrate dans le *Banquet* de Xénophon, ne me dérange pas en ce moment; car, tu le vois, je m'occupe d'autre chose. — Ohé! l'entremetteur, reprend Antisthène, comme tu persévères à bien exercer ton métier! Tantôt tu allègues ton démon pour ne pas converser avec moi; tantôt tu es à la piste d'une idée[4]. » Il va sans dire que l'on ne peut regarder tous ces traits comme des faits historiques. Pour Platon, et même pour Xénophon, ce ne sont d'ordinaire que des fictions charmantes où se complaisent leur finesse d'esprit et leurs goûts mythologiques. Mais réels ou non, ils contiennent toujours un fond de vérité : ils signifient avec une égale force que « le signe divin » n'était pas avare de ses inspirations, qu'il se manifestait à chaque instant (ἑκάστοτε)[5], qu'il jouait à l'égard de Socrate le rôle d'un génie protecteur, toujours présent et toujours prêt (ἀεί) à lui

---

1. PLAT., *Phædr.*, VIII, xx, 21.
2. PLAT., *Theæt.*, I, vii, 205.
3. PLAT., *Euthyd.*, II, ii, 74.
4. VIII, 4-5.
5. PLAT., *Euthyphr.*, I, ii, 2.

suggérer la conduite la plus utile, à le préserver des moindres maux[1]; qu'il méritait véritablement, par ses interventions incessantes, le nom d'oracle familier, de divination habituelle (εἰωθὸς σημεῖον, εἰωθυῖά μοι μαντική).

Bien que d'une attention minutieuse, « le signe démonique » ne faisait pourtant rien d'inutile : Il ne se manifestait que dans les circonstances embarrassantes.

Socrate ne voulait point qu'on interrogeât les dieux sur les choses qui sont accessibles à notre intelligence. Il pensait que l'on ne devait se résoudre à les consulter qu'au sujet des actions dont l'esprit humain ne peut ni pénétrer la nature ni mesurer les conséquences[2]. Cette règle, qu'il conseillait aux autres, était aussi celle que suivait « le divin » à son égard. Son démon intervenait seulement lorsqu'il se produisait une difficulté pratique que sa réflexion personnelle ne suffisait pas à trancher complètement. Et c'est là, sans doute, la raison pour laquelle il méditait avec tant d'intensité les suites que pouvait entraîner sa conduite : il était persuadé qu'il ne lui arriverait de secours surnaturel que lorsqu'il aurait épuisé les forces de la nature.

Ainsi se comportait « le signe démonique »; et ce phénomène curieux a provoqué, au cours des âges, les interprétations les plus diverses : chaque génération l'a fait à son image.

Il semble bien que l'acte d'accusation porté contre Socrate ait voulu faire entendre que « le divin » était

---

1. PLAT., *Apol.*, I, XXXI, 55.
2. XENOPH., *Mem.*, I, 1, 6-10.

une sorte d'être personnel à la façon des divinités populaires. Il y est parlé « de nouveautés démoniques » introduites par Socrate (ἕτερα δὲ καινὰ δαιμόνια). Or, lorsque Xénophon essaie de détruire ce grief, son unique préoccupation est de démontrer que son maître a parlé, il est vrai, d'un « signe démonique »; mais que l'on aurait tort d'y voir soit un dieu, soit un génie; que ce n'était en définitive qu'une espèce de divination[1]. Toutefois, l'idée du « divin » qu'insinuaient les ennemis de Socrate et qui très probablement était aussi celle du public athénien, ne réussit pas à s'implanter dans les sociétés païennes. Lorsque Platon et Xénophon parlent du « signe démonique », ils n'emploient jamais le mot de « démon ». Ils disent constamment δαιμόνιόν τι, θεῖόν τι, ou bien ils ajoutent l'un à l'autre ces deux termes également vagues, signifiant assez clairement par là que ce phénomène ne leur apparaissait pas comme l'intervention d'un génie. Et c'est cette manière de voir qui prit cours et dura jusqu'à l'origine du christianisme. Cicéron lui-même s'exprimait comme les disciples immédiats de Socrate. « Hoc nimirum est illud, dit-il, quod de Socrate accepimus, quodque ab ipso in libris socraticorum sæpe dicitur, esse *divinum quiddam*; quod δαιμόνιον appellat, cui semper ipse paruerit, nunquam impellenti, sæpe revocanti.[2] »

Cette opinion se dissipa, quand apparut le christianisme. On se plut dès lors à voir dans « le signe démo-

1. Xenoph., *Mem.*, I, 1, 1-5.
2. *Divin.*, I, LIV, 122; v. aussi *ibid.*, LIV, 123.

nique, non plus une faculté divinatoire quelconque, mais une personne surnaturelle, un vrai génie. Ainsi pensaient Plutarque [1], Maxime de Tyr [2], Apulée [3]. Tel était aussi le sentiment unanime des Pères de l'Église : ceux-ci ne commençaient à se diviser que lorsqu'il s'agissait de savoir si l'oracle familier de Socrate était un ange ou bien un diable. Et l'on s'explique une semblable interprétation : elle était conforme aux idées régnantes de ce temps. Entre Dieu et l'homme, les néoplatoniciens imaginaient des éons; et les chrétiens croyaient, sur le double témoignage de la Bible et des Évangiles, à l'existence d'esprits purs dont les uns étaient restés bons, et dont les autres, librement déchus de leur grandeur originelle, s'exerçaient à tenter les âmes rachetées au prix du sang de « l'Agneau ».

Quelques psychologues modernes se sont également occupés « du signe démonique »; et naturellement, ils y ont vu tout autre chose qu'une forme divinatoire ou « la parole d'un génie ».

D'après Lélut, Socrate était persuadé que « sa voix » lui venait du fond de l'air ou s'élevait à ses côtés (αὐτόθεν) [4]; il ressemblait « aux corybantes qui croyaient entendre des cornets et des flûtes » [5]. Il attribuait à des causes extérieures ce qui ne tenait qu'au travail d'un

---

1. *De gen. Socr.*, p. 710, c. 20, 45-48 : οὐ φθόγγον, ἀλλὰ λόγον ἄν τις εἰκάσειε δαίμονος, Ed. Firmin-Didot, Paris, 1868; *ibid.*, p. 711, c. 20, 6-8.
2. *Philosophicæ dissert.*, xiv-xv, Ed. Firmin-Didot, Paris, 1877.
3. *De deo Socr.*, t. 5 (*bis*), p. 143, Ed. Dubochet, Paris, 1842.
4. Plat., *Phædr.*, VIII, xx, 21 : καί τινα φωνὴν ἔδοξα αὐτόθεν ἀκοῦσαι.
5. Plat., *Crit.*, I, xvii., 75.

cerveau malade : c'était un véritable halluciné, une sorte de fou. Et son cas ne serait pas unique dans l'histoire des grands hommes : Luther, Pascal, J.-J. Rousseau, Swedenborg auraient souffert du même état pathologique [1]. Au gré de M. P. Despine, Socrate était sujet à des attaques de catalepsie ; et l'on pourrait considérer « ses empêchements divins » comme des accès plus ou moins longs de cette maladie, dont les anciens ignoraient la nature et que l'on commence à connaître aujourd'hui [2].

S'il faut en croire M. Alfred Fouillée, ces solutions ont quelque chose d'excessif. « N'y a-t-il pas, dit-il, une voix intérieure, qui n'est que la pensée se formulant elle-même avec plus ou moins de soudaineté? Nous sommes habitués à prononcer des mots en pensant ; toute idée prend un corps, et se revêt d'un son *imaginé*, sinon *entendu*. Un sentiment soudain, une idée imprévue, un mouvement d'inquiétude ou de crainte, peuvent se formuler dans la conscience en mots vagues ; et la soudaineté du phénomène lui donne en même temps une apparence d'impersonnalité. C'est ce qui explique ces expressions à demi métaphoriques, à demi exactes, qui se retrouvent dans toutes les langues : la voix de la conscience, la voix de la passion, la voix de la haine ou de l'amour, la voix du cœur. Parfois, au momnet d'agir, on se dit tout d'un coup : « Je vais faire une « chose mauvaise ; » ou encore, par une sorte de dédou-

---

[1]. *Du Démon de Socrate*, p. 177-179, Trinquart, Paris, 1836.
[2]. *Revue philosophique*, mars 1880.

blement de soi-même : « Tu vas faire une chose mau-
« vaise. » — Cette voix est la nôtre; et cependant elle
est si spontanée, qu'elle paraît moins venir de nous que
d'une sorte de providence immanente... Socrate, vivant
à une époque encore peu instruite des lois de la nature
et ayant l'imagination exaltée par le sentiment religieux,
attribua à la Providence toutes ses inspirations instinc-
tives, et les appela des voix divines. Ce n'est point là
une hallucination physiologique ; mais, si l'on veut, une
hallucination psychologique, c'est-à-dire une simple
illusion intérieure, une confusion du subjectif et de
l'objectif[1]. »

C'est à cette dernière opinion que se rattache M. V. Eg-
ger, mais en la perfectionnant : il nous donne de l'état
d'âme de Socrate une analyse plus précise et plus nette.
A son dire, « tous les phénomènes de conscience ont
leur expression intérieure, quand ils sont bien distincts,
à moins que l'activité de l'âme ne soit trop grande et
ne permette pas de tout exprimer : au milieu d'un discours, Socrate n'éprouvait sans doute qu'un sentiment.
Mais, dans la promenade solitaire, par exemple, il était
naturel que le sentiment s'exprimât par une forme brève
de langage analogue ou équivalente à un impératif;
expression d'un sentiment, cette parole devait être sur
un ton assez élevé; étant vive et subite, elle avait les
caractères d'une voix étrangère; et, n'étant accompagnée
d'aucun phénomène spatial, elle ne paraissait pas avoir

---

1. *La philosophie de Socrate*, t. II, p. 284-286.

un lieu d'origine distinct de l'âme même qui la percevait. Tantôt donc, Socrate appelait le *veto* divin une voix, parce qu'il avait réellement entendu quelques mots ; tantôt, quand le phénomène avait été silencieux, il pouvait encore l'appeler ainsi par analogie, ou, comme on dit aujourd'hui, par association d'idées »[1].

Elles sont donc nombreuses, les vicissitudes par lesquelles a passé « le démonique » : elles sont si nombreuses que l'on perd à les décrire le courage de remuer encore la question. Il est bon néanmoins d'en dégager les principaux aspects, en y faisant autant que possible le départ du certain et de l'incertain.

1° Il ne faut pas confondre « le signe démonique » avec la conscience morale. Car il ne s'accusait que par des prohibitions. Or la conscience morale formule des ordres positifs aussi bien que des défenses et tout aussi directement. De plus, le « signe démonique » n'intervenait que dans les questions que l'esprit humain est impuissant à résoudre par ses propres forces (περὶ δὲ τῶν ἀδήλων). La conscience morale, au contraire, a pour objet le devoir dont la partie principale nous est connue, ou, du moins, peut l'être. A bien prendre les textes de Xénophon et de Platon, les seuls qui portent en la matière, « le signe démonique » était un pressentiment pratique, une sorte d'intuition subite et plus ou moins confuse des conséquences que pouvait avoir telle ou telle action.

---

1. *La parole intérieure*, p. 151 ; p. 153, not. 1, Paris, 1881.

2° Cette intuition prenait, pour Socrate, la forme d'une parole, intérieure tout au moins, c'est-à-dire mentale. Car on a beau prétexter l'usage particulièrement fréquent que Platon a fait des métaphores et des mythes, il est difficile de soutenir qu'il ait toujours pris le mot « voix » dans son sens figuré. On sent bien, par exemple, que, lorsque Socrate parle devant ses juges de « la voix » qui l'a détourné de la politique, il s'agit d'un fait réel, non d'une simple image de langage.

3° Cette voix, Socrate ne la regardait point comme sortant de lui-même, à la façon de ces jugements que nous avons l'habitude d'énoncer dans nos monologues intérieurs. Il ne l'attribuait pas non plus soit à un dieu personnel, comme Apollon, soit à l'un de ces génies que l'on disait être les enfants des dieux. Pour lui, « la voix », c'était la parole même du grand Dieu, du Dieu invisible et tout-puissant qui a fait le « monde » et qui le gouverne. D'après ce que l'on a dit plus haut de sa théologie, Dieu compénètre nos pensées : il nous connaît plus à fond que nous ne nous connaissons nous-mêmes. De plus, il s'occupe avec une infinie bienveillance du sort des hommes vertueux et vient à leur secours en ce que leur réflexion ne suffit pas à découvrir. C'est à cette théorie qu'il faut rattacher la voix démonique : elle était, pour Socrate, la forme intérieure et personnelle que la Providence revêtait à son égard.

4° On peut croire avec quelque raison qu'il n'y avait dans ce phénomène qu'une sorte d'*hallucination psychologique;* mais il serait téméraire de l'affirmer d'une manière absolue. Si Dieu a quelque chose de personnel, s'il nous est plus intime que nous ne le sommes à nous-mêmes, — et l'on est encore loin d'avoir démontré le contraire, — pourquoi ne s'inclinerait-il pas vers nos cœurs ? Pourquoi n'aurait-il pas avec nous de ces colloques mystérieux que les oreilles de l'âme sont seules à pouvoir entendre ? Est-il donc si étrange que le principe vivant et conscient de tout amour sache aimer ?

5° Il se peut que l'hypothèse de M. Despine ait quelque fondement. Elle cadre assez bien avec plusieurs faits de la vie de Socrate, particulièrement avec l'histoire qui est racontée vers la fin du *Banquet* de Platon. Sous les murs de Potidée, Socrate « se mit une fois à méditer sur quelque chose, debout et immobile » comme une statue. Or il demeura dans cette attitude toute la journée et toute la nuit, à la plus grande surprise des soldats qui allaient et venaient dans le camp. C'est le lendemain seulement, aux premiers rayons du jour, qu'on le vit bouger de nouveau et qu'après avoir fait sa prière au soleil, il se retira[1]. Assurément, de telles extases sont bien étranges ; et il n'y aurait rien de surprenant à ce que la catalepsie y ait été pour quelque chose. Mais, supposé que Socrate ait souffert d'une telle affection, elle n'expliquerait pas son « signe démonique ». Le propre du « divin » n'était pas d'immobiliser Socrate ; c'était de diriger sa motilité. Il ne lui faisait obstacle que pour l'obliger à modifier de quelque manière sa ligne de con-

---

1. Plat., *Banquet*, VII, xxxvi, 263.

duite. En outre, une crise de catalepsie est chose aveugle, qui peut aussi bien se produire lorsqu'on est sur le point de faire une action excellente que lorsqu'on va commettre une faute. Or le « signe démonique » était un « tuteur » bien avisé qui travaillait pour le meilleur et dont le succès couronnait les efforts : on ne se repentait que de ne pas avoir suivi ses conseils. Enfin, l'on ne s'imagine guère que Socrate, si perspicace et si attentif aux faits qui se passaient au dedans de lui-même, en soit venu à prendre pour une « voix divine » un simple sentiment de résistance musculaire. On peut donc se rassurer : il y a des chances sérieuses pour que « le démon » de la catalepsie n'ait jamais existé.

CHAPITRE VIII

ESCHATOLOGIE

Si l'on s'en tenait au dernier chapitre des *Mémorables,* il faudrait croire que Socrate ne s'est nullement préoccupé du problème de la vie future. Car, en cet endroit, il ne dit pas un mot à ce sujet. Il observe que sa conscience ne lui reproche rien, que la mort lui arrive à point pour le soustraire aux inconvénients de la vieillesse, que la sentence injuste dont il est victime ne fera du tort qu'à ses ennemis qui paraîtront couverts de honte aux yeux de la postérité. Et ces remarques une fois formulées, il se tait sans évoquer d'autres idées consolatrices [1].

Mais on a des raisons de croire que Xénophon, dans ce passage, n'a pas dit toute la pensée de son maître ; il y a dans la *Cyropédie,* dans le *Phédon,* et même au cours des *Mémorables,* un ensemble de textes, qui contiennent, à ne pas en douter, le sentiment de Socrate et d'où se dégage comme une esquisse d'eschatologie.

Anaxagore opinait déjà que tout ce qui raisonne, tout

---

1. XENOPH., IV, 8, 7-10.

ce qui sent et tout ce qui vit participe de quelque manière à l'âme du monde[1]. Et cette pensée du « sage de Clazomène », Platon devait la reprendre un peu plus tard et la développer. D'après la doctrine du *Philèbe*, le corps humain contient quatre éléments : le feu, l'eau, l'air et la terre ; et chacun de ces éléments est une portion infime d'un principe éternel qui se trouve dans l'univers à un degré supérieur d'énergie et de beauté : Par exemple, il y a dans l'univers un feu inextinguible et d'une pureté parfaite, dont celui qui circule à travers notre organisme n'est qu'une étincelle à demi éteinte. Or l'origine de nos âmes offre un caractère analogue : elles sont aussi comme autant de fragments amortis d'une âme à la fois plus puissante et plus sage, partout répandue et partout agissante dans l'immense nature. « Ne dirons-nous pas que notre corps a une âme? — Assurément, nous le dirons. — D'où l'aurait-il prise, mon cher Protarque, si le corps de l'univers n'est pas lui-même animé, s'il n'a pas les mêmes choses que celui-ci, et de plus belles encore? — Il est clair, Socrate, qu'il ne l'a point prise d'ailleurs. — Il y a donc, ô Protarque, ces quatre genres : le fini, l'infini, le composé de l'un et de l'autre, et la cause, qui se trouve en toutes choses comme quatrième principe. Or, celui-ci, en tant qu'il nous donne une âme, et une force vitale à la fois conservatrice et réparatrice de la santé, qui fait en mille autres choses d'autres arrangements et d'autres répara-

---

1. Pseud-Arist., *De Plant.*, A, 1, 815^a, 15 et 815^b, 16.

tions, ne mérite certainement pas le nom d'universelle et souveraine sagesse. Puisque l'immensité du monde renferme aussi ces quatre genres, mais plus en grand et à l'état de beauté et de pureté parfaites, il réalise à coup sûr la plus belle et la plus vénérable des essences. — Le contraire serait tout à fait inconcevable [1]. »

Cette théorie panthéistique est aussi celle de Socrate; et l'on en trouve la preuve dans son dialogue avec Aristodème sur la piété. « Penses-tu donc que tu sois un être pourvu de quelque intelligence et qu'ailleurs il n'y ait rien d'intelligent? Quoi! Tu sais que tu n'as dans ton corps qu'une parcelle de la vaste étendue de la terre, une goutte de la masse des eaux; tu sais que, sur l'immense quantité des éléments, quelques faibles parties ont servi à former ton organisme? Et tu croirais que toi seul as eu le bonheur de ravir une intelligence qui n'existait nulle part! Tu voudrais que ces êtres infinis en grandeur et en nombre fussent maintenus en ordre par une force inintelligente [2]! » On reconnaît à de telles paroles et la vue d'Anaxagore et le raisonnement de Platon. Par conséquent, Socrate n'admettait point que l'âme humaine pût s'anéantir tout entière; puisqu'il en faisait une émanation de l'âme universelle, il opinait au moins que, dans la mort, comme dans la vie, elle conserve un fond d'être qui reste impérissable.

Ce principe impérissable continue-t-il, une fois séparé du corps, à vivre, à penser et vouloir? Ou bien,

1. III, xvi, 154-155; v. aussi xvi, 192, notes, stallbaum, Gotha, 1842
2. Xenoph., *Mem.*, I, 4, 8.

au contraire, disparaît-il dans « le Tout », de manière à ne plus garder aucune lueur de conscience, dès que son enveloppe matérielle se brise? La mort est-elle l'anéantissement total de l'individu, ou comme l'aube d'une existence plus libre et plus belle? Ce problème ardu, le seul pourtant qui nous importe, Socrate l'a également abordé. Et là, comme ailleurs, il a suivi ses tendances optimistes : c'est l'hypothèse d'une survie qu'il s'est efforcé d'établir.

Par contre, les preuves qu'il a fournies en cette matière, sont d'une provenance assez inattendue. L'idée de finalité : voilà ce qui domine et dans sa morale et dans sa théologie. Or, lorsqu'il s'est agi de la vie future, il a laissé de côté cette base d'argumentation, pour se rabattre sur des raisonnements d'ordre psycho-métaphysique.

D'après Socrate, cette vie suffit aux aspirations de notre âme. C'est assez, pour l'homme, d'avoir contemplé pendant quelques jours la divine magnificence de la nature; d'avoir éprouvé les joies de la vertu, l'enthousiasme de la science et le charme infini de l'amitié; de s'être élevé, ne serait-ce que pour un instant, jusqu'à la vision de celui qui est l'éternelle et vivante Beauté. Il peut croire, après cela, qu'il a été le privilégié des dieux : il peut mourir content. Socrate, il est vrai, s'est rendu compte, à certaines heures, de l'inanité du devenir : il lui est arrivé de sentir, et avec une force surprenante, que la vie ne vaut peut-être pas la peine de vivre. « Si la mort, dit-il vers la fin de l'*Apologie* de Platon, est la privation de toute conscience, si elle ressemble à un sommeil où l'on n'a plus de songe, quel merveilleux avantage! Que l'on prenne une nuit passée dans un sommeil que n'a visité aucun songe; qu'on la compare aux autres nuits et aux autres jours de la vie; et que l'on dise, après y avoir bien pensé, combien l'on a eu de jours et de nuits plus heureux et plus doux que celle-là : je suis persuadé que non seulement un simple particulier, mais que le grand roi lui-même aurait bien vite fait d'en trouver le nombre. Si la mort est quelque chose de pareil, je le dis sans hésiter : elle est un gain[1]. » Mais ces bouffées de pessimisme ne durent pas; ces émotions de couleur tout orientale s'évanouissent bien vite. Le Grec reprend le dessus et sourit derechef à « la lumière sacrée » : Or, pour le Grec, tout est bien, tout est beau; le charme de la vie le console des horreurs de la mort. Il fallait encore des siècles de culture intellectuelle et morale, et sans doute aussi l'éclosion du christianisme, pour que les sociétés d'Occident eussent le sentiment continu qu'il y a, sous le crâne humain, comme un ange enfermé qui sanglote tout bas.

Le vie présente suffit aussi, suivant la pensée de Socrate, aux exigences de la morale. Peut-être les âmes, après la mort, se rendent-elles auprès de juges plus équitables que ceux de la terre; peut-être comparaissent-elles « devant ceux qui passent pour rendre la justice aux enfers, Minos, Rhadamante, Éaque, Tripto-

---

[1]. I, XXXIII, 56.

lème et tous ces autres demi-dieux qui ont été, parmi les hommes, des modèles de vertu ». Et alors, quelle fâcheuse surprise pour le contempteur des lois qui président à la vie humaine! Car « leurs sœurs, les lois de l'Hadès », ne leur feront pas « un accueil trop favorable ». Quel bonheur, au contraire, pour celui qui a noblement vécu! Car combien ne donnerait-on pas pour vivre et converser avec Musée, Hésiode, Homère et tant d'autres hommes qui se sont couverts de gloire par leur génie et leur sagesse? Là du moins on n'est pas condamné à mort pour avoir pratiqué la dialectique. « Car les habitants de cet heureux séjour, entre mille avantages qui rendent leur condition supérieure à la nôtre, jouissent d'une vie immortelle, si du moins ce que l'on en dit est véritable [1]. »

Mais cette justice d'outre-tombe, bien qu'utile, n'est pas nécessaire au développement harmonieux de la vie présente. Les dieux savent que l'ordre est la condition du bonheur, et ils n'attendent pas que les hommes soient morts pour les traiter comme ils le méritent. Les lois qu'ils leur ont données récompensent et châtient par elles-mêmes : la sanction qui s'y attache découle de leur nature ; elle en procède comme la conséquence de son principe [2]. « Les plaisirs du ventre » deviennent des « maîtres impitoyables » pour celui qui se laisse séduire à leurs charmes trompeurs [3]. La promiscuité « donne des enfants

---

1. Plat., *Apol.*, I, xxxii, 57.
2. Xenoph., *Mem.*, IV, 4, 21.
3. Xenoph., *Œc.*, I, 20.

mal venus ». Et qu'y a-t-il de plus triste que d'en avoir de tels¹? L'ingratitude fait de nous des déracinés : celui qui est en proie à un tel vice « se voit abandonné de ses amis et forcé de courir après des gens qui le détestent »². Le tyran lui-même, sur son trône, ne peut suivre impunément ses coupables caprices. « S'il rejette un avis prudent, il fait des fautes, et ces fautes causent du dommage à leur auteur. » S'il s'en prend à la vie de ses sages conseillers, « il se prive de ses plus fermes appuis » et prépare ainsi de lui-même sa propre perte³. On trouve toujours son malheur dans le mal; mais, par contre, on trouve toujours son bonheur dans le bien. Généralement, la vertu est accompagnée d'une foule d'avantages extérieurs : elle accroît en nous la vigueur du corps et la force de l'âme; elle nous vaut l'estime et la sympathie de nos semblables et nous ouvre ainsi la voie des honneurs; elle nous fait des amis. Et n'aurait-elle aucun de ces heureux résultats, qu'elle trouverait encore en elle-même sa juste récompense. Car elle s'épanouit en une joie ineffable : elle est divine, elle est infinie, la félicité que l'on éprouve « à se rendre meilleur soi-même et les autres »; et celui qui la possède n'a plus rien à redouter. Pauvreté, mépris, douleur et mort, tout lui devient indifférent⁴.

La nature, bien qu'imparfaite à certains égards, est

1. XENOPH., *Mem.*, IV, 4, 22.
2. *Ibid.*, IV, 4, 24; II, 2, 14.
3. *Ibid.*, III, 9, 12.
4. *Ibid.*, IV, 8, 6-7.

donc assez « belle et bonne » pour satisfaire nos aspirations les plus hautes, assez imprégnée de la Justice divine pour marcher d'elle-même vers le but qui lui est marqué. Et, par conséquent, l'on ne peut conclure de l'inachèvement des choses à l'existence d'une destinée ultérieure où elles s'achèvent. L'œuvre des dieux n'est point manquée : ils l'ont pourvue en la créant de ce qu'il lui faut pour persévérer.

Ce n'est pas à dire que l'on doive abandonner toute espérance en une autre vie. Car ce que la téléologie ne révèle pas, l'étude de notre âme l'indique de quelque manière.

Xénophon prête à Cyrus mourant les paroles suivantes : « Pour moi, mes enfants, je n'ai pu me persuader que l'âme vive tant qu'elle réside dans un corps mortel et s'éteigne dès qu'elle en est sortie; car je vois que c'est elle qui vivifie les corps périssables, aussi longtemps qu'elle les habite [1]. » On retrouve la même pensée vers la fin du *Phédon;* et la seule modification que Platon y apporte, c'est qu'il essaie de la rattacher à sa théorie des « idées ». — « Réponds-moi. Qu'est-ce qui fait que le corps est vivant? — C'est l'âme. — En est-il toujours ainsi? — Comment en serait-il autrement? — L'âme apporte donc la vie avec elle partout où elle entre? — Assurément. — Y a-t-il quelque chose de contraire à la vie, ou n'y a-t-il rien? — Il y a quelque chose. — Qu'est-ce? — La mort. — L'âme n'admettra

---

1. Xénoph., *Cyrop.*, VIII, 7, 19.

donc jamais ce qui est contraire à ce qu'elle apporte toujours avec elle... — J'en conviens[1]. » Évidemment, ces deux passages, considérés dans leurs traits communs, ont la même source d'inspiration : ils représentent l'enseignement socratique. Socrate lui-même, et tout le premier, s'est prononcé pour la théorie que l'on devait appeler plus tard du nom d'animisme : il s'est figuré l'âme comme la cause de la vie organique et a cru voir dans cette prévalence qu'il lui attribuait un indice d'immortalité.

On peut aller plus loin, en suivant la même méthode de comparaison. « Regarde encore de ce côté, est-il dit dans le *Phédon*. Quand l'âme et le corps sont réunis dans un même sujet, la nature ordonne à l'un d'obéir en esclave, à l'autre de commander en maître. Lequel est-ce donc des deux qui te paraît ressembler à ce qui est divin, et lequel te paraît ressembler à ce qui est mortel? Ne trouves-tu pas que ce qui est divin est naturellement fait pour exercer le commandement, et que ce qui est mortel, au contraire, est né pour obéir et vivre en servitude? — Assurément? — Auquel est-ce donc que l'âme ressemble? — Il est évident, Socrate, que l'âme ressemble à ce qui est divin et le corps à ce qui est mortel..... — Cela étant, ne convient-il pas au corps d'être bientôt dissous, et à l'âme de demeurer toujours indissoluble ou à peu près? — Comment en serait-il autrement[2] ? » Or cette façon de dialoguer apparaît déjà dans les

1. I, LIV, 147-148.
2. I, XXVIII-XXIX, 110-111.

Mémorables, à l'état d'ébauche. Socrate y dit à diverses reprises que l'âme est maîtresse du corps qu'elle anime (κυρία)[1], qu'elle le gouverne à son gré[2], et que cette autorité toute royale[3] fait de l'homme comme un « dieu » parmi les autres animaux[4]. Ici encore, la ressemblance est indéniable : le disciple a repris à sa manière l'argument de son maître.

En outre, Cyrus, d'après Xénophon, continue ainsi son discours : « Que l'âme aussi cesse de penser, au moment où elle se sépare du corps qui ne pense pas, je n'ai jamais réussi à me le persuader : au contraire, c'est lorsque l'intelligence s'est dégagée de tout mélange et a conquis sa pureté, qu'elle a le plus de sagesse. Quand le corps se dissout, il est clair que chaque élément retourne aux éléments de même nature : seule, l'âme, présente ou absente, demeure invisible. Vous savez que rien ne ressemble plus à la mort que le sommeil de l'homme. Et pourtant, c'est alors que son âme paraît le plus divine, c'est alors qu'elle prévoit l'avenir, sans doute parce qu'alors elle est plus complètement libre[5]. » Cette doctrine est aussi celle de Platon qui la développe longuement. « Ne disions-nous pas tout à l'heure que, lorsque l'âme se sert du corps pour considérer quelque objet, soit par la vue, soit par l'ouïe, ou par quelque autre sens, — car considérer un objet

---

1. I, 4, 9.
2. I, 4, 17 : ὁ σὸς νοῦς ἐνὼν τὸ σὸν σῶμα ὅπως βούλεται μεταχειρίζεται.
3. IV, 3, 14 : βασιλεύει ἐν ἡμῖν.
4. I, 4, 14 : ὥσπερ θεοί.
5 Xénoph., *Cyrop.*, VIII, 7, 20-21.

par les sens, c'est le considérer par le corps, — alors elle se trouble, elle a des vertiges comme si elle était ivre, pour s'être mise en rapport avec des choses qui ont cette disposition? — Oui. — Au contraire, lorsqu'elle examine les objets par elle-même, elle se porte à ce qui est pur, éternel, immortel, immuable; elle y reste attachée, comme étant de même nature, aussi longtemps qu'elle se recueille et s'appartient. Alors cessent ses égarements; en relation avec des choses qui sont toujours les mêmes, elle s'y fixe et participe en quelque sorte de leur nature. » Le tout est donc de se délivrer peu à peu, le tout « est de s'exercer à mourir aisément ». Car l'âme, ainsi préparée, « se rend vers ce qui est semblable à elle, immatériel, divin, immortel. Et là elle est heureuse, délivrée de l'erreur, de la folie, des craintes, des amours désordonnés et de tous les autres maux des humains; et, comme on le dit des initiés, elle passe l'éternité avec les dieux » [1]. Il y a donc ici une pensée dont l'origine remonte au delà de Xénophon et de Platon, qu'il faut attribuer, au moins en substance, à leur maître commun.

Peut-être Socrate a-t-il fourni d'autres arguments à l'appui de sa thèse spiritualiste; peut-être le *Phédon*, par exemple, contient-il d'autres considérations qui lui reviennent. Mais, supposé qu'il en contienne de telles, on n'a nul moyen d'en faire le triage; et, par conséquent, l'on est obligé de s'en tenir aux idées précédemment

---

1. PLAT., *Phædo*, I, xxvii, 109-110; xxix, 111-112.

émises. Ce que l'on est fondé à dire, c'est que Socrate a essayé de donner de la vie future trois preuves principales, dont la première se fonde sur l'activité vivificatrice de l'âme, la seconde sur l'hégémonie du vouloir, la troisième sur la disposition du νοῦς à penser avec d'autant plus de vigueur qu'il a moins de rapport avec la matière. On pourrait ajouter que Socrate a fait appel à la croyance générale des hommes en une autre vie [1]. Mais, à ses yeux, cette donnée traditionnelle était plutôt un point de départ qu'une raison : il ne s'en est servi que pour la justifier.

Que vaut cette ébauche d'eschatologie? Évidemment, elle n'est pas assez forte pour emporter la conviction. Et Socrate lui-même l'a senti: « Si j'osais, dit-il d'après Platon, me regarder comme plus sage qu'un autre en quelque chose, c'est en ce que, ne sachant pas bien ce qui touche aux enfers, je ne crois pas non plus le savoir. Mais que l'injustice, que la désobéissance à ce qui est meilleur, dieu ou homme, soit contraire au devoir et à l'honneur : voilà ce que je sais bien [2]. » Toutefois, « l'immortalité de l'âme est chose à laquelle il me paraît convenable de croire. Il est bien de s'y hasarder : c'est un beau risque à courir, c'est une espérance dont il faut comme s'enchanter soi-même » [3]. Et l'on retrouve les mêmes formes dubitatives dans la *Cyropédie*. « Je ne m'imagine pas que vous teniez pour certain que je

---

1. XÉNOPH., *Cyrop.*, VIII, 7, 18; — PLAT., *Phædo*, I, XXX, 113.
2. PLAT., *Apol.*, I. XVII, 40.
3. PLAT., *Phædo*, I, LXIII, 160.

ne vais plus rien être, quand j'aurai terminé cette vie humaine..... Si les choses sont comme je pense, et si l'âme survit au corps dont elle se sépare, faites, par respect pour mon âme, ce que je vous recommande. S'il en est autrement, si l'âme demeure avec le corps et périt avec lui, craignez du moins les dieux qui sont éternels, qui voient tout et qui peuvent tout[1]. » Mais la tentative de Socrate, pour être restée incomplète, n'en a pas moins été un effort de génie. Il est le premier qui ait vu nettement dans l'homme l'âme, dans l'âme l'intelligence, dans l'intelligence l'idéal éternel dont elle est tout imprégnée; et l'on peut, à ce titre, le regarder comme le fondateur de la psychologie rationnelle.

1. VIII, 7, 17, 22.

CHAPITRE IX

PROCÈS

Pendant que Socrate philosophait sur « toutes choses », l'aveugle politique poursuivait son œuvre de suspicions, de délations et de procès. Et ce n'était pas seulement les représentants de l'autorité publique qui avaient à souffrir de la tourmente; on s'en prenait aussi à ces propagateurs d'idées nouvelles, à ces « professeurs de sagesse » qui faisaient d'Athènes leur séjour de prédilection. Anaxagore, Protagoras, Diagoras avaient été successivement inquiétés et condamnés. Socrate finit par avoir son tour. Il eut beau « se tenir en repos, à la manière du voyageur, qui, pendant l'orage, s'abrite derrière quelque petit mur contre les tourbillons de poussière et de pluie »; il ne put éviter jusqu'au bout le danger qui le menaçait. Vers l'âge de soixante-dix ans, il se vit accusé et traduit devant le tribunal des Héliastes.

On le prit pour un sophiste. Il n'y a pour s'en rendre compte qu'à regarder aux premières pages de l'*Apologie* de Platon. Socrate ne s'y défend pas seulement contre Anytus et ceux qui se sont joints à lui : « nombreux sont ses accusateurs, et depuis bien des années ». Ses juges ont été prévenus contre lui « dès leur enfance » : On s'est emparé de leur esprit « dans l'âge de la crédulité » pour les convaincre que Socrate était « un homme dangereux ». Et ce travail patient a porté les fruits que l'on en attendait : maintenant l'opinion de « la plupart des Athéniens » s'est tournée contre lui ; et c'est là l'ennemi impalpable et invisible qu'il redoute par-dessus tout. Or, qu'est-ce que l'opinion publique reprochait à Socrate ? Précisément ce qu'elle reprochait aux sophistes : Socrate « veut pénétrer ce qui se passe dans le ciel et sous la terre » ; et, de ces subtiles recherches, il ne retire que deux résultats également négatifs : l'art « de se persuader qu'il n'y a pas de dieux », et celui « de faire une bonne cause d'une mauvaise ». De plus, « il enseigne aux autres ces secrets pernicieux »[1].

Tel était le grief que le peuple élevait contre Socrate ; et l'on comprend que sa conduite y ait donné lieu. Il avait débuté dans les rangs des sophistes ; il y comptait d'anciens maîtres et même des amis ; c'est à leurs soins qu'il confiait les jeunes gens qu'il se croyait incapable d'instruire. On le voyait sans cesse ergotant avec eux sous les portiques et sur les places de la ville, « piquant » à leur façon « une pensée avec une autre pensée plus petite » et se perdant dans des généralisations aussi surprenantes que brumeuses. Il avait passé plusieurs

---

1. Plat., *Apol.*, I, III, 26 ; II ; 25.

années à subtiliser sur les quatre éléments, à chercher les lois qui meuvent les astres, à se demander quel peut bien être le premier principe des choses : il s'était passionné tout d'abord pour la physique, comme les autres penseurs de son époque. Et il était bien difficile à ceux qui ne le suivaient pas assidûment de savoir s'il n'avait plus d'intérêt pour de semblables questions. Car il s'y trouvait sans cesse ramené et par les discussions qu'il engageait avec ses contemporains, et par le besoin de rattacher ses idées morales à leurs principes métaphysiques et religieux. En outre, Socrate dut paraître au vulgaire aussi radicalement sceptique, aussi ingénieux à soutenir le pour et le contre, aussi paradoxal qu'aucun autre sophiste. Il avouait à tout propos qu'il ne savait rien et se plaisait à prouver aux autres qu'ils étaient encore moins avancés que lui, en leur démontrant qu'ils ignoraient jusqu'à leur ignorance. Il commençait d'ordinaire par réduire ses interlocuteurs au mutisme ; et très souvent il s'en tenait à ce premier acte de sa dialectique. « Je ne te dirai rien, Socrate, que tu ne m'aies défini la justice. Car tu as la manie de te moquer des autres, d'interroger, d'embarrasser tout le monde. Et toi, tu ne consens jamais à révéler quel est ton sentiment [1]. » Il semblait aussi, en mainte occasion, soutenir, dans le même entretien, les deux contradictoires. Il feignait parfois d'accepter la pensée de son adversaire, la tournait et la retournait avec complai-

---

1. XÉNOPH., *Mem.*, IV, 4, 9.

sance, déployait un talent merveilleux à la développer. Puis, tout à coup, il en prenait le contre-pied et réfutait, avec la même force, tout ce qu'il venait d'affirmer. « Énigme! énigme! se disaient les profanes; et voilà encore un de ces hommes nouveaux à qui le oui et le non sont devenus indifférents. » On n'a pas de peine non plus à se figurer l'étrange impression que dut produire sur les Athéniens la théorie morale de Socrate. On l'entendait à chaque instant formuler des assertions de ce genre : « La vertu est une science et n'est que cela; qui sait jouer du luth est un joueur de luth; qui connaît la médecine est un médecin; de même, qui sait la piété est un homme pieux; qui sait la justice est un homme juste; qui connaît le courage est par là même courageux; celui qui trompe sciemment l'emporte sur celui qui trompe sans le savoir. Ce qui est utile à l'un peut être nuisible à l'autre; et, par conséquent, ce qui est bon pour celui-ci peut être mauvais pour celui-là. » Évidemment, les gens du commun, ceux qui n'étaient point des initiés, ne pouvaient voir dans un pareil langage qu'une vaine et dangereuse éristique. Socrate, pour eux, n'était qu'un sophiste à la façon de Gorgias, de Protagoras et de Prodicus.

De plus, il leur apparut, sans nul doute, comme le plus agaçant, le plus irritant et le plus insupportable de tous ceux de son espèce. Qu'on se figure le rôle qu'il s'était donné. Non seulement il allait toujours chicanant, comme ses frères en syllogistique; mais encore il attrapait un à un tous ceux qui avaient quelque réputation de savoir. Et, quand il les tenait, il les accablait de questions embarrassantes, et ne lâchait jamais prise avant de leur avoir fait avouer qu'ils étaient les plus ignorants des hommes, puisqu'ils ne savaient pas même qu'ils ne savaient rien. C'était là son passe-temps; et il s'y acharnait. Tantôt il s'attaquait aux gens en pleine société, et alors il les livrait sans merci à la risée du public; tantôt il poussait l'indiscrétion jusqu'à pénétrer chez eux afin de leur faire subir l'humiliante épreuve de son implacable ironie. Il n'y avait pas d'endroit où l'on ne courût le risque de rencontrer ce mauvais plaisant, cet « effronté railleur ». Il n'épargnait d'ailleurs personne. Politiciens, poètes, artistes, jeunes et vieux, tout le monde avait eu ou pouvait avoir son quart d'heure d'examen à la Socrate. Ce qu'il y avait de pire, c'est que son exemple ne demeurait pas stérile. Beaucoup de jeunes gens qui avaient du loisir et qui appartenaient à de riches familles s'attachaient à lui, et prenaient grand plaisir à voir de quelle manière il éprouvait les hommes. Puis ils tâchaient eux-mêmes de l'imiter et se mettaient à éprouver ceux qu'ils rencontraient[1]. N'était-ce pas « une vraie peste » que cet affreux silène aux lèvres de bouc et aux yeux d'écrevisse, qui s'était attaché de la sorte aux flancs de la cité?

On dut aussi regarder Socrate comme le plus dangereux de tous les esprits qui s'amusaient à subtiliser

---

1. PLAT., *Apol.*, I, x, 32.

sur « la nature des choses ». Il avait une vogue prodigieuse et sans cesse croissante. Toute la jeunesse d'Athènes, toutes les intelligences distinguées allaient à lui : il était d'emblée la plus haute personnification de cette « curiosité criminelle », contre laquelle l'autorité publique avait déjà sévi à différentes reprises. De plus, son influence était beaucoup plus funeste que celle des autres ergoteurs. Ces derniers, il est vrai, critiquaient également les institutions de la cité. Mais ils s'en tenaient à la théorie. Pratiquement, ils se conformaient aux conditions données et s'efforçaient d'en tirer le meilleur parti possible. Telle n'était pas l'attitude de Socrate. Quant à lui, c'est en réformateur qu'il se posait, et de la manière la plus décidée : il apportait tout un système qu'il s'agissait de substituer aux croyances et aux coutumes reçues. Et là se trouvait un principe d'innovations qui s'accusait par des résultats de plus en plus fâcheux.

Ce n'est pas que Socrate ait commis des obscénités comme celles dont certains auteurs l'ont accusé sur le témoignage d'Aristoxène le Tarentin [1]. S'il y avait eu quelque chose de pareil, Aristophane n'eût pas manqué de le signaler. D'autre part, Xénophon, Platon et Aristote s'accordent à nous représenter le philosophe d'Alopèce comme incapable de tels excès. Socrate, ainsi qu'on

---

1. *Frag. hist. græc.*, II, 280, Βίος Σωκράτους, 27-29, Firmin-Didot, Paris, 1848. — Ces passages sont tirés des auteurs suivants : Diog., II, 20; Plut., *De malign. Her.*, p. 856, c; Theodor., Θεραπ., XII, p. 673, A; Synesius, *Encom. Calvit.*, p. 81; Cyrillus, c. Jul., lib. VI, p. 208, ex Porphyrio.

l'a vu plus haut, n'omettait aucune occasion de combattre l'amour unisexuel. De plus, il cherchait, par tous les moyens, à détourner ses disciples de cette odieuse passion et leur infligeait parfois les blâmes les plus cruels. « O Xénophon, disait-il un jour, je te le conseille, quand tu verras une personne belle, fuis à toutes jambes. Quant à toi, Critobule, tu feras bien de voyager une année entière; car il ne te faut pas moins de temps pour guérir ta morsure [1]. » Une autre fois, il s'aperçut que Critias, épris d'Euthydème, voulait en abuser à la manière des amants; et il lui fit remarquer que sa conduite était indigne d'un homme libre. Puis, comme il constatait l'inutilité de son avis, il ajouta, devant une nombreuse assistance, « que Critias avait, selon lui, quelque ressemblance avec un porc » [2]. Et c'était là l'une de ces sévérités du maître que le disciple ne devait jamais pardonner. Socrate, d'ailleurs, ne s'en tenait pas aux paroles; il payait d'exemple. Jamais homme ne fut plus maître de ses passions : A ses yeux, « le plus beau était le plus sage » [3]; et il ne cédait qu'au charme de la Vénus Uranie. C'est ce que disent et redisent les *Mémorables;* c'est ce que symbolise la nuit de la tentation dont parle la fin du *Banquet* [4]; c'est ce que fait entendre Aristote lui-même, lorsqu'il classe Socrate au nombre des âmes les plus nobles et les plus sereines de son

---

1. Xenoph., *Mem.*, I, 3, 13.
2. *Ibid.*, I, 2, 29-30.
3. Plat., *Protag.*, II, i, 124.
4. Plat., *Banquet*, VII, xxxxiii, 259.

temps[1]. Et quand on a de telles preuves, on peut se dispenser d'en chercher d'autres.

Obscénités, actes contre nature! ce n'était point par là que Socrate paraissait répréhensible. Mais on regardait son influence comme funeste à l'ordre qui doit régner dans les relations de la famille. Les jeunes gens qui suivaient Socrate, en avaient moins d'affection pour leurs parents : ils ne s'attachaient plus qu'à lui, ils n'aimaient plus que lui. En outre, sa philosophie les rendait de moins en moins respectueux. Il leur répétait sans cesse que le plus savant est aussi le meilleur, qu'il est le plus puissant et le plus digne de commander, quelle que soit d'ailleurs sa naissance, son âge ou sa position. Il leur enseignait que « personne ne mérite nos hommages sinon ceux qui savent ce qui est utile et qui sont à même de l'apprendre aux autres » ; et, pour fortifier sa thèse, il leur faisait remarquer « que, en cas de maladie ou de procès, on trouve des secours, non dans ses parents, mais dans les médecins et les avocats »[2]. Or de telles leçons ne demeuraient pas inefficaces : les vieux en pâtissaient. Elles développaient chez les jeunes l'indocilité, l'arrogance et le mépris; et il se pourrait bien que la bastonnade administrée par Phidippide à son père ait été quelque chose de plus qu'une fiction de poète.

Les idées de Socrate étaient encore plus contraires aux traditions de l'État qu'à celles de la famille. Il n'a-

---

1. Στάσιμα γένη : Rhct., B, 15, 1390ᵇ, 30.
2. Xenoph., *Mem.*, I, 2, 49-52.

vait pas assez d'ironie pour cet empirisme aveugle qui présidait à la direction des affaires politiques[1]. Aucun des grands politiques d'Athènes ne pouvait le satisfaire : Thémistocle, Aristide, Périclès lui-même ne méritaient pas, à son gré, l'admiration dont ils jouissaient; car ils n'avaient fait qu'obéir à l'*instinct*[2]. A tout prendre, il aimait mieux la constitution de Sparte; et il ne dissimulait pas ses préférences[3]. Sa conviction intime et mille fois formulée, c'était que le gouvernement revenait de droit au plus savant. La ville devait être sauvée le jour où elle aurait à sa tête une aristocratie intellectuelle, au lieu de ces chefs ignares que lui donnait l'élection « par la fève »[4]. Il n'y avait de salut que par là; et l'une de ses préoccupations dominantes était de susciter cette élite d'intelligences libératrices. On pouvait donc le regarder comme un vrai révolutionnaire, qui travaillait à faire mépriser les institutions de son pays, afin d'introduire une forme politique de son crû et favorable par nature aux intérêts des nobles.

Son rôle devint plus suspect, lorsqu'on s'aperçut de son obstination à suivre l'exemple de certains aristocrates qui, soit par mépris, soit par crainte, ne prenaient aucune part aux affaires publiques. Il devint plus suspect encore après l'expulsion des Trente; car, à partir de ce moment, il ne fut plus question que de

---

1. Xenoph., *Mem.*, I, 2, 9.
2. Plat., *Protag.*, II, x, 138.
3. Xenoph., *Mem.*, III, 5, 14-15.
4. *Ibid.*, III, 5, 21.

revenir au passé et de rétablir dans la mesure du possible la vieille constitution démocratique. On dut le guetter alors, ce Socrate dont le but était d'innover la politique de la science, dont l'enseignement avait donné à la ville des malfaiteurs tels qu'Alcibiade, Charmide et Critias; et qui osait parler de sa sympathie pour les Lacédémoniens, lorsque la veille encore leurs vaisseaux, mouillant dans les eaux du Pirée, infligeaient à Athènes la dernière des humiliations. On se rappelait, il est vrai, l'intrépidité dont il avait fait preuve à Délion et sous les murs de Potidée; la vaillance avec laquelle il s'était prononcé pour la justice dans le procès des Arginuses. Mais de tels souvenirs ne suffisaient pas à contre-balancer l'impression persistante que produisaient et ses théories et son attitude quotidienne à l'endroit de la politique. On reconnaissait en lui un ennemi décidé du conservatisme; et c'était une faute qu'on ne pouvait lui pardonner.

En matière de religion, Socrate ne paraissait ni moins hardi ni moins subversif. Xénophon a beau nous dire que « le signe démonique » n'était qu'une forme de la divination. Il ne lève pas la difficulté. Au fond, Socrate remplaçait les oracles par l'inspiration intérieure : il substituait le sens individuel à l'autorité; et, de ce seul fait, il renversait un des principes fondamentaux de la religion antique. Mais ce qu'il y avait de plus grave, c'était son monothéisme; c'était sa croyance en un Dieu unique, éternel, invisible, omniscient et tout-puissant. La beauté et la profondeur de cette idée passionnaient toutes les grandes intelligences du temps. Et cependant l'on sentait bien que le jour où elle viendrait à l'emporter, le vieil anthropomorphisme grec aurait vécu. Le triomphe de la foi de Socrate, c'était la ruine de la foi nationale. Les deux *apologistes* ont nettement compris cette irrémédiable antinomie. Aussi Xénophon a-t-il la prudence de ne pas insister sur l'accord du dieu de Socrate avec les divinités populaires ; et, quand Platon aborde ce sujet, il se borne à faire voir que son maître n'avait aucune ressemblance avec les athées : ce qui n'était pas du tout la question [1].

Socrate passait donc pour le pire des sophistes dont la ville eût jamais souffert. C'est de tous points qu'il s'en prenait au vieux système : sa philosophie troublait la paix des familles, menaçait l'État et sapait par la base la religion traditionnelle. Il est probable, néanmoins, que le peuple ne se serait pas décidé par lui-même à le traduire en justice. Mais le conservatisme avait des chefs ardents et puissants ; et ces chefs travaillèrent pendant plusieurs années à le perdre dans l'opinion publique, en défigurant sa doctrine. Les *Nuées* ne furent qu'un épisode de cette campagne patiemment et savamment conduite. Les partisans du passé finirent à la longue par atteindre leur but ; et quand ils virent que le moment d'agir était venu, ils détachèrent contre Socrate Anytus, Mélétus et Lycon. Anytus représentait les politiques et les artistes ; Mélétus, les poètes ; Lycon, les orateurs [2] : la ville entière semblait s'élever contre son philosophe. Le plus redoutable des

---

1. *Apol.*, I, xiv, 36 et sq.
2. *Ibid.*, I, x, 32.

trois était Anytus, démocrate zélé qui avait contribué avec Thrasybule à l'expulsion des trente tyrans et qui jouissait alors d'une très grande influence auprès de ses concitoyens. Ce personnage était d'ailleurs animé dans son rôle par une haine personnelle. Socrate lui avait dit un jour que, puisqu'il était honoré des premières dignités de la république, il ne convenait pas qu'il fît élever son fils dans le métier de tanneur et qu'il aurait plus tard à se repentir de ne pas lui avoir choisi un guide éclairé [1]. Anytus se souvenait avec amertume de cette ironique remontrance qui lui avait révélé d'ailleurs que Socrate était un danger même pour les siens [2].

Toutefois, il est à peu près sûr que l'accusation n'aurait pas abouti, si Socrate avait consenti à se conduire devant le tribunal comme les autres accusés. Ce qui le perdit définitivement, ce fut le ton de sa défense. On l'eût acquitté, s'il avait mis « quelque mesure » à ses paroles. Xénophon l'a formellement remarqué [3]. Mais il se comporta « comme le maître des juges », « non comme un suppliant » [4] : son discours débordait d'ironie et d'un superbe dédain. On le vit soutenir que « le dieu de Delphes » lui avait imposé la tâche à laquelle il s'adonnait : ce qui dut paraître un blasphème. Il déclara qu'il préfé-

---

1. XENOPH., *Apol.*, 29-32.
2. Voir le texte de l'accusation : XENOPH., *Mem.*, I. 1, 1 ; PLAT., *Apol.*, I, XI, 33. Diogène de Laërce donne aussi l'acte d'accusation (II, 40) : il le reproduit tel qu'il était conservé de son temps, au témoignage de Phavorinus, dans le temple de Cybèle.
3. XENOPH., *Mem.*, IV, 4, 4.
4. CICER., *De orat.*, I, 54, Firmin-Didot, Paris, 1832.

rait mourir mille fois que de renoncer à la philosophie ;
et c'était précisément la manie de philosopher qu'on lui
reprochait. Il se donna comme le sauveur de la cité,
lorsque la plupart des jurés étaient convaincus, au contraire, qu'il travaillait à sa perte. Il alla jusqu'à dire qu'en
définitive ses juges ne lui pouvaient rien et que, s'ils se
décidaient à le condamner, ils n'y gagneraient qu'une
honte ineffaçable. A coup sûr, ce langage était digne d'un
philosophe comme Socrate ; mais il n'en constituait pas
moins le plus blessant des défis. Et, cependant, Socrate ne
fut déclaré coupable « qu'à une très faible majorité », à
la majorité de trois voix très probablement [1]. On ne peut
douter qu'avec quelques ménagements, il n'eût obtenu
l'égalité des votes ; et l'affaire n'aurait pas eu d'autres
suites.

Après le premier tour de scrutin, Socrate fut invité,
selon les règles de la procédure athénienne, à fixer lui-même la peine qu'il croyait avoir méritée. Il reprit alors
de plus belle, avec le même calme et une confiance égale
en l'excellence méconnue de sa cause : « Que mérite ma
conduite ? une récompense, s'il faut l'apprécier en toute
vérité, et même une récompense qui puisse me convenir.

---

1. PLAT., *Apol.*, I, xxv, 50. Bon nombre d'éditions portent : τριάκοντα (ψῆφοι). D'autres donnent : τρεῖς. Mais il semble bien que la seconde de ces deux versions est la meilleure, car elle s'accorde mieux avec le contexte. Socrate triomphe d'avoir été condamné à une si faible majorité. Ce sentiment ne s'expliquerait pas, s'il avait eu contre lui trente voix, au lieu de trois. — Diogène de Laërce s'exprime ainsi : κατεδικάσθη διακοσίαις ὀγδοήκοντα μιᾷ πλείοσι ψήφοις τῶν ἀπολυουσῶν (II, 41). Et ce texte a donné lieu à des discussions d'ordre exégétique d'où ne se dégage aucune conclusion certaine (voir Ed. ZELLER, *Die philosophie der Griechen*, II, 198, n° 1).

Or, qu'est-ce qui peut convenir à un homme pauvre, qui vous fait du bien et qui a besoin de loisir pour s'occuper de votre direction? Il n'y a rien qui lui convienne mieux, Athéniens, que d'être nourri dans le Prytanée. Et il le mérite bien plus que celui qui a remporté, aux jeux olympiques, le prix de la course à cheval ou de la course des chars à deux ou quatre chevaux; car celui-ci ne vous rend heureux qu'en apparence; et moi, je vous enseigne à l'être véritablement. Celui-ci a de quoi vivre, et moi je n'ai rien; si donc il faut déclarer ce que je mérite en bonne justice, je le déclare, c'est d'être nourri au Prytanée [1]. » On s'imagine facilement l'impression que produisit une telle réponse : elle mit le comble à l'indisposition des jurés qui étaient encore hésitants; et la sentence, qui résulta du second vote, fut celle qu'avaient demandée les accusateurs de Socrate : « peine, la mort. »

« Les événements voulurent qu'il vécût encore trente jours après son jugement. Car les fêtes de Délos avaient lieu dans ce même mois, et la loi défendait d'exécuter aucun condamné avant le retour de la théorie délienne. Or, durant tout ce temps, il vécut sous les yeux de ses amis comme il avait vécu jusqu'alors; et jusqu'alors il s'était attiré l'admiration de tout le monde par la sérénité et l'aménité de son caractère [2]. » La mort elle-même ne put troubler la paix de son âme : il but la ciguë avec cette « maîtrise de soi » dont il avait toujours fait preuve. Lorsque le serviteur des Onze lui tendit la coupe, « il la

---

[1]. PLAT., *Apol.*, I, XXVI, 51.
[2]. XENOPH., *Mem.*, IV, 8, 2.

prit avec douceur, sans aucune émotion, sans changer de couleur ni de visage; mais regardant cet homme d'un œil ferme, comme à l'ordinaire : « Dis-moi, est-il permis « de répandre un peu de ce breuvage, pour en faire une « libation? — Socrate, nous n'en broyons que ce qu'il « est nécessaire d'en boire. — J'entends; mais au moins « il est permis et il est juste de prier les dieux, afin que « notre voyage d'ici là-bas soit heureux. C'est ce que je « leur demande. Puissent-ils exaucer mes vœux! » Après avoir dit ces paroles, il porta la coupe à ses lèvres et la but avec assurance et tranquillité[1]. » Ce fut alors une explosion de larmes et de sanglots à fendre le cœur. Socrate, seul, toujours calme : « Que faites-vous, mes amis, dit-il, n'est-ce pas pour cela que j'ai renvoyé les femmes? n'est-ce pas pour éviter des scènes aussi peu convenables? Car j'ai ouï dire qu'il faut mourir avec eurythmie. Tenez-vous donc en repos et montrez plus de fermeté[2]. » Ses dernières paroles furent celles-ci : « Criton, nous devons un coq à Esculape; n'oublie pas d'acquitter cette dette. » Un peu de temps après, il fit un mouvement convulsif; alors l'homme le découvrit tout à fait : ses regards étaient fixes[3].

Ainsi mourut « le plus sage et le plus juste de tous les hommes »[4]. Il périt dans la lutte qu'il avait entreprise contre le passé en faveur de l'avenir : il fut la

---

1. PLAT., *Phædo*, I, LXVI, 164.
2. *Ibid.*, I, LXVI, 165.
3. *Ibid.*, I, LXVI, 165-166.
4. *Ibid.*, I, LXVI, 166; — XENOPH., *Mem.*, IV, 8, 11.

victime des conservateurs de son temps. Et en cela, son sort ressemble à celui qu'ont la plupart des grands initiateurs. Le génie voit de trop haut et de trop loin pour être compris de « ces petites âmes » et de ces « habiles malhonnêtes gens » qui composent la masse du genre humain : il est presque toujours ignoré ou persécuté de son vivant ; et l'étoile de la gloire ne luit d'ordinaire que sur des tombes.

CHAPITRE X

INFLUENCE DE SOCRATE

Le projet de restauration morale que Socrate avait rêvé n'aboutit pas. Un grand nombre de ses concitoyens y vit un danger social; et les autres n'en devinrent pas meilleurs. Maintes fois, sans doute, ses disciples durent éprouver le frisson de l'enthousiasme, à l'entendre parler « du bien et du beau »; c'est d'ailleurs ce qui nous est raconté dans le *Banquet* de Platon[1]. Mais sa dialectique n'eut rien de cette action profonde qui transforme les âmes. Elle demeura pratiquement impuissante; et « les vertus antiques » ne revinrent pas.

Ce n'est pas à dire que l'œuvre de Socrate ait été vaine. S'il ne réussit pas à convertir les Athéniens, il fut assez heureux pour jeter dans le courant de la pensée humaine tout un ensemble d'idées fécondes : grande était la place qu'il devait occuper dans le développement ultérieur de la philosophie.

Socrate se proposait uniquement de poser les fonde-

---

1. VII, xxxii, 256-257.

ments de la morale rationnelle ; mais sa méthode dépassait son but. Elle consistait à chercher « l'un » dans « le divers » ; elle tendait par là même à faire dériver d'un seul principe tout ce qui relevait de son domaine. Or ce domaine n'avait pas de borne : il était vaste comme la réalité. Car il n'y a **rien** qui ne contienne « une essence » et qui ne soit par là même susceptible d'une certaine définition. La dialectique de Socrate enveloppait l'idée d'une science universelle et désintéressée ; et cette idée ne fut pas perdue. Platon, d'abord, s'efforça de la réaliser. Il ne se borna pas, comme son maître, à construire une éthique. Plein de confiance dans la valeur des procédés qu'il en avait appris, il se mit à chercher une conception qui pût fournir la raison dernière de toute chose, et créa cette immense théorie du monde où le sensible se ramène à l'intelligible et l'intelligible lui-même à « l'idée d'être ». Toutefois, Platon était encore dominé par une idée d'ordre moral. « Il se préoccupait principalement de rendre plus facile aux intelligences la contemplation de l'idée du Bien[1]. » L'âme de Socrate n'avait point cessé de vivre dans la sienne ; et ses spéculations les plus hautes continuaient à converger vers la pratique. Aristote parut, qui dégagea complètement des concepts socratiques l'idée de la science qu'ils enveloppaient. Savoir pour savoir, non plus seulement pour agir : telle fut la devise que le stagirite plaça au frontispice de sa métaphysique[2] ; et

---

1. Plat., *Rep.*, t. V, vii, ix, 249.
2. A, 1, 980ᵃ, 22-27.

il est le premier, je crois, qui ait eu la claire vue de cette notion tout apollinienne de la science. Ce n'est pas que la chose fût neuve. Les Grecs, de tout temps, échappèrent à la laideur de la vie par la vision esthétique de l'univers. Mais entre voir et s'apercevoir qu'on voit, il y a toute la distance qui sépare l'instinct de la réflexion.

On peut dire aussi que la dialectique des « définitions » servit de point de départ à la dialectique des « idées ». Socrate allait de la diversité des phénomènes à l'unité du concept, puis de l'unité du concept à la diversité de ses éléments internes. Or cette manière de procéder n'épuisait pas la question. Restait d'abord à déterminer quelle pouvait bien être la valeur métaphysique des concepts ; restait ensuite à chercher s'ils ne se ramenaient pas eux-mêmes à l'unité d'un principe supérieur. Et ce sont là les deux problèmes que Platon essaya de résoudre. Persuadé que le parfait se trouve à l'origine des choses, il crut pouvoir affirmer que les concepts sont autant de réalités éternelles et subsistantes qui s'identifient par leur fond avec « l'idée du Bien ». Et cette solution devint comme la base de sa pyramide « d'intelligibles ».

Mais celle des conceptions spéculatives de Socrate qui s'implanta de la manière la plus directe et la plus durable, ce fut, semble-t-il, son finalisme. Platon et Aristote sont peut-être les deux plus grands philosophes qui aient jamais paru ; ce sont eux, du moins, qui ont exercé sur le cours des idées l'influence la plus vaste, la plus profonde et la plus bienfaisante. Or pour l'un et l'autre, comme pour Socrate lui-même, les causes efficientes ne viennent qu'au second rang; c'est la cause finale qui domine et couronne tout le reste. Platon et Aristote, à l'exemple de Socrate, n'interprètent l'univers qu'en y mettant « une intelligence royale », une pensée souveraine et dirigée par « l'idée du meilleur ». En outre, Socrate est le premier qui ait formulé d'une façon précise le fameux « *argument des causes finales*. Or chacun connaît l'incroyable fortune de cette preuve. Platon l'a reproduite à sa manière ; Cicéron l'a développée avec complaisance ; elle est devenue comme une partie intégrante de la théologie chrétienne. C'est à notre époque seulement, que l'on s'est aperçu pour tout de bon qu'elle avait des fuites et que, pour la rendre décisive, il fallait la « perfectionner »[1].

I

L'éthique de Socrate eut peut-être encore plus de rayonnement que sa méthode et sa théologie.

Il en résulta pour les intelligences une orientation nouvelle : A partir de Socrate, on se tourna de tous côtés vers les questions morales. Aristote, qui d'ailleurs ne l'avait point connu, fut seul à parler d'une science qui trouve en elle-même sa fin. Quant aux autres, qui

---

1. V. plus haut, ch. vii, p. 206-207.

avaient entendu le nouveau « Marsyas », ils ne gardèrent plus qu'un souci dominant : celui de résoudre le problème de l'action. Aristippe de Cyrène et ses disciples firent de l'éthique le but exclusif de leurs recherches. S'ils s'occupèrent de psychologie, de logique et de physique, ce fut uniquement afin de mieux savoir à quoi s'en tenir sur la nature du bien et du mal, et sur les lois auxquelles il faut assujettir la conduite humaine[1]. Antisthène fonda l'école des cyniques, où la dialectique, les mathématiques et les autres sciences avaient à peine droit d'hospitalité, tant on était persuadé que la grande affaire est de pratiquer la vertu[2] ! L'être, cette immobile et froide entité, contre laquelle s'étaient débattus les Éléates, devint pour Euclide l'idée du bien[3]. Platon lui-même, comme on l'a déjà vu, considéra les diverses sciences comme autant de degrés par lesquels l'âme s'élève jusqu'à la source éternelle du vrai bonheur. Et cette direction donnée aux esprits ne fut pas de courte durée : elle persista jusqu'à l'avènement du christianisme.

Non seulement les philosophes qui vinrent après Socrate concentrèrent leurs efforts sur la morale, mais encore ils introduisirent dans leur théories les principales idées du vieux maître.

Il s'en faut, il est vrai, qu'ils l'aient suivi de tous points.

---

1. Sext., *Adv. Math.*, vii, 11. — Arist., *Met.*, B, 2, 996ª, 32.
2. Diog., VI, 105.
3. *Ibid.*, II, 106 : Οὗτος ἓν τὸ ἀγαθὸν ἀπεφαίνετο πολλοῖς ὀνόμασι καλούμενον; VII, 161; — Cic., *Acad.*, II, 42 : Euclides... id bonum solum esse dicebat quod esset unum et simile et idem semper.

Car, outre que les philosophes ne s'imitent d'ordinaire qu'en différant les uns des autres, la sophistique n'avait point disparu totalement; elle était même encore très vivace, malgré la guerre persévérante que Socrate lui avait faite. Et il eut à en souffrir, même dans ses disciples. Aristippe, imbu de la doctrine de Protagoras, soutint que notre esprit ne dépasse point ses propres phénomènes (πάθη), que ces phénomènes changent avec les individus et à toute heure, qu'ils n'ont absolument rien de général, et que, par là même, la « science » des concepts n'était qu'un rêve creux, une illusion métaphysique[1]. Il lui parut aussi que le bonheur n'est, en fin de compte, que la plus grande somme de jouissances possible et que le moyen de l'obtenir ne peut consister à s'imposer des privations continues, à faire de sa vie entière une longue chaîne d'abstinences[2]. L'eudémonisme de Socrate, qui se fondait sur la connaissance de « l'absolu » et dont la pratique était un combat quotidien, lui sembla démenti à la fois par la raison et par la nature; et il conclut que l'art de bien vivre est de jouir au jour le jour[3]. « Carpe diem. » Antisthène, au contraire, défendit une théorie de la connaissance issue de Gorgias, dont il avait été le disciple. Chaque chose, pensait-il, est absolument une; car on ne conçoit pas que « le plusieurs soit un ou l'un plusieurs »[4]. Et, par

---

1. Sext., *Adv. Math.*, VII, 191.
2. Diog., II, 88.
3. *Ibid.*, II, 87-88.
4. Plat., *Soph.*, II, xxxvii, 47; *Theæt.*, I, xxxix, 276.

conséquent, nommer un concept, c'est épuiser d'un coup ce qu'on a le droit d'en affirmer. On fait une opération illégitime, toutes les fois qu'on énonce d'un sujet quelconque un prédicat quelconque qui ne lui est plus identique. On peut dire : l'homme est homme, le bon est bon; mais on ne peut ajouter : l'homme est bon. Ainsi les définitions ne nous apprennent rien ; on ne peut y voir qu'un plus long discours : elles ne sont que des souffles d'air [1]. Antisthène, comme Aristippe, s'en prit à la science telle que Socrate l'avait conçue. Et la conséquence de son monisme intransigeant, c'est qu'il ne put édifier qu'une morale toute formelle. Euclide aussi et, après lui, Stilpon, le subtil et vigoureux Stilpon, refusèrent de se rattacher à la théorie des concepts. Plus radicaux encore que les cyniques, ils ne se bornèrent pas à dire que chaque chose est une ; ils soutinrent qu'il n'y a qu'un être, lequel est éternel et de tous points immuable, que cet être est le bien et qu'ainsi le mal n'est pas.

Héraclite et Parménide étaient encore là, toujours inquiétants : la philosophie du « plusieurs » et celle de « l'un » continuaient à diverger, et la synthèse que Socrate avait essayé d'en faire n'obtenait qu'une victoire relative. Cette victoire était grande cependant, et devait durer à l'indéfini. Du parthénon de concepts élevé par le silène à l'âme divine, se détachèrent un certain nombre d'idées maîtresses qui devinrent comme le fond

---

1. Arist., *Met.*, Δ, 1024^b, 32; H, 1043^b, 23.

de la morale grecque et pénétrèrent avec elle dans le patrimoine de la morale humaine.

Le bien, pour Socrate, consistait dans une coordination de nos tendances faite en vue du bonheur; il se ramenait à l'harmonie : c'était une forme du beau. Et telle fut la pensée dont Platon s'inspira pour construire sa morale. Il ne fit que la préciser à la lumière de sa dialectique et la suspendre en quelque sorte à « l'idée du Bien ». Le plaisir et les appétits qui s'y rattachent lui apparurent sous le même jour que le chaud et le froid, le doux et le fort, le sec et l'humide, le lent et le rapide, le petit et le grand; il les rangea dans cette zone immense de l'être qui est « susceptible du plus et du moins » : il y vit un aspect de « l'indéfini »[1]. Et son effort fut de montrer que l'œuvre du sage se réduisait à faire descendre « le fini » dans ce chaos d'activités aveugles, à leur imposer la discipline de « l'intelligible », qui, lui, est par essence nombre et proportion[2].

Platon suivit donc, en morale, la devise de son maître : τὸ καλόν τε καὶ ἀγαθόν. Et cette devise fut également celle d'Aristote. Le bien, d'après les œuvres d'Aristote, est un idéal de la conduite humaine que la raison dégage des données de l'expérience et qui a pour trait essentiel la beauté. Il faut avoir du courage, non par contrainte, mais parce que cela est beau. Il y a des choses dont l'homme a peur; il doit les affronter parce que cela est beau et que

---

1. Plat., *Phileb.*, III, xii, 146-148.
2. *Ibid.*, III, xii, 148.

faire le contraire serait laid[1]. L'homme de bien ne ment point, il ne viole pas la justice, il n'abandonne pas ses amis; et le mobile de cette noble conduite est l'agrément immortel de l'honnêteté[2]. Ce n'est pas vivre selon le beau que de s'abandonner aux plaisirs[3]; aussi le sage a-t-il soin d'éviter de tels excès. Il ne suffit point, pour être libéral, de faire de grandes dépenses. On n'est libéral que lorsqu'on donne par libéralité; et la raison, c'est que cela seul est beau[4]. « Celui qui meurt, estimant que mieux vaut vivre d'une manière belle, βιῶσαι καλῶς, que vivre longtemps, celui-là choisit, prend, se donne à lui-même une chose grandement belle, αἱρεῖται μέγα καλὸν ἑαυτῷ. Si, en mourant, il assure à autrui de précieux avantages, à un ami la vie, à la patrie la liberté, lui a pour lui-même le beau, αὐτῷ δὲ τὸ καλὸν, le beau, c'est-à-dire l'honneur de mourir et la beauté de la mort acceptée par amour du beau[5]. » Le beau est la fin et la loi et le motif de toutes les bonnes actions : le beau est la moralité tout entière.

On retrouve la même idée dans l'éthique des stoïciens. L'activité, d'après ces philosophes, n'est pas le bien; ce n'en est que la matière. Et Calliclès, ce Nietzsche de l'antiquité gréco-romaine, eût pu rire de leur théorie, comme il riait autrefois des dialogues de Socrate lui-

---

1. ARIST., *Eth. Nic.*, Γ, 11, 1116^b, 2.
2. *Ibid.*, Δ, 13, 1127^b, 5-6.
3. *Ibid.*, Γ, 14, 1119^a, 11 et sq.
4. *Ibid.*, Δ, 2, 1120^a, 23 et sq.
5. OLLÉ-LAPRUNE, *Essai sur la morale d'Aristote*, p. 80-81, Belin, Paris, 1881.

même. La « tension », qui fait le fond de la nature, se déploie en nous sous des formes multiples : elle s'y divise en fonctions diverses dont les principales sont la nutrition, la reproduction, la science, la culture des arts, le courage, la tempérance, le dévouement à la patrie, l'amour de l'homme pour l'homme. Or aucune de ces fonctions, si noble qu'elle puisse paraître, n'est le bien proprement dit, le bien par excellence. Car chacune d'elles peut être exagérée au détriment des autres et devenir par là même mauvaise. Le bien véritable n'apparaît que lorsque la raison pénètre dans ces modes inférieurs de la vie, leur impose sa loi et en fait par là même une synthèse harmonieuse, une sorte de hiérarchie savante où il n'y a plus ni manque ni excès[1]. Aussi les stoïciens pensaient-ils, comme Platon et Aristote, que le sage est une sorte d'artiste dont le rôle est de faire jaillir de son âme comme une image vivante du bien[2]. S'ils se montraient infidèles à la tradition socratique, c'est uniquement parce qu'ils l'exagéraient. Le bien, pour eux, était quelque chose de plus qu'une proportion quelconque; ils y voyaient une sorte d'équation mathématique. De là leur fameux paradoxe, d'après lequel il ne peut y avoir de degrés ni dans le vice ni dans la vertu[3]. Leur conception n'était que la pensée de Socrate affinée au contact d'une éristique aiguë.

Plus grande encore fut la fortune qu'obtint l'idée de

---

1. Cic., *De fin.*, III, 5, 6.
2. *Ibid.*, III, 7, 24.
3. *Ibid.*, III, 7, 25; III, 10, 34; — Diog., VII, 101, 120.

la « maîtrise de soi » (ἐγκράτεια). On la retrouve dans toutes les écoles postérieures à Socrate. Platon la met à la base de son éthique et l'incarne dans le mythe du cocher et des deux coursiers[1]. Aristote la reprend à son tour : D'après lui, c'est par l'empire sur soi que l'on façonne à l'image de la raison la partie irrationnelle de son être[2]. Aristippe lui-même, le plus réfractaire peut-être des disciples de Socrate, juge qu'il est bon de se savoir vaincre. Son idéal est d'user du plaisir sans en devenir l'esclave : il veut que l'on ne s'y laisse point aller à la dérive[3]. « Je possède, disait-il, et ne suis point possédé[4]. » « La maîtrise de soi » devient à elle seule toute la morale d'Antisthène. Hiérarchie des biens extérieurs, valeur des concepts et primauté de la science sont autant de choses qui ne signifient rien à ses yeux. Il n'a retenu du maître que le souvenir de la force qu'il mettait à se dominer : et c'est cela qui lui apparaît comme la source unique du bonheur; c'est cela dont il fait le bien[5]. La même idée passe chez les stoïciens, sous le nom plus explicite de tension (τόνος). Et, dans leur théorie, qui n'est plus seulement une morale mais une vaste et profonde métaphysique, elle s'étend de l'âme

---

1. PLAT., *Phædr.*, VIII, xiv, 15 : δόξης μὲν οὖν ἐπὶ τὸ ἄριστον λόγον λόγῳ ἀγούσης καὶ κρατούσης, τῷ κράτει σωφροσύνη ὄνομα; VIII, xxv, 26; xxxiv, 36.

2. ARIST., *Eth. Nic.*, H, 13, 1246ᵇ, 23-24.

3. STOB., *Flor.*, XVII, 18 : κρατεῖ ἡδονῆς οὐχ ὁ ἀπεχόμενος, ἀλλ' ὁ χρώμενος μέν, μὴ παρεχφερόμενος δέ.

4. DIOG., II, 75: ἔχω Λαΐδα, οὐκ ἔχομαι; v. aussi ATHEN., XII, 544ᵈ.

5. XENOPH., *Banquet*, IV, 34; — DIOG., VI, 11 : αὐτάρκη τὴν ἀρετὴν πρὸς εὐδαιμονίαν, μηδενὸς προσδεομένην ὅτι μὴ Σωκρατικῆς ἰσχύος.

du sage à la nature entière : l'univers n'est, à leur gré, qu'un éternel effort dont le but est la réalisation de l'ordre, le triomphe de la Raison.

La notion que Socrate se faisait de l'efficacité pratique de la « science », contenait aussi une part de vérité qui a résisté au temps. Platon l'adopta d'abord sans réserve[1]. Plus tard, il y apporta deux modifications d'une certaine importance et qui tendaient l'une et l'autre à la rendre moins contraire aux données de l'observation. D'après Socrate, toutes les vertus étaient des sciences, et, comme telles, se rattachaient à la partie intellectuelle de l'âme. « Platon divisa l'âme en partie rationnelle et partie irrationnelle » et « rendit à chacune les vertus qui lui conviennent »[2]. De plus, il distingua, entre la science et l'ignorance, un état intermédiaire, une sorte de connaissance confuse et toujours plus ou moins empirique, qu'il appela du nom d'*opinion* (δόξα), et il enseigna que l'opinion n'est pas nécessairement la plus forte, qu'elle peut être vaincue par l'attrait du plaisir[3]. Mais il garda de la théorie de son maître deux propositions principales qu'on retrouve partout dans ses dialogues : la première, c'est qu'on veut toujours son bonheur ; la seconde, c'est qu'on veut toujours les moyens qui conduisent à cette fin dernière de la vie,

---

1. *Protag.*, II, XXXI, 172; II, XXXV, 181-182; *Men.*, X, 216-217.
2. *Phædr.*, VIII, XIV, 15; — ARIST., *Eth. Mag.*, A, 1, 1182^a, 16-26.
3. PLAT., *Soph.*, II, XV, 16-17 : dans ce passage, Platon admet déjà la possibilité d'un désaccord entre le désir (ἐπιθυμία) et l'opinion; *Lois*, t. VI, III, IX, 84; — ARIST., *Eth. Nic.*, H, 3, 1145^b, 31 et sq.

lorsqu'on les connaît, non plus d'opinion, mais de science[1]. Et peut-être ne faisait-il, sur ce dernier point, qu'exprimer d'une manière plus explicite la pensée de Socrate lui-même, qui, comme on l'a vu au cours de cet ouvrage, n'accordait l'infaillibilité pratique qu'à la connaissance pleine et adéquate du bien.

Aristote s'éloigna un peu plus de la théorie de Socrate. Armé d'une méthode meilleure, qui consistait à partir des faits[2], non d'idées à priori, il observa que la science du bien elle-même peut avoir le dessous dans sa lutte contre les tendances inférieures[3]. Toutefois, il n'alla pas jusqu'à rejeter complètement la manière de voir socratico-platonicienne. Il continua, comme ses devanciers, à maintenir que « nous ne délibérons pas sur les fins », que nous cherchons toujours et naturellement le bonheur, et que par là même nous ne faisons jamais le mal pour le mal[4]. Et cette opinion a toujours eu des représentants dans la suite des âges. Saint Thomas en a fait la base de sa philosophie de la volonté. Malebranche s'y est rattaché; et Bossuet s'en est servi dans sa polémique contre « l'amour pur » de Fénelon.

En outre, et malgré son moindre optimisme à l'égard

---

1. PLAT., *Gorg.*, III, XXIV, 29-30; τὰ γὰρ ἀγαθὰ βουλόμεθα, ὡς φὴς σύ, τὰ δὲ μήτε ἀγαθὰ μήτε κακὰ οὐ βουλόμεθα, οὐδὲ τὰ κακά.

2. ARIST., *Met.*, A, 1, 981^a, 3-7; *Phys.*, A, 1, 184^a, 16-26.

3. ARIST., *Eth. Nic.*, II, 5, 1147^a, 25-35 et 1147^b, 1-5; *De anim.*, Γ, 10, 433^a, 23-27; Γ, 11, 434^a, 12-14.

4. ARIST., *De anim.*, Γ, 10, 433^b, 24-27; *Eth. Nic.*, Γ, 5, 1112^b, 11; Γ, 6, 1113^a, 22-24; 1113^b, 14-17.

de la raison, Aristote ne laissait point d'affirmer « qu'il n'y a rien de plus fort que la sagesse » [1]; et il entendait dire par là que, si la science du bien ne l'emporte pas toujours du premier coup, elle a du moins une vertu purificatrice dont l'empire grandit avec le temps et qui finit à la longue par vaincre toutes les résistances de l'animalité. « Quand je considère, disait Leibniz, combien peut l'ambition et l'avarice dans tous ceux qui se mettent une fois dans ce train de vie, presque destitué d'attraits sensibles et présents, je ne désespère de rien, et je tiens que la vertu ferait infiniment plus d'effet accompagnée comme elle est de tant de solides biens, si quelque heureuse révolution du genre humain la mettait un jour en vogue et comme à la mode [2]. » Aristote était d'un sentiment analogue : il pensait que, si le triomphe de la science du bien n'est pas toujours immédiat, il est toujours assuré.

Les stoïciens aussi s'inspirèrent de l'idée que Socrate s'était formée de la puissance moralisatrice du savoir; et, grâce à leur théorie des passions, ils lui rendirent sa rigueur première. Ils ramenaient les diverses formes de l'activité humaine à un seul et même principe d'ordre tout intellectuel. La passion, pour eux, était un aspect de l'opinion; et l'opinion, à son tour, une moindre raison. L'œuvre du sage consistait à *tendre* en quelque sorte son entendement, à se donner ainsi la claire vue des choses, la science proprement dite. Ce

---

1. ARIST., *Eth. Eud.*, H, 13, 1246[b], 32-34.
2. *N. Essais*, II, 169.

point une fois acquis, tout le reste était gagné pour lui. Car la science dissipait l'opinion, comme le soleil fait évanouir les étoiles ; et avec l'opinion disparaissaient le plaisir et la douleur, et tous les états morbides qui en dépendent [1].

Ainsi nous apparaît l'influence exercée par Socrate. Il fut plus qu'un fondateur de système ; ce fut un révélateur d'idées. On peut se le représenter comme l'un de ces pics gigantesques, qu'environnent des montagnes moins élevées et d'où coulent dans tous les sens des fleuves et des rivières. De sa pensée sortit une famille de grandes et petites écoles qui gardèrent à l'indéfini son esprit et un nombre plus ou moins grand de ses idées maîtresses : directement ou indirectement, c'est de lui que relève toute cette évolution philosophique qui se fit, dans l'antiquité, à partir du quatrième siècle. Et cependant, cette impulsion vigoureuse et féconde n'eut pas les résultats pratiques que l'on pouvait en attendre. Si l'on excepte les quelques grandes âmes dont se glorifie le stoïcisme, le monde n'en devint pas plus vertueux. On peut même affirmer qu'il y trouva un germe nouveau de corruption. Des divers systèmes issus de Socrate, il n'y en eut aucun qui fût assez fort pour s'imposer : tous, et assez vite, ils s'écroulèrent par la dispute dans le scepticisme.

1. Cic., *De fin.*, **X**, 35.

Pyrrhon, déjà, concluait, en métaphysique, à l'aphasie, et, en morale, à l'ataraxie. Et ce spectacle d'éternelle impuissance ne put qu'accélérer la décadence des mœurs. C'est seulement lorsque le Christ parut, que les idées de tous genres agitées par les Grecs et les Romains se ramassèrent en une synthèse puissante, prirent vie et devinrent pour les peuples un principe de progrès moral. « In ipso vita erat. »

TABLE DES MATIÈRES

Pages.

Chapitre premier. — *Milieu social.* — Athènes vers la fin du cinquième siècle : Conflit de la tradition et de la raison ; — De la démocratie à la démagogie ; — Guerre du Péloponnèse et peste d'Athènes ; — Décadence des mœurs   51

Chapitre II. — *Jeunesse.* — Le Bourg d'Alopèce ; — Les parents de Socrate ; — Ses débuts à Athènes : études et relations ; — Renommée croissante.   70

Chapitre III. — *Vocation.* — L'appel divin ; — dévouement de Socrate : il renonce à tout pour s'occuper uniquement de sa mission.   85

Chapitre IV. — *Idée maîtresse.* — « Rien n'est fort comme la raison » ; par conséquent, le moyen d'améliorer l'homme tout entier, c'est de développer cette faculté dominatrice.   101

Chapitre V. — *Méthode.* — Définitions ; — Dialogues ; — Induction ; — Déduction ; — Rôle de l'amour dans la recherche de la vérité ; — originalité et influence de la méthode socratique. . .   129

Chapitre VI. — *Éthique.* — Le bonheur ; — Le bien ; — Le beau ; — devoir ; — L'individu ; — La famille ; — L'État.   191

Chapitre VII. — *Théologie.* — Dieu : Son existence ; — Sa nature ; — Sa Providence. — Le « Démon » : caractères et interprétation de ce phénomène.   222

Chapitre VIII. — *Eschatologie.* — A la rigueur, la vie présente se suffit ; — Caractère hellénique de cette vue ; — Croyance à la vie future fondée sur la nature des opérations de l'âme.   235

	Pages
Chapitre IX. — *Procès.* — Socrate pris pour le plus grand des sophistes, et victime du parti conservateur.	252
Chapitre X. — *Influence.* — Directions socratiques : La « science » spéculative après Socrate ; — Le problème de l'action après Socrate.	268

TYPOGRAPHIE FIRMIN-DIDOT ET Cie. — MESNIL (EURE).

www.ingramcontent.com/pod-product-compliance
Lightning Source LLC
Chambersburg PA
CBHW050653170426
43200CB00008B/1277